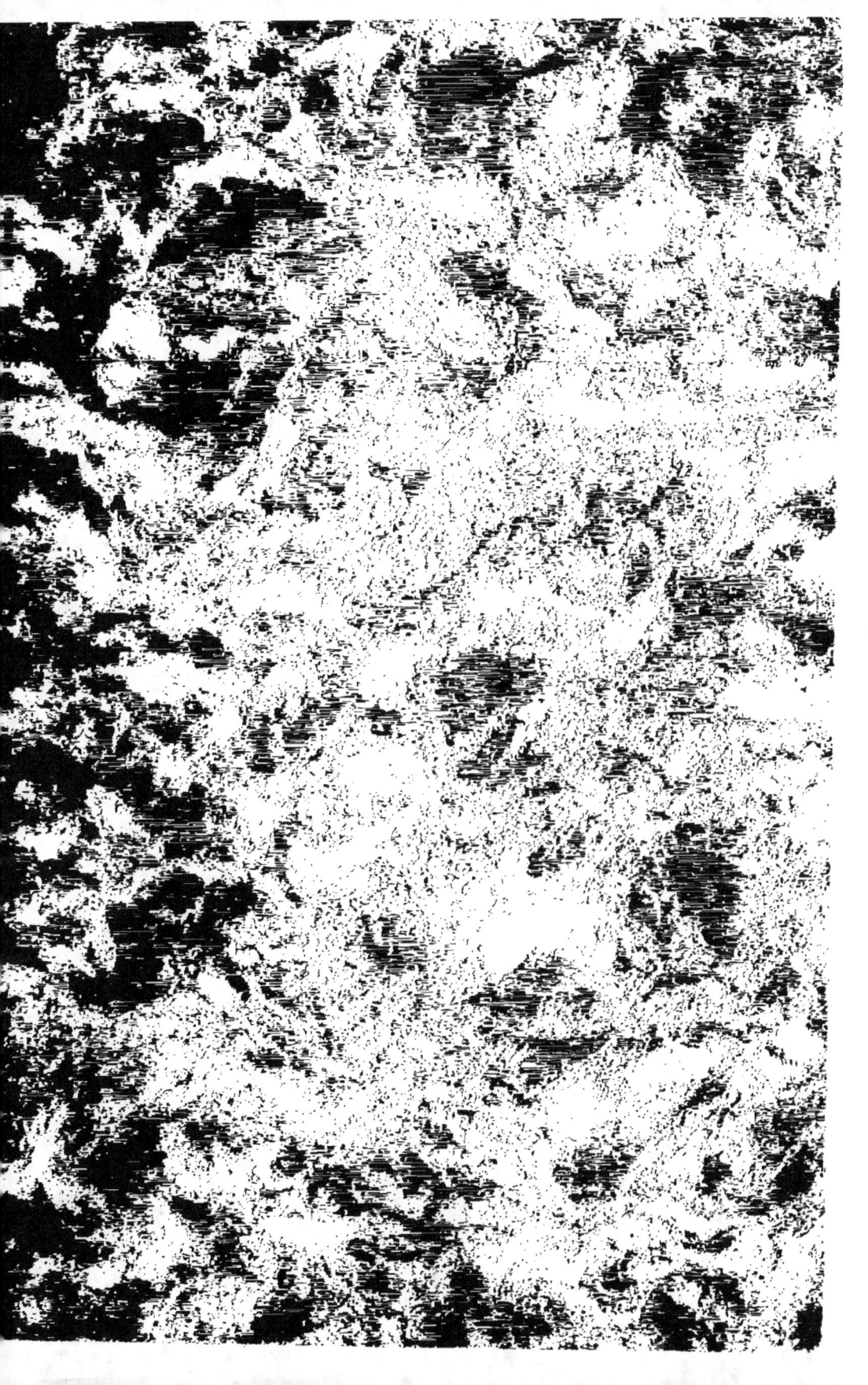

VAN HAVERE 1975

BIBLIOTHÈQUE D'HISTOIRE ET D'ART

HISTOIRE
DE LA
PEINTURE MILITAIRE

PAR

ARSÈNE ALEXANDRE

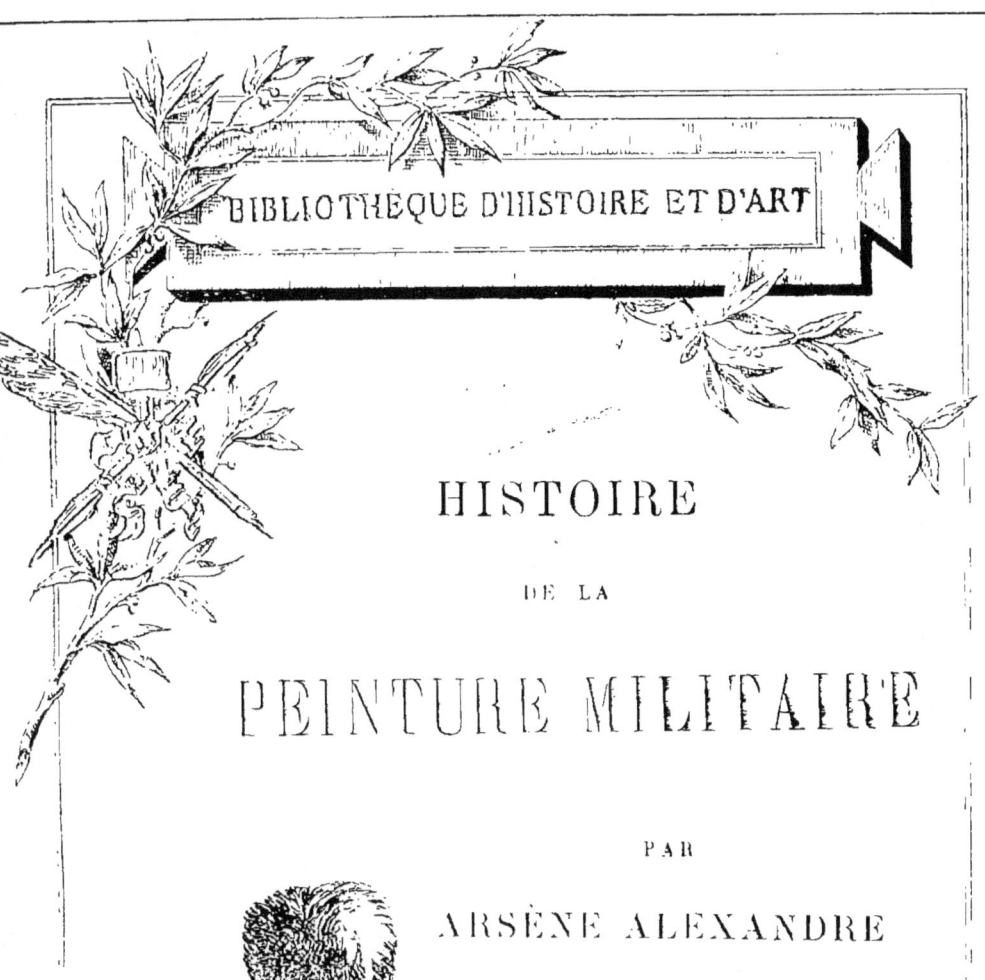

PARIS
LIBRAIRIE RENOUARD
HENRI LAURENS, ÉDITEUR
6, RUE DE TOURNON, 6

HISTOIRE
DE LA
PEINTURE MILITAIRE
EN FRANCE

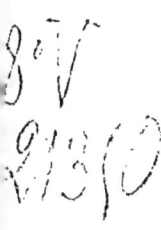

A ÉDOUARD DETAILLE

EN PATRIOTIQUE SYMPATHIE

CE LIVRE EST DÉDIÉ

A. A.

BIBLIOTHÈQUE D'HISTOIRE ET D'ART

HISTOIRE
DE LA
PEINTURE MILITAIRE
EN FRANCE

PAR

ARSÈNE ALEXANDRE

Ouvrage orné de 71 gravures

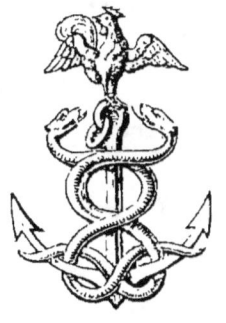 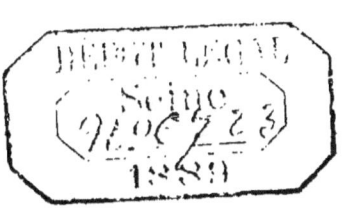

PARIS
LIBRAIRIE RENOUARD
HENRI LAURENS, ÉDITEUR
6, RUE DE TOURNON, 6

HISTOIRE

DE LA

PEINTURE MILITAIRE

I

Considérations générales sur la peinture de batailles.

La franchise étant de rigueur dans un sujet comme celui que nous allons traiter, nous déclarerons tout net que la peinture militaire, en France, passe aux yeux de nombreux critiques pour n'être pas de la peinture. Pour de la bonne peinture, s'entend.

En ce qui concerne notre siècle, principalement, la critique a eu pour elle des sévérités, des dédains cruels. On l'a jugée superficielle, peu raffinée, se contentant d'effets faciles et sacrifiant toutes les raretés de la technique, toutes les séductions du coloris ou du dessin, à un mouvement violent, à un épisode mélodramatique.

D'autres écrivains, moins nombreux, l'ont proscrite pour des raisons plus philosophiques. Pour eux, il faut décourager un art qui perpétue le souvenir de la guerre, de la féroce tuerie entre peuples, des incendies et des pillages. C'est la guerre détestée et détestable, qui plonge les mères dans le deuil, *bella ma-*

tribus detestata, qui arrête les progrès de l'esprit humain et les fige dans des caillots de sang. Tout autant que ces esprits élevés, nous haïssons la guerre et nous la jugeons maudite. Nous souhaitons avec eux des temps (probablement bien lointains) où la justice seule règlera les contestations entre races, et où l'abominable force ne primera plus le droit. Mais ces considérations ne relèvent pas d'une simple étude d'art et de critique, et nous ne faisons que les effleurer. Ce que nous voulons seulement, c'est répondre un mot aux critiques philosophes à qui l'horreur de la chose inspire une égale horreur de sa représentation.

Et nous dirons : un incendie, une inondation, un naufrage, une épidémie, sont aussi de grands malheurs. Pourtant leur représentation a donné naissance à des œuvres d'art qui comptent parmi les plus belles. La guerre, chose terrible, peut inspirer des toiles sublimes. Pourquoi les biffer d'un trait ? Puis, il y a tout un côté philosophique non dénué d'importance et d'intérêt. Il y a des mœurs spéciales à observer, des types à étudier, des costumes à reproduire, qui prêtent singulièrement à l'image pittoresque, à la scène « amusante » et vive. Il y a des traits d'héroïsme, consolation des épreuves, qu'il serait dommage de ne pas tenter de faire revivre, en fixant sur la toile un peu de l'émotion qu'ils suscitèrent dans la foule. Enfin tout cela est de l'histoire. La vraie « peinture d'histoire » ce n'est pas tant, en dépit de la définition, celle qui retrace des épisodes remâchés des annales grecques ou romaines, que la peinture de la vie contemporaine, et, comme chapitre particulier, la peinture de batailles, celle qui sent encore la poudre. N'eût-elle que cette valeur documentaire, cela vaudrait encore la peine de retracer ses étapes et d'étudier ses principales manifestations.

Mais si nous abandonnons maintenant ces sortes de considérations et que nous nous adressions aux purs critiques, à ceux qui ne se préoccupent dans la question que de la valeur d'art, nous leur dirons à leur tour qu'ils se sont montrés quelque peu injustes. Sans doute, on pourrait souhaiter, dans l'histoire de la peinture de batailles, un peu plus d'œuvres fouillées, d'artistes plus profonds et plus suggestifs. Sans doute, pour quelques toiles de premier ordre on rencontre quantité de choses médiocres, sans grand instinct de la composition, du dessin, de la couleur. Mais enfin, si l'on jette un simple coup d'œil sur trois siècles d'art, on verra que c'est juger de façon superficielle, que de passer dédaigneusement à côté d'artistes comme Van der Meulen, Jacques Courtois, les Parrocel, Duplessi-Bertaux, Carle Vernet, Gros, Horace Vernet, Raffet, Charlet, Detaille, de Neuville. Sans compter les maîtres illustres qui ont de temps en temps fait quelques incursions dans la peinture militaire : tels David, Géricault, Eugène Delacroix, Meissonier, d'autres encore. Il semble que déjà le respect et l'intérêt soient commandés par une liste cependant si incomplète. Certains noms sont sujets à contestation : Horace Vernet que nous citons dès l'abord avec intention a été battu en brèche pendant de longues années. Nous dirons ce qu'on peut penser de bien et de mal de ce peintre. Toujours est-il que nous voyons en ce moment, par un phénomène curieux, la critique d'aujourd'hui, et nous disons la plus éclairée, faire appel de la critique d'hier. Soit dit en passant pour que le lecteur ne croie pas que la critique est infaillible.

Eh bien! tous ces artistes de tempéraments si variés, de talents si divers, ont produit des œuvres fortes, brillantes, émouvantes. Nous venons de dire le mot : les chefs-d'œuvre de la peinture de batailles ont toujours causé dans la masse du public de profondes émotions, et c'est déjà un criterium qui n'est point si mauvais, bien que nous n'adoptions guère pour principe artistique le *vox populi, vox Dei*. Mais ici, il s'agit d'émotions d'une nature particulière : d'émotions dramatiques, et dans ce cas, le premier passant venu a voix au chapitre.

Aussi la peinture militaire, si elle n'a pas rencontré la faveur des raffinés, a toujours eu pour elle les succès de foule. Succès considérables, presque écrasants. Elle a eu aussi la faveur des gouvernements, qui encouragent volontiers les récits de leurs exploits belliqueux. C'est ce qui explique comment, avec ces deux appuis solides, elle a pu se passer d'approbations plus éclairées. Les noms des grands peintres militaires comptent parmi les plus populaires qui soient. Quant à nous, nous croyons que pour bien juger leurs œuvres, il faut se mettre dans l'état d'esprit particulier qu'ils ont souhaité : c'est-à-dire qu'il faut les regarder presque ingénument, laissant de côté tout parti pris d'éducation, se laisser aller à l'entraînement des actions, monter à l'assaut avec les assiégeants, marquer le pas avec *le Régiment qui passe*, musique en tête, s'élancer à l'attaque avec les petits mobiles, et, rétrospectivement, souffrir de privations et vivre de gloire avec les grognards de l'Empire. Nous savons bien qu'on arrive vite ainsi à faire rimer gloire avec victoire, et guerriers avec lauriers, et que cela, à l'heure présente, est ridicule. Pourtant, qu'importe si on a ressenti un moment d'émotion simple, mais sincère, poignante? On peut être un lettré des plus délicats, et se donner le plaisir de frissonner à quelque mélodrame de l'Ambigu. Pour ceux qui n'y entendent pas tant de malice, ils applaudissent si la chose est bien jouée, et ils ont raison.

Or beaucoup d'artistes très intéressants ont représenté de ces pièces à grand spectacle, et de manière fort expressive. Ils ont été plus d'une fois étudiés, comme tous ceux qui atteignent la grande renommée. Mais pour la première fois, croyons-nous, on présente un tableau d'ensemble un peu détaillé de la peinture militaire qui n'avait guère été envisagée que par époques, et par artistes séparés.

On verra ainsi les diverses transformations qu'elle a subies dans son cours, depuis le dix-septième siècle jusqu'à nos jours. Comment, de pompeuse, d'officielle, elle est devenue familière, anecdotique, après avoir été au commencement de ce siècle épique et épisodique. Cette revue ne laissera pas d'avoir quelque intérêt, et il pourra s'en dégager même quelques indications sur les tendances de l'art en général.

En résumé, pour répondre d'un mot à toutes les critiques, nous dirons que les grands peintres de choses guerrières ont réussi principalement quand ils ont étudié de près l'homme et le drame humain, quand ils ont prouvé une réelle entente de la mise en scène et de l'intérêt dramatique. Et cela, quoi qu'on en ait pu dire, est de l'art.

II

La peinture militaire au dix-septième siècle. — Jacques Callot.

L'admirable graveur qui a nom Jacques Callot peut être considéré comme le premier peintre militaire français. Un critique méticuleux n'aurait pas grand'peine à dire que Callot n'était pas Français, qu'il ne fut pas, à proprement parler, un peintre de batailles; enfin, que d'autres artistes avant lui s'étaient essayés aux sujets de guerre... et qu'à part cela, notre affirmation est exacte.

Nous la maintenons cependant, et voici les raisons

que nous donnerons à l'appui. Sans doute, à grand renfort d'érudition, on pourrait trouver dans les manuscrits du moyen âge, d'une part, de très curieuses et très importantes enluminures se rapportant à des récits guerriers; d'autre part, dans les estampes du seizième siècle, de la Réforme en particulier, maint document qui pourrait donner lieu à des pages de discussion. Enfin, dans les catalogues d'œuvre des vieux maîtres de l'école française (œuvres d'ailleurs trop souvent inconnues), on trouverait aussi des indications d'une certaine valeur historique.

C'est ainsi, par exemple, qu'on pourrait rappeler que Jehan de Paris, lorsque Charles VIII passa à Lyon, se rendant en Italie, fut remarqué par le roi, qu'il suivit les armées de France, et peignit les marches, combats et triomphes de nos troupes. Mais à quoi bon s'étendre longuement sur tout ceci, quand les documents graphiques sont absents ?

Callot, lui, est un des premiers, sinon le premier qui nous présente un important ensemble de pièces guerrières. Il est le premier qui ait saisi le côté pittoresque, remuant, anecdotique, des batailles et de la vie militaire. Le premier également, il a senti, avec la pénétration d'un esprit très élevé, la *philosophie de la guerre*, sans laquelle il n'est point de peinture militaire vraiment belle. Enfin, son inspiration est si claire, si précise, si spirituelle, en un mot, il y règne un tempérament si vraiment français, que le bon graveur lorrain (n'était-ce pas d'ailleurs un compatriote anticipé?) sera, nous le répétons, considéré comme le premier de nos peintres de bataille.

On sait sa vie aventureuse; il n'est pas besoin de rappeler comment, échappé de la maison paternelle à l'âge de douze ans, en 1604, il s'enfuit en Italie, attiré par son enfantin rêve d'art, comment, rattrapé, il prit de nouveau la clef des champs, et fit triompher sa vocation. Tous les biographes ont dépeint l'accueil que firent à ce gamin des bohémiens errants, l'influence que ces souvenirs d'enfance eurent sur le peintre des gueux et des stropiats. Ils ont dit aussi son apprentissage chez l'Italien Canta Gallina. Aussi ne reviendrons-nous pas là-dessus. On trouvera Callot raconté et apprécié de la façon la plus juste et la plus spirituelle dans un livre de M. Henri Bouchot[1]. Tous ces détails font bien comprendre l'esprit qui devait plus tard conduire la main de l'artiste, le burin

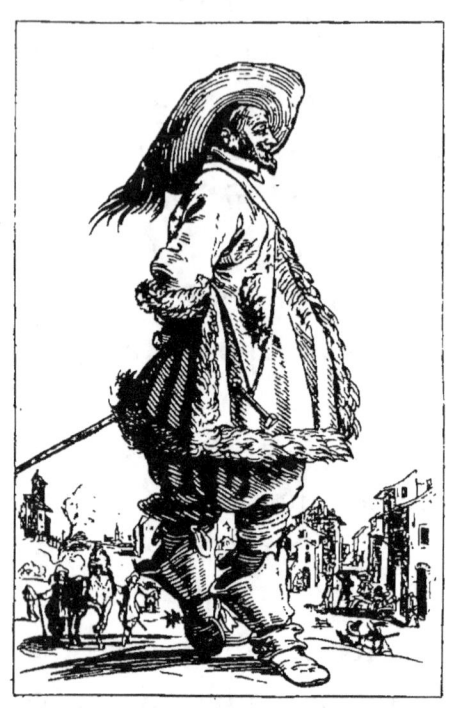

CALLOT. — LA NOBLESSE

1. *Jacques Callot*, un vol. de la *Bibliothèque des Merveilles*.

si franc et si hardi du graveur. C'étaient d'excellentes dispositions pour rendre et faire vivre l'aventure par excellence : le hasard des sièges et des assauts.

Une des premières œuvres de Callot, dans le genre militaire, date de son séjour à Florence. En 1617, après les combats des Toscans contre les Turcs, on lui demanda de rappeler ces hauts faits. Mais avec une verve géniale comme la sienne, les travaux de commande n'étaient pas son fait. Ces planches ont encore quelque chose d'un peu timide, de gêné. On sent que Callot n'avait point vécu avec les matelots, et que la grande route lui était plus familière que la mer. Du moins, ces combats de galères sont-ils curieux à voir.

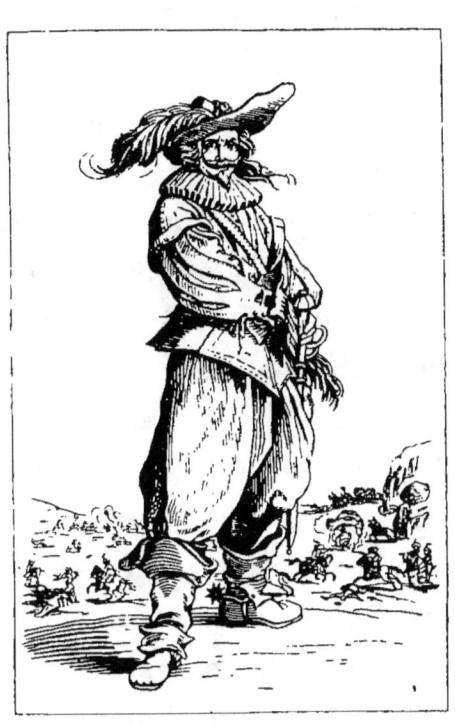

CALLOT. — LA NOBLESSE

Beaucoup plus importantes déjà sont les planches du siège de Bréda, que lui commande, en 1625, l'Infante des Pays-Bas. Ces planches formaient, réunies bout à bout, une composition considérable, où régnaient, à travers un immense paysage panoramique, quantité de minuscules épisodes de la vie des camps.

Mais on se tromperait si l'on croyait qu'un pareil panorama ne présente qu'un intérêt de topographie, quelque chose comme une carte illustrée. Sans doute il y a quelque chose de conventionnel et même quelque chose de légèrement contradictoire dans cette donnée d'une étendue figurée de plusieurs lieues, avec, d'autre part, la possibilité de découvrir jusqu'aux moindres détails des physionomies, des costumes et des armements. Pourtant, on se fait vite à cette invraisemblance. On saisit d'abord l'ensemble de l'action, et l'on voit que Callot avait, pour cela, recueilli les notes et les indications des ingénieurs et des stratégistes. Puis, on passe aux détails, et c'est alors qu'on éprouve un plaisir extrême. Ils sont, ces petits personnages, enlevés d'une pointe si preste et si fine; ils ont un tel caractère, un tel mouvement, que l'on suit déjà sur le vif tout l'esprit des mœurs guerrières du temps.

Si nous prenons pour exemple la partie de la gravure du *Siège de Bréda*, qui nous montre l'arrivée du char de l'Infante, nous sommes émerveillés de voir que, dans des dimensions si restreintes, l'artiste ait pu faire évoluer ces bataillons carrés, tourner ces carrosses avec leur lourd attelage, leurs postillons et les gentilshommes de leur escorte. Reliant les grandes masses, quantité de petites figures, allant, venant, galopant, lance sur l'épaule ou mousquet, ou bien la main sur la garde d'une rapière qui se relève et retrousse le manteau ; héraut d'armes se campant ; valets traînards, et jusqu'à des chiens errants qui trouvent le moyen de rôder par ci par là, et de se fourrer dans des jambes d'un dixième de millimètre.

Tout cela est d'un artiste merveilleux, et ce n'est pas nous qui le découvrons. Mais si vous voulez avoir une idée adéquate de la vie militaire au dix-septième siècle, ce n'est pas seulement en lisant les mémoires du temps que vous pourrez l'acquérir. Callot vous sera un précieux commentaire.

De même, pour bien comprendre la guerre, non plus espagnole cette fois, mais française, il vous faudra recourir aux planches du *Siège de la Rochelle*, qui furent commandées à Callot en 1629. Le succès du *Siège de Bréda* était certainement pour quelque chose dans cette commande. Callot dessina d'après nature les environs de la Rochelle, ainsi que l'île de Ré, dont il devait retracer les deux sièges, et vint les graver à Paris. Il y a toutefois un peu d'incertitude relativement à la question de savoir si Callot se rendit réellement sur les lieux, ou s'il se contenta, à Paris, de mettre en œuvre les croquis et les indications des officiers et des ingénieurs. Les critiques qui contestent le dire de Félibien s'appuient sur ce que le *Siège de la Rochelle* contient des erreurs de topographie. Ce n'est peut-être pas une raison suffisante. Callot, pour les besoins de son travail, peut avoir donné quelque entorse à une exactitude absolue. On n'en était pas alors à une invraisemblance près.

La plus curieuse de ces invraisemblances est celle qui consiste à donner au roi Louis XIII un don d'ubiquité qui tiendrait du prodige, si l'on n'était pas accoutumé aux conventions de ce genre, soit dans les

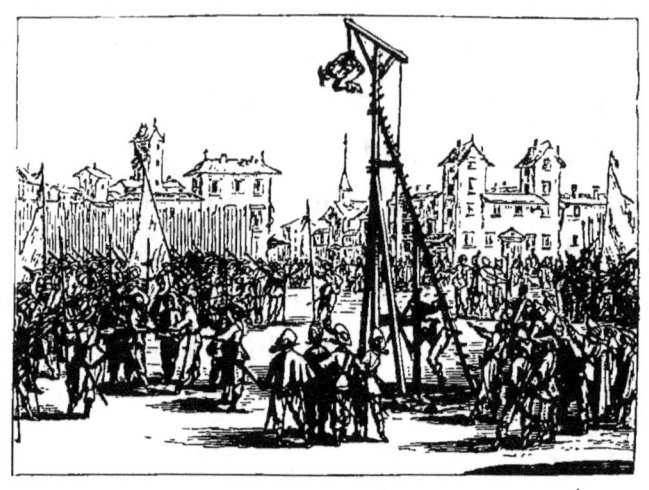

CALLOT. — L'ESTRAPADE

anciennes estampes, soit dans les anciennes peintures. Ici on verra, par exemple, le roi caracolant à travers champs, avec son état-major; plus loin, on le retrouvera recevant la soumission des assiégés. Il y avait là quelque courtisanerie d'usage. Aujourd'hui, on comprendrait mal un peintre qui nous représenterait le personnage principal dans les diverses phases d'une action sur la même toile ou la même gravure. Alors cela paraissait assez vraisemblable. Puis, il ne faut pas oublier qu'il s'agissait d'une énorme *machine* : six planches de 56 centimètres sur 44, et dix fragments de bordures composés de cartouches, qui eux-mêmes renfermaient de petits tableaux. Tout cela s'assemblait, planches se raccordant et cartouches encadrant le tout. On pouvait donc voir cela d'ensemble ou séparément.

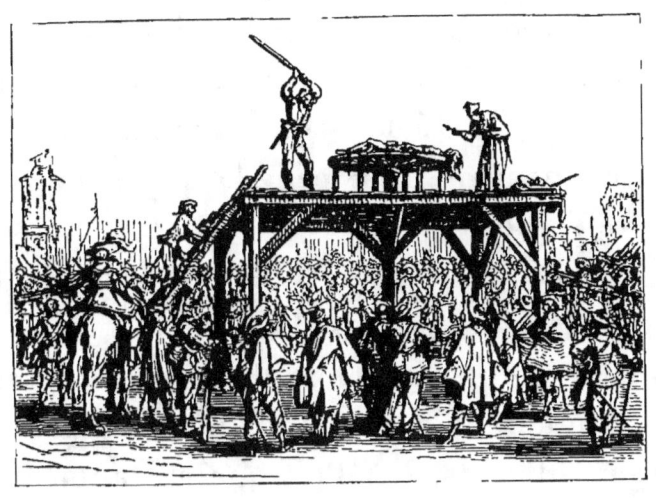

CALLOT. — LA ROUE

Si l'on voyait Louis XIII dans une planche, on ne s'étonnait point de le revoir dans la suivante; et si, au contraire, on regardait toutes les planches réunies, l'œil avait assez de quoi s'égarer sur une pareille surface pour ne pas s'arrêter à une invraisemblance de détail. Puis, encore une fois, Callot ne répugnait point à se plier à l'étiquette et à faire œuvre de bon courtisan.

Toutefois, il entendait assez bien son indépendance d'artiste. Dans le *Siège de Saint-Martin de Ré*, il avait eu la pensée un peu audacieuse de représenter en belle place le cardinal de Richelieu, entre le roi et Gaston d'Orléans, une baguette à la main. Il y avait certainement là une légère malice. Par ordre royal, d'ailleurs, le cardinal dut bientôt être effacé de la planche, et les épreuves où le cardinal figure sont introuvables. Un amateur les payerait des prix fous, et il est plus que certain que le fameux collectionneur, dont La Bruyère a laissé le portrait, n'était pas plus avancé que nous. « Je possède Callot, hormis une seule, » dit-il. Certainement c'est celle-là qui manquait tant à son portefeuille.

Ces grands « sièges » de Callot, contiennent sans doute de fort belles parties et des détails intéressants au plus haut point. Toutefois, l'ensemble trahit une certaine fatigue. Évidemment il n'était pas l'homme des travaux officiels. Il fallait que sa fantaisie seule présidât à l'éclosion de ses multiples fantoches, de ces grouillants petits personnages, si animés, si joliment groupés, quand ils jaillissent sous sa pointe en toute liberté. Callot n'était point fait pour les choses de la politique, bien qu'il ne fût pas mal en cour. Ou bien alors sa courtisanerie est tout d'une pièce et passe quelque peu les limites, comme nous le prouve la métamorphose qu'il fit subir à celle de ses planches militaires qui représentait le *Combat de Veillane*. « Le combat de Veillane, c'était le duc de Montmorency, écrit M. Bouchot; c'est lui qu'on devait représenter en haut de la planche, dans un médaillon. Mais sur ces entrefaites, il se compromet dans le parti de Gaston. Que fait Callot? Il remplace le véritable héros par une doublure, un surintendant des finances, soldat à ses heures, le marquis Ruzé d'Effiat, et tandis que Montmorency en personne charge dans le combat, c'est l'autre qui trône à la place d'honneur. Malheureux Lorrain, obligé de politiquer en France en faveur d'un roi qui allait sous peu traiter Nancy comme la Rochelle! »

C'est ce célèbre siège de Nancy qui va nous montrer Callot sous son plus fier et son plus noble aspect; c'est lui qui va fournir à l'artiste ses plus hautes et ses plus caractéristiques inspirations. Nous ne retracerons pas à ce propos les intrigues politiques, les raisons de cour qui firent qu'en l'an 1633, Nancy fut assiégée, se défendit héroïquement contre l'armée de Richelieu, se rendit enfin. Ce que nous voulons faire ressortir, c'est que Callot vit son pays natal envahi, qu'il fut témoin de brigandages et de cruautés, et que son âme de bon Lorrain et d'homme humain fut serrée de douleur. Alors, il se promena dans la campagne ravagée, il assista au passage des hordes pillardes; il vit les bandits entrant dans les chaumières et les châteaux, mettant à sac les habitations et rançonnant les habitants. Tout cela demeura gravé dans son esprit en traits ineffaçables, et à son tour, en traits durables, il grava tout cela sur le cuivre.

C'est alors aussi que Louis XIII, singulièrement infatué, ou mal avisé, envoya des messagers à Callot pour lui dire que son bon vouloir était qu'il retraçât le siège de Nancy, comme il avait raconté déjà la Rochelle et Saint-Martin de Ré. Mais le brave Lorrain avait bien d'autres choses en tête, cette fois, que

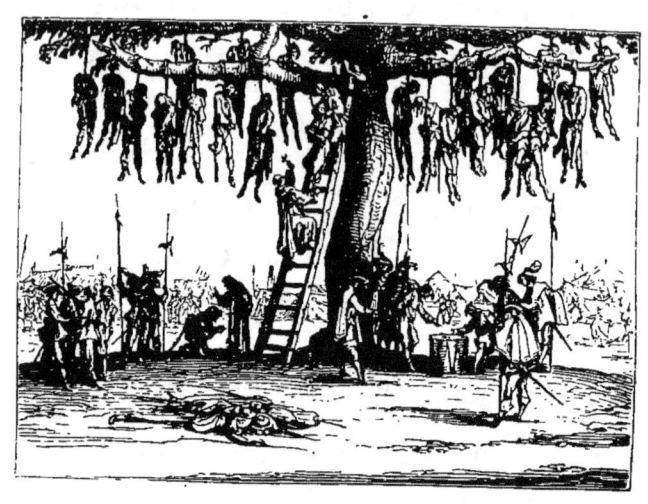

CALLOT. — LES PENDAISONS

de chanter la gloire d'un roi qui n'était point son maître. En ce moment, il ruminait dans son cerveau d'artiste la reproduction des scènes d'horreur qu'il avait vues. Il était chez lui, sur un sol envahi et outragé, et il ne pouvait se faire à l'idée d'un acte de courtisanerie, qui eût été un acte de lèse-patrie. Aussi répondit-il avec les formes les plus respectueuses, en gentilhomme, mais en patriote, « qu'il était Nancéien, et qu'il ne croyait devoir rien faire contre l'honneur de son prince ».

Louis XIII s'honora grandement en se montrant magnanime, et sa réponse vaut la réponse de Callot. Le roi se montra à la hauteur du peintre. Il dit « que le duc estoit très heureux d'avoir des sujets si fidèles

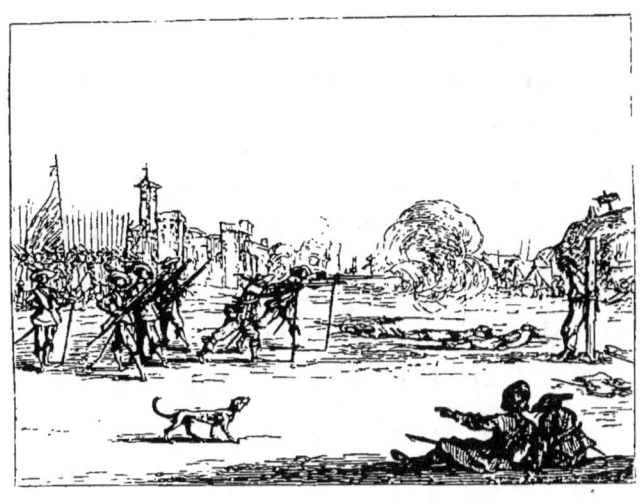

CALLOT. — L'ARQUEBUSADE

et si affectionnés ». Le langage des courtisans, violent et faux, voulez-vous l'entendre, après ce langage de deux vrais nobles hommes, l'un de haute famille, l'autre de haut génie ? Voici : quelques plats courtisans, trouvant insolente la réponse de Callot, se vantèrent qu'ils sauraient bien forcer l'artiste à obéir au roi. « Messieurs, répliqua simplement le bon Jacques Callot, je me couperois le pouce. » Oh ! la belle et fière réponse, et comme cet homme-là était digne de célébrer les héroïsmes et de flétrir les crimes et les hontes du brigandage !

Car il faut bien le comprendre, *les Misères de la guerre* ne sont pas seulement un tableau merveilleusement exact de la guerre à cette époque, c'est aussi une satire, une amère et indignée satire d'un brave homme et d'un philosophe compatissant. *Les Misères de la guerre* sont les gravures de Callot qui nous ont fait lui donner le titre du premier des peintres militaires français. La veine en est riche et limpide ; le pittoresque remuant et dramatique. Chaque scène forme un petit tableau complet ; et si le bon Callot peut être accusé de n'avoir pas toujours manifesté beaucoup d'émotion dans ses œuvres, ce n'est certainement pas dans celle-ci : *Les Misères et les malheurs de la guerre, représentés par Jacques Callot, noble Lorrain, et mis en lumière par Israël* (Henriet) *son amy, à Paris*, 1633. Le recueil forme dix-huit estampes de petit format. Mais c'est vraiment un miracle de voir combien ces petites vignettes s'agrandissent quand on regarde avec les yeux de l'imagination leurs petits personnages.

La première représente l'enrôlement ; les malandrins s'engageant pour quelques misérables deniers, abdiquant leur liberté en échange de la vie de franches lippées et de belliqueuse fainéantise qu'on leur a fait entrevoir.

Puis, aussitôt après les peines commencent, et l'on

voit une superbe mêlée de cavalerie, où les chevaux se précipitent, où les armes s'entre-choquent, où des nuages de poudre et des nuages de poussière s'élèvent. C'est un merveilleux petit tableau de quelques centimètres carrés. La peinture militaire ne fera plus tard rien de plus animé. Callot est bien celui qui le premier lui a tracé sa voie.

Mais après le peintre qui a saisi les lignes mouvantes des combats, voici le philosophe qui prend la parole avec une belle élévation, et la troisième scène représente les bandes déchaînées, pillant à tort et à travers. C'est une belle planche, très dramatique, et les vers naïfs qui l'accompagnent lui donnent, il semble, une force d'expression singulière :

> Ces courages brutaux dans les hostelleries
> Du beau nom de butin couvrent leurs voleries.
> Ils querellent exprès, ennemis du repos,
> Pour ne payer leur hoste, et prennent jusqu'aux pots.
> Ainsy du bien d'autruy leur humeur s'accommode,
> Quand on les a soulez et servis à leur mode.

Callot approfondit la peinture de ces crimes ; voici les misérables dans une vaste chambre ; moitié salon, moitié cuisine, à la mode ancienne. Dans un coin, les uns s'occupent à pendre par les pieds et à brûler sur un feu clair le maître de céans jusqu'à ce qu'il ait livré le secret de sa bourse. Dans une autre partie, ils font grasse chère; dans une autre, ils fouillent les coffres ; dans le fond, ils s'acharnent à d'autres méfaits, brutalisant les femmes, lâchant la bride aux plus grossiers appétits de la bête humaine.

La planche suivante nous les montre continuant leurs déprédations dans les églises ; la suivante, se répandant à travers un village et le mettant à sac. Mais ces soldats de mauvaise fortune ne se contentent pas de rançonner le commun de la population, il leur faut plus riche proie. Les voici s'embusquant au coin d'un bois, et si passe un riche équipage, se précipitant dessus, garrottant les voyageurs, enlevant les bagages.

Il faut reconnaître que cette guerre sans scrupules, dans toute sa sauvagerie, avait bien son caractère. Est-ce le talent si coloré de Callot qui nous la rend intéressante comme un drame ? Est-ce parce que nous y voyons un côté aventureux, déjà bien lointain, qui nous atténue le côté atroce ? Toujours est-il que ces bandits salariés, avec leurs feutres empanachés, leurs rapières démesurées, leurs mousquets plus souvent armés contre les cultivateurs inoffensifs que contre les ennemis décidés à la défense, nous gardent des joies particulières.

D'ailleurs, après le spectacle de leurs forfaits, le graveur nous ménage bien vite le spectacle de leur châtiment. S'ils ont ainsi détroussé les gens, ce n'était point avec l'assentiment de leurs chefs. Du moins ont-ils dépassé la limite où un bon capitaine croit pouvoir fermer les yeux. Et voici que la gravure nous montre les pillards ramenés au camp par le prévôt, afin d'être châtiés de leur coquinerie. Ici la verve de Callot, pourtant bien assombrie par les douleurs patriotiques, par la gravité venue avec l'âge, semble s'être égayée dans d'amusants épisodes. Tandis que, sur l'ordre du prévôt, les gens d'armes recherchent les coupables, ceux ci se cachent au plus épais des fourrés, et c'est avec un sourire qu'à chaque instant nous découvrons, muscées dans les broussailles, de nouvelles petites figures que nous n'avions pas encore vues au premier coup d'œil. Telle est la prodigieuse habileté du graveur, que tous ces épisodes tiennent dans quelques millimètres carrés.

Vous allez assister aux châtiments infligés aux soldats coupables de dol et de brigandage. Premier supplice : l'estrapade. On enlève un de nos drôles par dessous les aisselles au haut d'une longue potence, et ainsi demeure-t-il exposé aux risées. Dans une autre partie, d'autres sont assis à califourchon, cinq ou six à la file sur de dérisoires chevaux de bois, sans compter les bons coups dé lanière et les mauvais propos qu'on ne manquera pas de leur cingler à l'occasion.

Puis, les plus coupables sont pendus. Ah ! l'admirable gravure que celle des *Pendus*, grappes humaines que l'on accroche aux gros arbres du chemin, en présence de toute l'armée. Un seul arbre en contient plus de vingt, de ces fruits à deux jambes, qui vont se pourrir aux intempéries. Le maître peintre a cette fois atteint une éloquence âpre : on a été jusqu'à châtier de cette sorte quelques soldats qui avaient une jambe de bois. Et rien n'est plus poignant que de voir ces invalides suspendus à côté de ceux qui ont leurs membres au complet. Par un trait d'observation cruelle, Callot nous montre, au pied du chêne de justice, deux brigands qui attendent leur tour, et qui, impénitents et incurables, jouent un dernier coup de dés en attendant de se balancer et de faire la suprême grimace.

Mais nous ne sommes pas au bout des supplices, et il faut reconnaître que si la guerre avait de vilains côtés de pillage, la discipline était de son côté riche en répressions assez énergiques. C'est ainsi que, dans une planche suivante, nous voyons d'autres mauvais soldats passés par les armes sur une grande place ; dans une autre, brûlés vifs. (Décidément la discipline était plus dure qu'aujourd'hui.) Dans une autre, enfin, roués, c'est-à-dire attachés sur une roue tournante, et cinglés de lanières qui mettent la chair à vif, chaque fois que la roue présente le patient aux coups du bourreau.

Il n'y avait point de vengeance assez cruelle pour ceux qui avaient ainsi ravagé la terre lorraine, et l'on voit que Jacques Callot a pris un dur plaisir à multiplier ces châtiments et à poursuivre ces peintures de représailles.

Il les poursuit jusqu'à l'hôpital, et c'est encore une gravure admirable que celle où il nous montre, parmi les architectures sévères d'une cour d'hospice avec sa chapelle, des formes d'hommes amputés, se traînant péniblement sur leur moitié de tronc, les uns sans bras, les autres roulant sur leur bassin privé de jambes, s'aidant de pitoyables patins, les autres marchant à quatre pattes, tous se lamentant, gémissant sur les gloires de leurs conquêtes. En vérité ce petit tableau de l'hôpital est inoubliable, et il forme une puissante contre-partie aux méchancetés que nous avons vues tout d'abord se dérouler. Il semblerait que la série puisse se clore ici.

Mais, comme nous l'avons dit, Callot est un philosophe. Il nous tient en réserve la vraie morale de ces guerres. Le paysan s'est lassé à la fin de se voir malmener par les hordes. Il s'arme à son tour, et le moindre malheur qui puisse arriver aux soldats, c'est de se voir méprisés au moment où ils meurent de faim et d'épuisement :

> Que du pauvre soldat déplorable est la chance !
> Quand la guerre finit, son malheur recommence.
> Alors il est contraint de s'en aller gueusant,
> Et sa mendicité fait rire le paisant.

Heureux encore quand les « paisants » ne tirent pas une vengeance plus éclatante. Alors, l'avant-dernière planche des *Misères de la guerre* nous montre les gens de campagne, armés de fourches et de triques se mettant en embuscade et tombant à qui mieux mieux sur ces loups amaigris et exténués :

> A la fin les paisans, qu'ils ont pour ennemis,
> Les guettent à l'escart, et par une surprise,
> Les ayant mis à mort, les mettent en chemise.

Suivant l'usage du temps, l'artiste a un peu gâté son œuvre par la dernière planche. Il nous montre le souverain (un souverain quelconque) distribuant les récompenses aux bons soldats, à ceux qui se sont contentés de tuer les ennemis suivant les règles permises. Mais il fallait que les meilleures pièces de théâtre eussent à cette époque le dénouement connu :

> Nous vivons sous un prince ennemi de la fraude.

Nous ne nous arrêterons pas d'ailleurs à cette légère critique d'une seule planche qui détonne dans l'ensemble. Cet ensemble est trop parfait, trop émouvant, pour que nous reprenions quelques détails. Ceux qui ont trouvé Callot un artiste froid et peu sincèrement ému n'ont pas assez regardé *les Misères de la guerre*. Songez un peu à cette époque de la guerre de Trente ans, où le massacre, l'incendie, le pillage, étaient devenus des événements normaux de la vie. N'est-ce point chose étonnante de voir alors un artiste relever ce qu'il y a d'inhumain dans la guerre ? Mais ce qui est plus vraisemblable, c'est que les contemporains n'ont pas compris au fond la morale du bon Callot. Pour nous, nous voyons ici une œuvre forte, d'une réelle valeur d'indignation et précieuse comme simple document de mœurs. Il y eut, deux siècles plus tard, un autre maître, un admirable artiste et un admirable penseur qui décrivit à sa façon *les Horreurs de la guerre*. Goya, toutes proportions gardées, n'est pas plus éloquent que Callot. Si Goya a l'incomparable magie du clair-obscur, s'il appelle à son aide toutes les difformités, toutes les atrocités vues de près, les petites eaux-fortes de Callot ont la netteté de l'expression, la précision du détail, tout le drame raconté en pleine lumière, et c'est un grand cri de compassion et de patriotisme qui vient, quoique affaibli, nous frapper encore les oreilles après plus de deux cents ans.

Il ne nous déplaît en aucune façon que le premier maître que nous rencontrons sur notre chemin ait été un penseur révolté par la violation du droit des gens.

III

Louis XIV et ses historiographes. — Lebrun.

Quand un homme se laisse sérieusement comparer au soleil, on peut en conclure qu'en matière de flatteries, il n'y en aura jamais pour lui de trop fortes. Louis XIV a eu les peintres militaires qu'il pouvait souhaiter : des courtisans empressés à saisir la volonté du maître, et habiles à lui réserver tous les honneurs. Si nous n'avions pas d'autres documents que les peintures de Lebrun et de Van der Meulen, nous pourrions croire que la guerre ne fut sous le grand roi qu'une vaste partie de plaisir, quelque chose comme une chasse à courre un peu mouvementée. Mais les documents sérieux que nous possédons sont plutôt littéraires, historiques; les tableaux sont menteurs. Tout s'y fait galamment; on dirait tout le temps une sorte d'*Impromptu de Versailles;* les uniformes sont chamarrés d'or; les décors sont des plus galants. Tout cela est si propre qu'on douterait vraiment que la guerre à cette époque coûtât la vie à des hommes. Un jour Turenne est mort, frappé d'un boulet de canon. Cela eût été, entre mille, un épisode guerrier à retracer sur-le-champ. Les peintres avaient l'esprit ailleurs. Ces gens-là n'avaient point le sens de l'actualité, et il est assez comique de penser qu'au dix-neuvième siècle seulement, on nous a représenté la mort de Turenne de cent façons différentes, sans la moindre indication sur la manière dont la chose a pu se passer.

Ceci n'est que pour prendre un exemple, et surtout pour faire comprendre combien, tout de suite après Callot et dès le règne de Louis XIV, la peinture militaire devint conventionnelle, tourna le dos à la vie. Avec Callot du moins, nous avions le côté anecdotique, piquant, mouvementé de la guerre. Ce n'étaient que des généralités, sans doute, mais si joliment détaillées, que cela valait autant que la vérité. Il y avait, dans les petites estampes de Callot, que l'on trouve pourtant aujourd'hui un peu froides et sèches, une bien entraînante passion si on les compare aux peintures officielles des historiographes du grand règne. Ah ! nous sommes loin des belles mousquetades, des embûches, des pendaisons, des sauvageries. Cela est réglé comme un ballet, et si sévèrement administratif que cela finit par ennuyer ; comme tout le reste. Comment voulez-vous qu'on s'intéresse à des campagnes qui semblent évoluer dans des parterres taillés par Le Nôtre ? Il nous faut faire force d'imagination pour reconstituer la guerre telle qu'elle put être alors ; il nous faut relire Vauban et les mémoires du temps. Tout vaut mieux pour nous instruire que les peintures de Lebrun, tout, même *les Trois Mousquetaires !*

Ce n'est pas que Lebrun, puisque nous commençons par lui, ne soit un très noble et très beau peintre, à l'inspiration française, c'est-à-dire claire et ordonnée, à l'éducation italienne, c'est-à-dire pompeuse et théâtrale. On peut même le considérer comme un des maîtres de notre école, quelque chose comme le Bossuet de la peinture. Nous ne dirons pas le Boileau, car plus que Boileau il aurait la majesté, l'ampleur, le goût des grandes mises en scène et des périodes grandiloquentes. C'est Bossuet en chaire : il a de lui la noblesse, le rythme, la gravité. Il a aussi la même autorité impérieuse, despotique. Par là il devait plaire au roi qui aimait assez à avoir des despotes sous ses ordres, pourvu qu'ils fussent souples envers lui.

La vie de Lebrun est caractéristique. Il naît en 1619, à Paris, d'un père sculpteur, qui travaillait assez fréquemment pour le chancelier Séguier. Un jour le chancelier remarque l'enfant qui dessinait proprement, et avec goût. Il le prend sous sa protection et le fait entrer à l'atelier de Simon Vouet. Après de bonnes études de peinture à Fontainebleau, Lebrun se rend en Italie, fait en chemin la connaissance de Poussin; une fois à Rome, il vit dans une étroite et respectueuse fréquentation du maître, en même temps que dans une admiration profonde de l'art antique. Il s'en pénètre intimement; il ne cesse pendant la longue période de six années de séjour de copier les statues, les monuments de l'art romain. C'est une éducation faite de toutes pièces; il ne verra plus la vie qu'à travers ses souvenirs d'élève, l'homme que sous la forme de statues, la nature avec l'aspect d'un paysage historique de son maître Poussin. Voilà, certes, de singulières conditions pour retracer les campagnes de Louis XIV, pour nous raconter la guerre. La plupart du temps il n'y verra qu'un prétexte à allégories. D'ailleurs l'histoire de son temps, la vie qui l'entoure est tout d'abord le moindre de ses soucis. Il ne songe qu'à de grands tableaux d'histoire, scènes de mythologie ou scènes de piété. Il est hanté jusqu'aux moelles de Jules Romain et d'Annibal Carrache. Nous ne disons pas Raphaël, ou Michel-Ange. Il y a comme cela des tempéraments d'artistes qui ne vont pas plus loin dans le choix de leurs modèles que les grands hommes de second ordre. C'est le cas de Lebrun. L'imitation évidente, non pas de Raphaël, mais de ses élèves, montre qu'il avait naturellement plus de goût pour l'apparat que pour la vraie grandeur.

Ces qualités d'opéra, pour ainsi dire, ne pouvaient

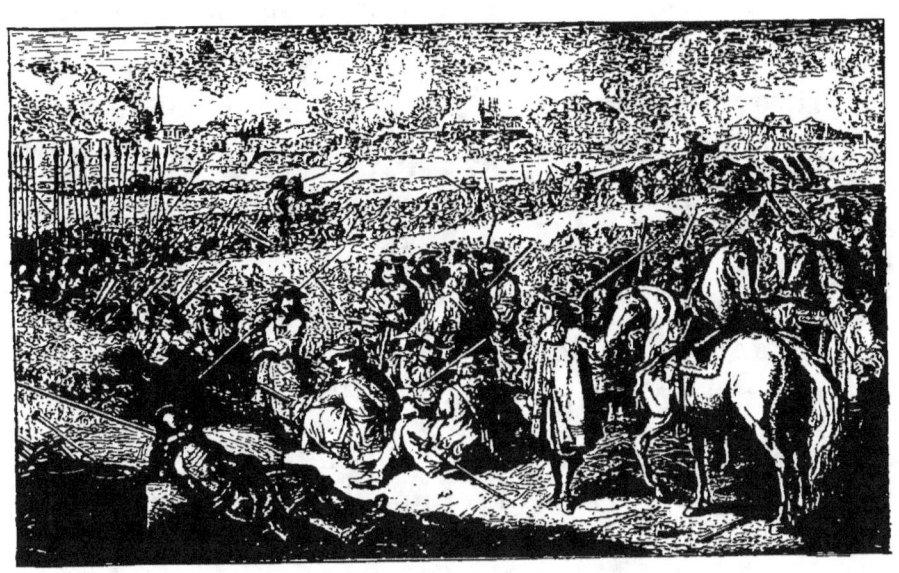

LEBRUN. — PRISE DE TOURNAY

manquer de plaire à l'homme qui acclimata l'opéra en France. Mazarin prit Lebrun sous sa protection. On se rappelle le mot connu du cardinal : « Sire, je vous dois tout, mais je crois m'acquitter en vous donnant Colbert. » Il aurait pu ajouter aussi Lebrun. A la vérité, il ne le lui léguait pas directement. Lebrun avait, avant de passer au service de Louis XIV, travaillé pour Fouquet qui le payait grassement. On connaît la jalousie et l'intrigue qui ruinèrent le surintendant. Lebrun du moins échappa au naufrage, et le roi tint à se l'attacher. Désormais ce peintre était fait pour ce souverain.

Lebrun débute par un maître coup de courtisanerie. Il peint, en d'immenses proportions, *les batailles d'Alexandre*. L'allusion est assez transparente, je suppose. La générosité d'Alexandre envers Porus ; la bravoure d'Alexandre, quand il traverse le Granique ; la majesté d'Alexandre, quand il fait son entrée dans Babylone, c'est la générosité, la bravoure, la majesté du roi-soleil lui-même. Sot qui ne le comprendrait. Aussi, le roi, comprenant tout le premier la pensée de Lebrun, le comble d'honneurs. Il le nomme son premier peintre, l'anoblit, l'inscrit au premier rang de ses pensionnés, lui donne pour armoiries « un soleil en champ d'argent, et une fleur de lis en champ d'azur avec un timbre de face ». Ce n'est pas tout : Lebrun et Colbert s'entendent à merveille ; ils ont le même respect du monarque, les mêmes tendances administratives, la même hauteur de premiers commis. Lebrun est nommé directeur de la manufacture des Gobelins, qui sera employée en partie à reproduire en tapisserie les grandes compositions du peintre. Lebrun est bien le premier commis de la peinture. Il entend régner dans ce domaine. Il régente l'académie, commande aux artistes, impose le ton général qui doit dominer dans l'art, et regarde de travers ceux qui s'aviseraient d'être indépendants.

Il faut reconnaître d'ailleurs qu'il exerce ses fonctions avec une remarquable activité. La décoration de Versailles est en grande partie son œuvre; il trace des plans, compose des mises en scène et dessine des arcs de triomphe pour les fêtes, et il trouve avec cela le moyen de faire d'énormes morceaux de peinture, de façon à accaparer le meilleur des loisirs des principaux graveurs.

On comprendra que, dans l'œuvre d'un homme aussi occupé, la peinture militaire proprement dite, c'est-à-dire un genre déterminé, tienne relativement peu de place. Ce qu'il ne pouvait faire, trouvant une telle besogne un peu limitée et petite, il l'a repassé à Van der Meulen, qui s'y est taillé une place fort honorable et tout à fait spéciale. Quant à lui, sa vraie peinture militaire, ce sont les batailles d'Alexandre. Il lui faut généraliser ainsi la guerre sous la forme d'une scène d'histoire ancienne. Considérez, par exemple, le *Passage du Granique*, qui est une de ses toiles les plus amples, vous serez certainement frappé de la belle et noble allure de toute cette composition. C'est une superbe mêlée de statues. Guerriers qui traversent le fleuve à la nage, chevaux qui se cabrent, armures qui s'entre-choquent, tout cela n'est pour le peintre que matière à magnifiques *académies*. Pour lui, c'est toute la guerre. S'il avait à représenter les campagnes de son temps, il n'imaginerait point d'autres attitudes; il ne ferait qu'alourdir ses personnages en les recouvrant de justaucorps et en remplaçant le casque par un feutre empanaché.

En voulez-vous la preuve ? Vous n'avez qu'à jeter les yeux sur le tableau où Lebrun a représenté *la Prise de Tournay*. Au premier abord, on croit se trouver en présence d'une œuvre un peu documentaire et instructive ; on pense que ces gens en habits de leur temps vont nous raconter quelque chose de leur tempérament, leurs mœurs, la manière dont ils entendent le combat, comment ils vivent en campagne. Puis, en examinant plus attentivement, vous vous convainquez que cela n'en dit pas plus long que les batailles d'Alexandre. Pourquoi ces gens assis dans la tranchée, et pourquoi les autres debout ? Quels rapports ont-ils entre eux, et comment participent-ils à l'action ? N'est-ce pas non plus un non-sens que cette forêt de lances dépassant le sol, à gauche, de toute leur longueur, de telle sorte qu'elles fournissent le meilleur point de mire aux ennemis ? Les chevaux tenus en main au premier plan sont de belles bêtes; qui attendent-ils ? A quoi répond le geste de cet homme d'armes, dans la partie gauche, la lance sur l'épaule, montrant de la main on ne sait quoi ? Et puis enfin, ce beau jeune homme couché au tout premier plan, casqué et tout bardé de fer, n'est-il pas emprunté à quelque bataille d'Alexandre ?

Cela, en vérité, constitue peut-être une belle pein-

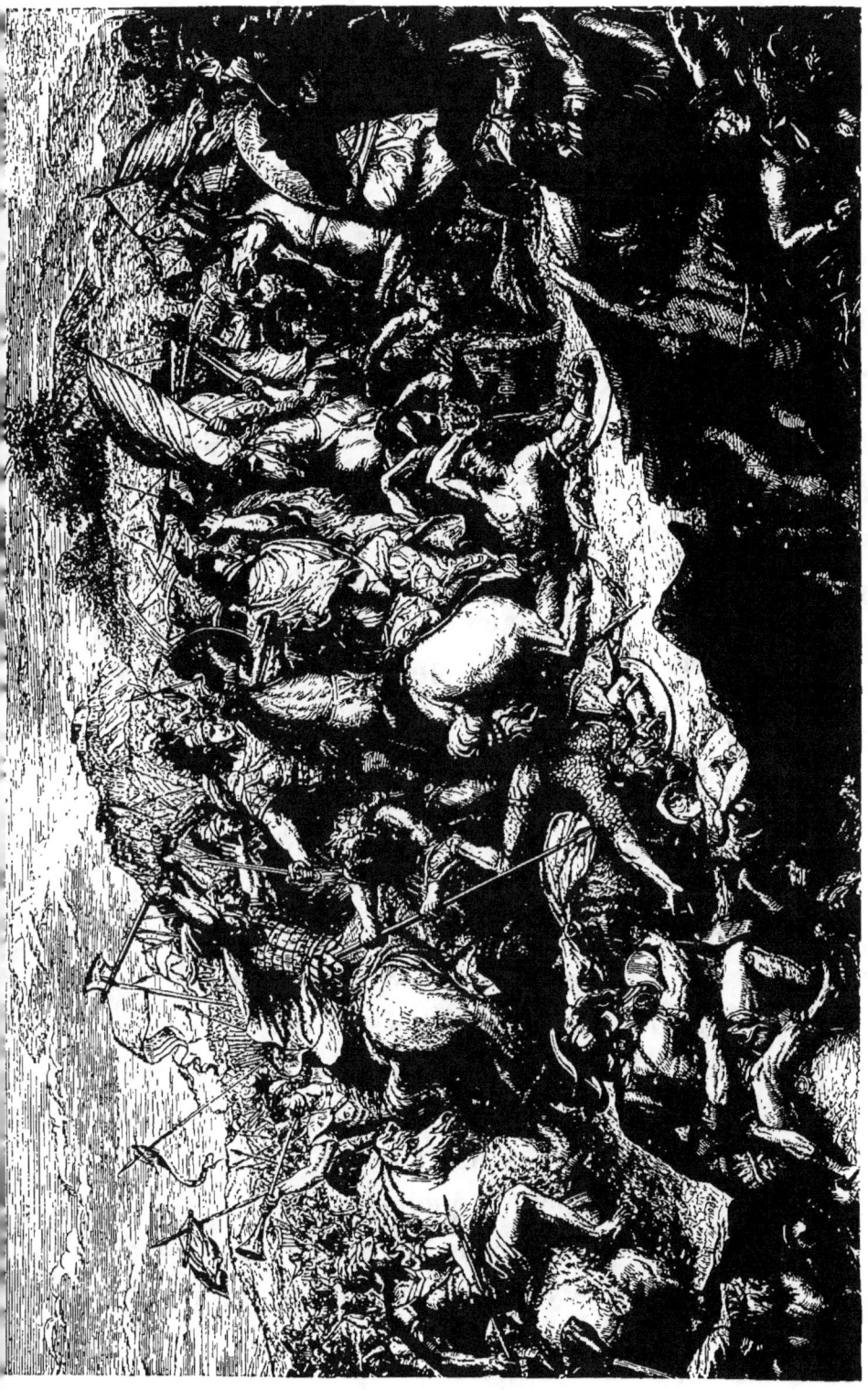

LEBRUN. — PASSAGE DU GRANIQUE

ture tout à fait dans la tradition classique et académique, mais qui ne nous apprend pas grand'chose. Que si vous voulez étudier Lebrun dans un de ses ensembles les plus importants, la grande galerie de Versailles, vous n'en saurez pas plus long. Pourtant, dans ces travaux considérables, Lebrun a représenté toute l'histoire du règne de Louis XIV, depuis la paix des Pyrénées jusqu'à la paix de Nimègue. Mais c'est une histoire *allégorique*, au lieu d'être la véritable histoire, celle des faits. Il n'en faut point faire reproche au peintre, et vouloir rapetisser un grand décorateur comme celui-là à notre avidité de détails précis. Il ne faut pas lui demander l'impossible; et pour lui, l'impossible, c'est l'exactitude.

D'ailleurs, s'il était exact, il ne serait pas le superbe courtisan qu'on rencontre dans tous ses tableaux. Même lorsqu'il se met à peindre un fait bien déterminé sans nuages ni gloires allégoriques, il lui est encore matériellement défendu de prendre la vérité corps à corps. Prenez *le Passage du Rhin*, qu'il fit en collaboration avec Van der Meulen, mais qui, vu la dimension de la toile, est presque entièrement son œuvre. Ce *Passage du Rhin* peut être considéré comme une des plus importantes toiles de bataille du règne de Louis XIV, et peut-être celle de Lebrun qui rentre le mieux dans le genre. Que fait le maître? Il place carrément le roi au beau premier plan, au moins grandeur nature. Il est plein de majesté, ce roi, sur son beau cheval blanc, avec son habit brodé d'or, ruisselant de cascades de rubans rouge feu. Deux ou trois officiers autour de lui caracolent respectueusement, le chapeau à la main, comme pour prendre des ordres nécessaires à la manœuvre, mais en réalité pour simplement faire valoir et mettre en relief le personnage principal, le seul important, celui qui montre d'un geste majestueux, de son bras tendu, un point, là-bas, dans le vide. Tout le reste est diminué, lointain; il y a bien un fleuve et des gens qui le traversent; sans cela, il n'y aurait plus de tableau. Mais en réalité, de tableau, il y en a le moins possible; de Louis XIV, il y en a le plus possible. Les combattants, qu'on voit par le gros bout de la lorgnette, ne sont qu'une valetaille, une plèbe qui suit, docile, le mouvement de la canne royale. Mais leurs faits et gestes personnels, leurs souffrances, leur entrain, les coups qu'ils reçoivent et qu'ils donnent, tout cela ne nous est pas raconté, et ne pouvait l'être, car alors personne ne s'y fût intéressé.

C'est ainsi que Lebrun, sans conteste le plus illustre peintre de batailles du règne de Louis XIV, ne nous a rien dit sur les batailles qu'il a retracées. La guerre n'a été pour lui qu'une belle ordonnance fastueuse; elle n'aurait pas été complète, suivant lui, et n'aurait pas répondu à son idéal particulier, à ses habitudes d'éducation, s'il ne l'avait racontée ainsi allégorique et impersonnelle.

De telle sorte qu'à ces splendides machines, nous en serions réduits à préférer quelques bons petits croquis bien vécus, bien réels, puisés dans la nature même, dans le vrai milieu des camps ; un peu de cette vie sous la tente ou devant les murs des places assiégées, vie que nous devinons bien en partie, mais que nous pouvons difficilement reconstituer avec exactitude.

La conception militaire de Lebrun ne manque pas de grandeur ; elle est dépourvue d'intérêt.

IV

L'école topographique. — Van der Meulen. — Martin des Batailles.

Si l'architecture des châteaux et des places fortes, la topographie exacte des provinces conquises, la richesse et la variété des uniformes, la connaissance parfaite de l'anatomie et des mouvements du cheval suffisent pour nous donner une peinture parfaite de la vie militaire et de la guerre, Van der Meulen, qui nous montre tout cela, ne laisse rien à désirer. Si, au contraire, il ne suffit pas d'avoir beaucoup d'esprit, d'être un joli peintre et un homme intelligent ; si un peu de passion vraie et de diable-au-corps est nécessaire pour nous émouvoir à notre tour et nous intéresser aux événements qu'on raconte, alors il manque quelque chose à l'historiographe attitré des campagnes de Louis XIV.

Il lui manquerait tout d'abord, pour être rangé au nombre de nos peintres de batailles, la qualité absolue de Français, puisqu'il est de naissance flamande. Mais nous ne pouvons nous arrêter à cela : Van der Meulen a passé presque toute sa vie en France, il y a accompli toute sa carrière de peintre, il n'a retracé que des sujets français, et de plus avec une inspiration puisée directement à notre école. Si la *naturalisation* avait alors été dans nos lois, il est de toute certitude que Louis XIV la lui eût octroyée toute grande.

Il reste pourtant quelque chose de l'école flamande à Van der Meulen, c'est l'habileté de la touche, l'esprit du dessin et la transparence du coloris; un peu aussi la façon de comprendre et de traiter le paysage. Mais l'ordonnance des scènes, la bonne mine et l'allure fringante des personnages, tout cela est bien nôtre, et Van der Meulen est rangé avec raison, par la plupart des historiens, parmi les maîtres de l'école française.

Sa vie est fort simple ; c'est, d'abord, celle d'un brave artiste qui a la chance de rencontrer sur son chemin d'importantes protections ; puis, dans la seconde partie, la plus longue, c'est celle d'un digne fonctionnaire qui accomplit sa tâche avec une assiduité et une régularité que rien ne saurait interrompre.

C'est, en effet, l'existence d'un fonctionnaire que celle de ce peintre, élève de Snayers, que Lebrun conseille à Colbert de faire venir en France, et qui se trouve bientôt couché sur la liste des pensionnés, à charge de suivre le roi dans ses campagnes et de retracer au fur et à mesure les victoires et conquêtes. Van der Meulen était né à Bruxelles, en 1634. A l'atelier de Snayers, il s'était surtout adonné à l'étude des chevaux, et il était arrivé à les connaître merveilleusement. Lebrun ayant remarqué quelques-unes des petites toiles de bataille que Van der Meulen faisait alors dans le goût de l'époque, simples rencontres de gens d'armes, sans sujet ni lieu déterminés, engagea Colbert à le faire venir en France. On fit au peintre des offres assez brillantes : un logement aux Gobelins, 2 000 livres de pension et la promesse de nombreux travaux.

La généreuse initiative de Lebrun, il faut le dire, cachait une arrière-pensée. Il avait besoin d'un collaborateur, et c'est Van der Meulen qu'il choisit. On sait de bonne source que c'est Van der Meulen qui peignit la plupart des chevaux dans les Batailles d'Alexandre.

Il y a un rapprochement assez amusant à faire entre cette faveur dont jouit dès l'abord le peintre de batailles et l'accès de mauvaise humeur légendaire que provoqua chez Louis XIV la vue d'innocentes kermesses de Téniers. Ce n'étaient point des « magots » que peignait Van der Meulen. Il y avait dans son œuvre commencée certaine prédestination de noblesse, et il n'en fallait pas davantage. C'est ainsi que la faveur s'acquiert. Il est vrai que si l'on avait fait des offres à tout autre peintre flamand, peut-être ne serait-il pas venu d'aussi bonne grâce que Van der Meulen.

Voici donc notre peintre installé en France. Bientôt on va commencer à mettre son talent à l'épreuve. En 1667, il inaugure ses fonctions de peintre du roi en retraçant la campagne de Flandre. Ici on ne peut s'empêcher de songer au patriotisme peu scrupuleux de ce bon Flamand. Il ne lui en coûte rien d'immortaliser les défaites de ses compatriotes. Sans doute l'idée de patrie n'était pas aussi nette et aussi puissante à cette époque qu'à la nôtre. Sans doute aussi, les sympathies de la Belgique étaient alors plutôt pour nous que pour la Hollande. Toutefois, le patriotisme existait plus qu'on ne pense, puisque nous en avons vu précédemment un trait remarquable, et quelles que fussent les sympathies flamandes, ce n'en était pas moins une terre envahie, des maisons bombardées, des champs saccagés, et tout cela très froidement constaté par un enfant de ce pays. Et l'on ne peut oublier le rapprochement saisissant entre la docile courtisanerie de Van der Meulen, et la fière indépendance de Callot jurant qu'il se « couperoit le pouce » plutôt que de graver le siège de Nancy.

D'ailleurs Van der Meulen remplissait sa tâche avec toute la ponctualité qui nous a fait l'assimiler à un bon fonctionnaire. Tous les jours, il vient prendre les ordres du roi pour ainsi dire « au rapport » et il s'entend avec son maître sur le choix des régions, des engagements à reproduire ainsi que des personnages qui doivent y être représentés. Il lui faut ensuite, toute la journée, relever à vol d'oiseau le plan des villes et de leurs environs, croquer rapidement les

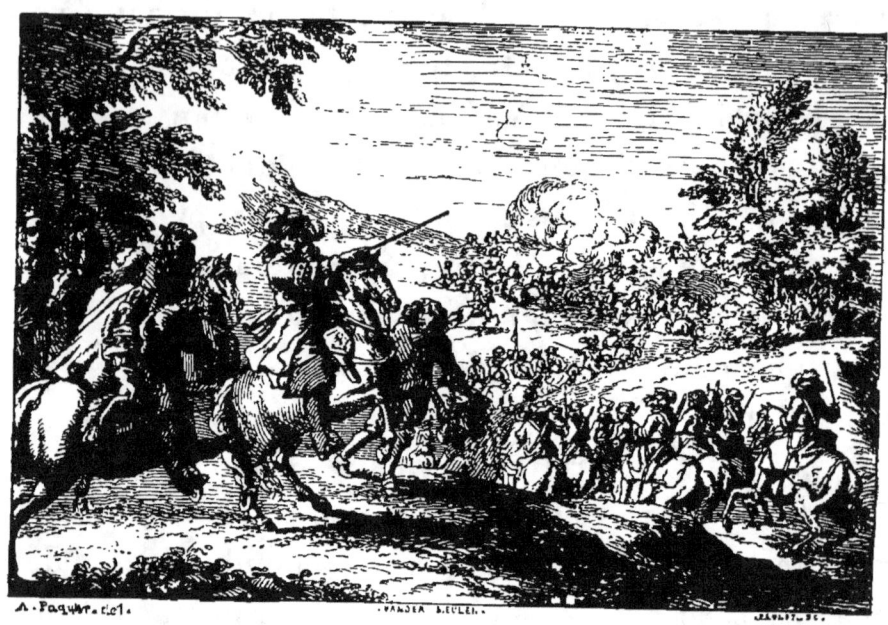

VAN DER MEULEN. — LOUIS XIV DEVANT DOUAI

grandes lignes stratégiques, noter les groupements et les attifements. C'est un perpétuel procès-verbal qu'il est obligé de tenir à jour. Il faut avant tout de l'exactitude, car le roi entend plus tard retrouver dans les peintures le souvenir précis des contrées soumises par ses armes. Au besoin il ferait juger l'œuvre du peintre par quelque maréchal ou quelque ingénieur pour s'assurer de sa valeur. Il faut avouer que ce sont des conditions assez défavorables pour un artiste, et une place laissée singulièrement restreinte. C'est se renfermer pour ainsi dire au rôle de cartographe, d'un cartographe qui enjoliverait de personnages ses plateaux,

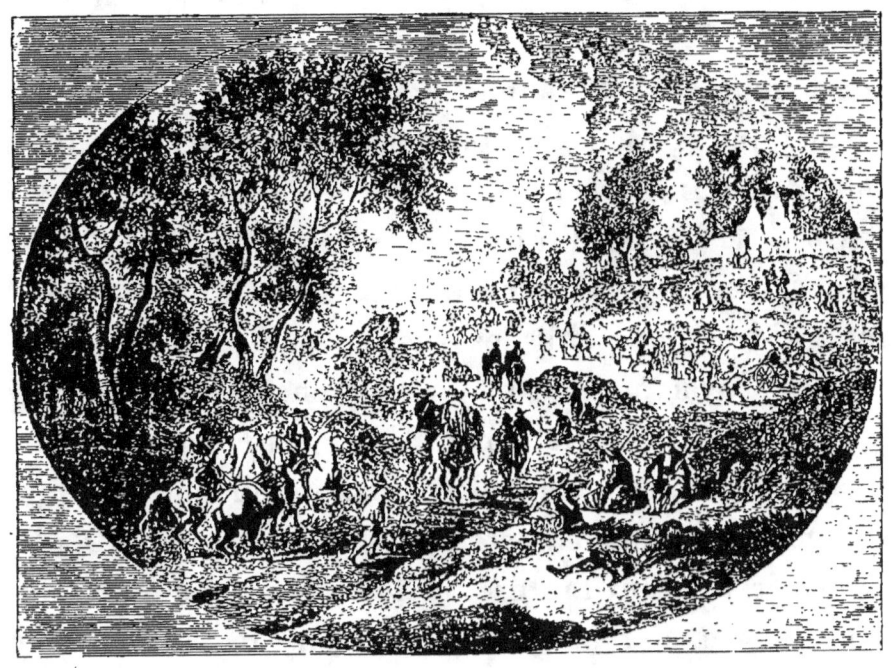

VAN DER MEULEN. — CONVOI MILITAIRE

ses fleuves et ses chaînes de montagnes, afin que son travail ne paraisse point trop aride.

Van der Meulen s'est tiré de cette besogne, il faut le reconnaître, avec une merveilleuse habileté et un talent unique. Ses tableaux plaisent tout d'abord par leur belle et imposante allure. Ils ont la marque de ce style « grand siècle » qui donne un cachet si caractéristique, mais si uniforme aussi, qu'on reconnaît dans toutes les œuvres du temps. Ce n'est que si on les regarde de près que l'on se rend compte de toutes les difficultés qu'il a eues à tourner, de toutes les aridités qu'il a dû dissimuler. Pour ne parler que des toiles qui retracent cette campagne de Flandre, comment donner une allure pittoresque à ce pays qui n'est guère qu'une vaste plaine ? Van der Meulen s'en tirera en imaginant, dans les premiers plans, des épisodes amusants qui récréeront l'œil et lui masqueront la sécheresse et le peu d'intérêt de son paysage à vol d'oiseau. Ce seront des soldats occupés à quelques corvées ; des gardes contenant les rustres sur le passage du carrosse royal ; un état-major tout chamarré, galopant autour du roi invariablement la tête tournée du côté du spectateur, et faisant de sa canne, au bout de son bras tendu, le même geste majestueux et vague. D'ailleurs, c'est là tout l'intérêt et toute la raison d'être du tableau. Van der Meulen peut, dans les petits épisodes qu'il multiplie, exercer sa verve et sa jolie touche flamande. Le tableau n'est commandé et exécuté que pour faire valoir un seul personnage ; celui qui règne au premier plan, celui qui conduit toutes les opérations, devant qui les murailles tombent et les armées se dissipent.

Car c'est l'effet que nous produit l'étude de la collection des Van der Meulen. On demeure surpris de l'apparat de ces campagnes. Quoi ! cela ne coûtait pas plus de collectionner les prises de villes ? Quoi ! l'on s'avançait aussi facilement dans les terres ? Mais alors la guerre n'était-elle donc qu'un jeu ? On ne voit pas de combattants, dans ces combats, ou plutôt, on les voit de si loin, signalés par une simple ligne d'uniformes, ou quelques flocons de fumée, qu'on ne peut s'imaginer qu'ils se tuent. D'autre part, le roi et ses officiers ont toujours l'air si parfaitement calme, si à leur aise, comme à la chasse, que tout cela semble une jolie partie de plaisir. On fait la guerre en carrosse. Et alors, on demeure convaincu que les toiles de Van der Meulen, si séduisantes qu'elles soient pour nous, ou justement parce qu'elles sont très séduisantes, ne sont qu'une vaste flagornerie, un mensonge enjolivé, dans le genre des rapports qu'on pouvait faire au roi pour le convaincre que son peuple était parfaitement heureux.

Cette parfaite ignorance des « misères de la guerre », ce détachement systématique de tout ce qui est le drame, en faveur de tout ce qui est la parade, fait que les peintures de Van der Meulen ne nous montrent encore qu'un côté très restreint de la vérité. Nous savons à quoi nous en tenir, et fort bien en détail, sur tous les uniformes et les harnachements, sur l'étiquette des camps et la marche des cortèges. Cela ne manque pas d'intérêt historique, mais ce n'est pas toute l'histoire, et nous sommes devenus, en ce temps-ci, curieux précisément des choses que l'artiste a cru pouvoir négliger, ou même a reçu l'ordre de dissimuler.

Nous croyons d'ailleurs qu'un spécialiste ès choses militaires, un Jomini quelconque, pourrait trouver dans ces tableaux de valables indications. Il pourrait, grâce à la vaste étendue qu'ils embrassent, suivre à nouveau la marche des opérations et, dans un appendice, nous faire, aidé de ces seuls documents, l'inventaire de la tenue des troupes et la description du costume des officiers. Mais nous ne devons pas perdre de vue que c'est une histoire de *peintres* que nous écrivons, et non une histoire de *théoriciens*. Aussi ne savons-nous pas trop si nous devons admirer le talent avec lequel Van der Meulen a surmonté la difficulté de varier ses procès-verbaux, ou regretter au contraire que le style imposé du procès-verbal ait nui en partie à ses belles qualités d'artiste. C'est pour le dernier jugement que nous nous déciderons, car la tâche trop réglée a fini par donner à l'ensemble de l'œuvre une réelle monotonie. Puis, Van der Meulen finit par contracter absolument l'habitude de ne plus ressentir la moindre émotion en peignant des tableaux de guerre.

C'est tellement vrai que lorsqu'il peint pour lui-même de petits tableaux de chevalet, sans sujet imposé, sans géographie déterminée, petites rencontres de cavalerie, convois de troupes dans des défilés, il nous plaît, mais il ne nous intéresse pas. Vous en pouvez voir un ou deux exemples dans l'illustration de cette étude. Est-ce que vraiment vous vous passionnez pour ou contre tel adversaire ? Est-ce que vous ne sentez pas que les gestes, joliment enlevés du bout du pinceau, ne sont pas arrivés pour de vrai, en un mot, est-ce que vous ne voyez pas trop que *c'est de la peinture ?*

En réalité, Van der Meulen, voyageant en toute sécurité, n'assistant pas aux tueries, tout ébloui par le côté pompeux et réglé de ces campagnes, n'a vu de la guerre que ce qu'on en montrait au roi. Quelque mensongères que soient ces peintures, dans leur esprit général, il faut pourtant prendre pour vrais certains épisodes. Van der Meulen n'a pas certainement imaginé cette curieuse *Entrée à Douai*, que l'on voit au musée du Louvre. La reine Marie-Thérèse est dans un magnifique carrosse, entourée de ses dames d'honneur. Louis XIV et les princes du sang caracolent aux portières, cependant que les magistrats de la cité, à genoux et les clefs sur un coussin, débitent leur harangue de soumission. La foule et l'armée sont groupés à l'entour, et au fond, l'on voit la ville dont les portes sont ouvertes pour laisser pénétrer les vainqueurs. Aussi l'on peut résumer toute la philosophie de ces guerres, ou tout au moins de leurs représentations : une vaste et continuelle parade.

On a dit que les tableaux de Van der Meulen rappelaient, un peu modifié, le vers célèbre de Boileau :

Grand roy, cesse de vaincre, ou je cesse de *peindre*.

Pour nous, il finirait par nous remettre en mémoire l'autre vers non moins connu :

A vaincre sans péril on triomphe sans gloire.

Voilà ce que c'est que de nous cacher perpétuellement le danger : nous finirons par n'y plus croire. Et voilà aussi comment, avec le progès des temps, ce qui était jadis flatterie pourrait devenir calomnie, si nous ne savions pas bien la part de convention qu'il y a dans cette galerie.

En 1638, après la campagne de Flandre, Van der Meulen entreprit celle de la Franche-Comté. Là, du moins, il trouva un pays plus pittoresque, et qui lui permettait d'introduire dans ses tableaux plus de variété et d'effet. Les vues de Condé, de Salins, de Joux, peuvent compter parmi les meilleures et les plus agréables de ses toiles.

Le Passage du Rhin, qui est également au Louvre, est une œuvre charmante, que nous préférerons de beaucoup à la grande *machine* de Lebrun, et à beaucoup d'autres toiles de Van der Meulen lui-même. A la vérité nous n'y trouvons pas beaucoup plus de drame et d'émotion que dans le reste. Le roi est fidèle à son poste et à son mouvement de canne ; les petits personnages traversent l'eau avec la quasi-certitude de n'avoir pas à soutenir des luttes bien acharnées. Mais tout cela est d'un si joli arrangement, les mouvements sont si bien variés et si naturels, les personnages sont si bien dans l'air, que cela égale au point de vue purement pictural certaines bonnes toiles de l'école flamande.

Au reste, voici la liste des tableaux de Van der Meulen, que contient le musée du Louvre :

L'Armée du roi campée devant Tournay ; Arrivée du roi devant Douai; Vue de la ville et du siège d'Oudenarde ; Arrivée du roi devant Maëstricht ; Prise de Valenciennes ; Vue de la ville de Luxembourg ; Entrée du roi et de la reine à Douai; Marche sur Courtray ; Entrée du roi et de la reine à Arras ; Vue de Lille du côté de Fives ; Combat près du canal de Bruges; Reddition de Dôle; Passage du Rhin ; Prise de Dinan ; Vue de Fontainebleau ; Vue de Vincennes ; Bataille à l'entrée d'une forêt; Bataille au passage d'un pont; Bataille près d'un pont; Convoi militaire; Halte de cavaliers.

Les dernières toiles, qui figurent sous des titres généraux, sont précisément de ces petites œuvres de chevalet dont nous avons parlé, et qui dérivent, comme un joli et un peu mince filet, de la veine flamande. Cet ensemble permet de juger très bien Van der Meulen, puisqu'il présente à peu près toutes ses notes. Le musée de Versailles contient d'autres œuvres d'un moindre intérêt, ou qui tout au moins ne nous apprennent rien de plus. Nous mentionnerons *la Bataille de Cassel, la Prise d'Ypres*, etc.

Van der Meulen était de mieux en mieux en cour. Il avait épousé, en secondes noces, une nièce de Lebrun, qui lui donna un enfant et aussi pas mal de chagrins domestiques.

Louis XIV fit à son peintre l'honneur d'être le parrain de son fils. On comprend, sans même qu'il soit besoin de donner ce détail, l'attachement et l'admiration que le roi avait inspirés à l'artiste. Nous admettrons donc, pour compléter notre jugement sur Van der Meulen et le rendre un peu plus exact, que ses toiles furent sans doute des actes de courtisanerie, mais de courtisanerie reconnaissante.

Dès lors aussi, on voit quelle erreur a été commise par l'abus des comparaisons littéraires, d'appeler Van der Meulen le *Saint-Simon de la peinture*. Entre le bilieux et mordant auteur des *Mémoires* et le respectueux et correct rédacteur de ces pompeux procès-verbaux, il n'y a pas le moindre rapport.

Autre fonctionnaire, qui suit Van der Meulen et le complète, prenant, pour ainsi dire, la succession de ses affaires. Jean-Baptiste Martin, né en 1659, et mort en 1735, a hérité des fonctions de *peintre des conquêtes* du roi, et continué la tradition le plus consciencieusement du monde. Si la mode avait été alors, comme aujourd'hui, aux livrets avec indication des maîtres, Martin aurait pu se dire : « élève de Vauban et de Van der Meulen ».

C'est en effet Vauban, auprès de qui il avait été placé comme dessinateur de fortification et de topo-

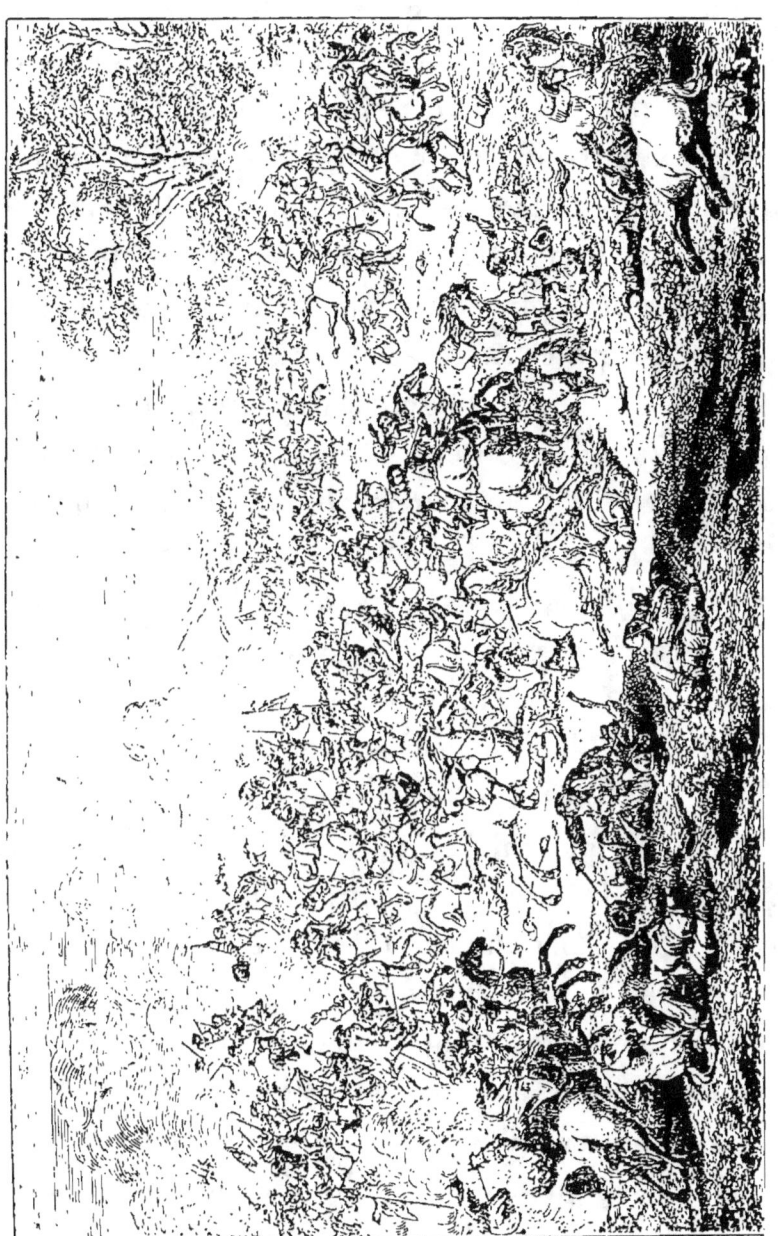

VAN DER MEULEN. — COMBAT DE CAVALERIE.

graphie, qui crut distinguer en lui un peu mieux qu'un simple manœuvre, et le fit accepter comme collaborateur par le célèbre peintre. Bientôt Martin devint un auxiliaire indispensable pour Van der Meulen, et put le suppléer dans les campagnes de 1688 et 1689. Enfin, quand le maître mourut, en 1690, Martin fut indiqué pour remplir son poste et continuer la série de ses topographies historiées.

Il n'a rien innové ; le genre était bon ; il était officiel. Martin, qui a obtenu à trop bon compte, dans l'histoire artistique, le surnom de *Martin des batailles*, a relevé avec autant d'exactitude les terrains et les forteresses, disposé les scènes à peu près de même manière, réservé comme il convenait la première place à qui de droit. Toutefois, il n'a peut-être pas un métier aussi habile et aussi séduisant que son maître ; sa couleur est plus lourde et son dessin a moins de distinction. Il manque, en outre, de cette belle autorité qui règne dans les compositions de Van der Meulen. C'est une conséquence à peu près fatale que l'on trouve chez tous les imitateurs.

Il serait dommage, malgré cela, de dédaigner complètement Martin ; s'il n'a pas l'originalité vive, il n'est pas dépourvu de tout intérêt. Il est souvent moins compassé que son modèle. Les épisodes sont parfois plus familiers, les personnages plus près de nous. On sent que Martin a vécu davantage dans l'élément *soldat*. C'est ainsi que l'un de ses tableaux, que l'on peut voir à Versailles : *Le Camp de l'armée française entre Saint-Sébastien et Fontarabie* (juin 1719, quartier du prince de Conti), nous donne ce que nous ne trouvons que trop peu dans Van der Meulen, une peinture abondante en détails familiers de la vie des camps. On y voit un peu le soldat en déshabillé, et l'on peut s'étonner que le peintre ait ainsi franchi les monotones conventions de l'étiquette. Il est vrai que Louis XIV était mort et que les grandes traditions allaient se perdre. Dans ce tableau, dont la qualité, à vrai dire, n'est pas merveilleuse, on voit du moins le militaire d'alors s'occuper à de familières besognes, en tenue de campement, rôder autour des cantines, en rapporter des victuailles, boire gaiement dans de longs verres en forme de flûte. Cela vit, et c'en est assez pour nous intéresser.

C'en est assez aussi pour nous faire regretter la rareté de pareils récits. Mais c'est le temps qui le voulait, et un peintre officiel surtout aurait cru déroger en descendant à la pure anecdote. C'est pourtant ce qui parfois devient le plus précieux pour la postérité. Autrement, un peintre ne fait que doubler médiocrement les historiens.

Van der Meulen, Lebrun et Martin caractérisent nettement la peinture militaire du dix-septième siècle, et cette première époque n'est pas, certes, aussi attrayante que celles qui nous restent à étudier. C'est alors le procès-verbal dans toute sa richesse de détails ; mais le drame est absent, et par essence même, il semble qu'une peinture militaire qui n'est point dramatique soit singulièrement incomplète.

Il y eut toutefois, à l'époque même que nous examinons, des artistes qui réagirent contre ce système, et qui tentèrent de donner une autre note. Nous allons voir s'ils ont complètement réussi.

V

L'école réaliste. — Jacques Courtois dit le Bourguignon. — Joseph Parrocel.

Van der Meulen, un Flamand qui parle français ; Jacques Courtois, un Français qui parle italien. C'est ainsi qu'on pourrait définir en peu de mots le talent des deux peintres de batailles les plus caractéristiques du dix-septième siècle. C'est en effet l'Italie qui a formé Jacques Courtois, dit le Bourguignon.

Il n'est personne qui, ayant fait un tour au musée du Louvre, n'ait stationné quelques instants devant la grande *Bataille* de Salvator Rosa. C'est même généralement ce que l'on admire quand on commence son éducation artistique. Il y a là dedans un mouvement endiablé en apparence, mais en réalité fort bien réglé. C'est une mise en scène qui vous donne l'illusion parfaite. Ces chevaux qui s'entrepiaffent, ces guerriers d'une époque indéterminée, qui peut aussi bien être l'antiquité que la Renaissance, les grimaces horribles qu'ils font, les coups furieux qu'ils se portent, l'extrême confusion qui semble régner dans cette mêlée, mais l'ordre réel qui permet de suivre toutes les phases de l'action et tous les épisodes de la lutte, tout cela est bien théâtral et bien italien. C'est de la

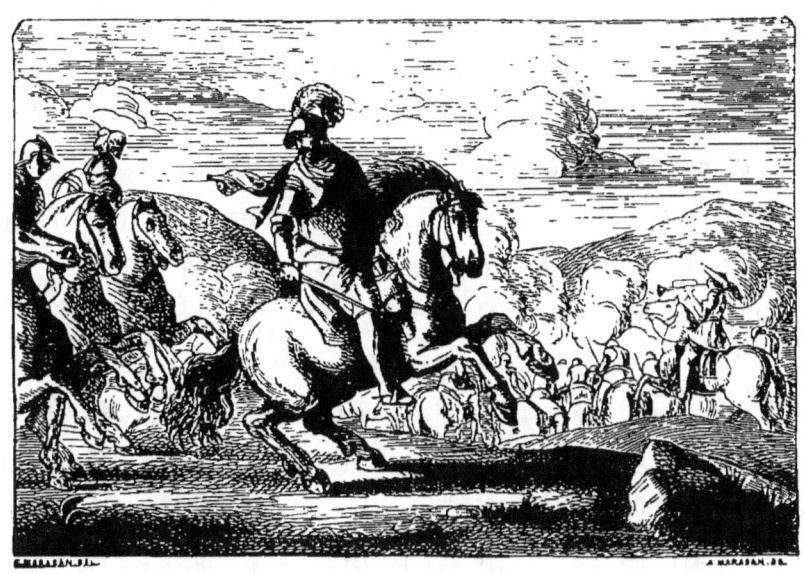

LE BOURGUIGNON. — CAVALERIE PARTANT AU COMBAT

déclamation superbe qui communique pour un temps l'impression d'une passion vraie. Il arrive pourtant un jour où l'on s'avise que ce genre est factice et que cette violence est vague. Ce sont de remarquables figurants qui, contrairement à l'habitude, jouent avec beaucoup d'entrain, mais ce sont des figurants.

Il a pu se rencontrer, malgré cela, des artistes même qui ont été séduits et influencés définitivement par cette conception. Ils se sont contentés de ces généralités mouvementées et en ont fait la base de leur œuvre.

Jacques Courtois est l'un des plus curieux de ces peintres à la Salvator. Pendant toute sa carrière, il n'a cessé de refaire le même tableau avec des variantes. Mais à force de conviction, d'entrain et de vigueur, il a acquis sa petite personnalité, qui ne laisse pas que d'avoir une certaine valeur. Un bon Bourguignon sera toujours apprécié dans un musée ou dans une collection particulière. On ne le couvrira pas d'or; mais il tiendra une place honorable parmi les œuvres de second ordre. Il sera même indispensable à toute galerie un peu complète. C'est le privilège de tous les peintres qui ont une manière un peu tranchée, fût-elle brutale et peu creusée.

La personne même du peintre est assez curieuse, et sa vie n'est pas dépourvue d'aventures. Jacques Courtois était né à Saint-Hippolyte, près de Besançon, en 1621. Son père était peintre, et, désirant faire de lui un peintre, l'avait envoyé fort jeune en Italie pour y faire son éducation artistique. Mais dès l'abord, Jacques Courtois trouve sa voie sans avoir autrement besoin de faire des études classiques. En arrivant à Milan, il se lie avec un officier français, et pendant trois ans, il suit les armées, ne rêve que tableaux guerriers, ne dessine qu'escarmouches, rencontres de cavalerie, massacres et chevauchées de toutes sortes.

Puis il fait la connaissance du Guide qui l'emmène à

Bologne, et Jacques Courtois devient l'ami des principaux maîtres de l'école. Là, sa vocation de peintre de batailles subit un temps d'arrêt. Il exécute quelques peintures pour des communautés religieuses à Florence, puis à Rome, jusqu'à ce que son ancien goût se réveille à nouveau. Dans les biographies de d'Argenville, on trouve les détails suivants sur son option définitive : « Muni de quelque argent qu'il avait amassé, il peignit de caprice quelques batailles sans savoir précisément à quel genre de peinture il s'attacherait. La seule vue de la *Bataille de Constantin*, par Jules Romain, dans le Vatican, le détermina entièrement. Le comte Carpeigne lui en commanda plusieurs sur le rapport du Michel-Ange des Batailles, qui, étant venu voir Bourguignon, sans se faire connaître, publia partout son mérite. »

Ces lignes nous indiquent suffisamment l'influence italienne qui agit sur le Bourguignon. Il faut ajouter à celle de Jules Romain, qui fut plutôt déterminante, celle de Salvator Rosa, qui fut précise et formelle. Le maître napolitain était alors dans tout l'éclat de sa renommée, et ses tableaux violents, abrupts, avaient donné l'essor à une foule de peintures dans le même genre, mais moins travaillées, plus sommaires, où la fumée et les vigoureuses oppositions d'ombre et de lumière jouaient presque un aussi grand rôle que les personnages eux-mêmes.

C'est de la force pour le plaisir, tout simplement.

Ces peintres, et tout particulièrement le Bourguignon, tirent leur poudre aux moineaux. Il faut bien avouer que c'est un peu de l'agitation en pure perte. A quoi bon ces batailles qui ne se sont passées nulle part? N'était-ce point assez de celles qui avaient lieu alors, et

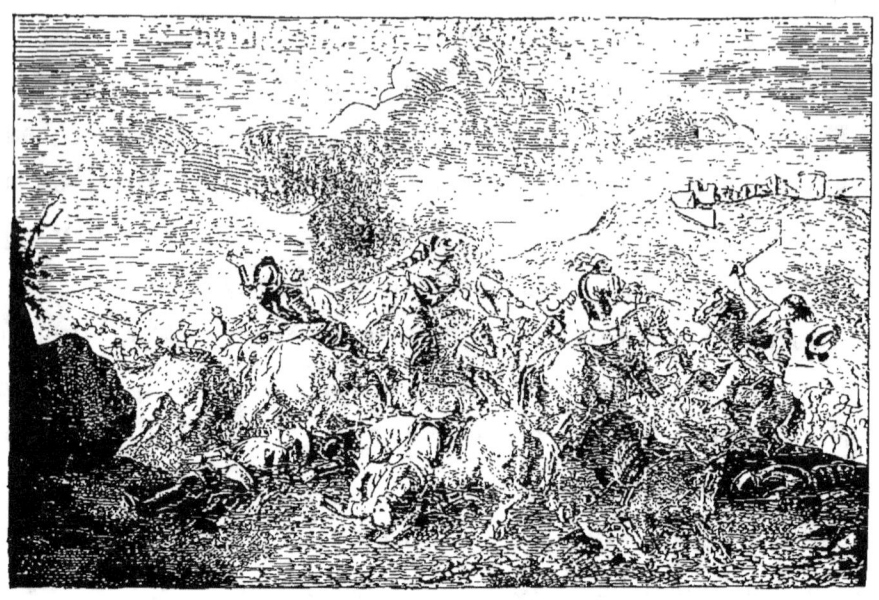

LE BOURGUIGNON. — COMBAT DE CAVALERIE

qu'il eût été intéressant de retracer? Mais non, pourvu que le Bourguignon fasse s'entre-choquer des cavaliers, qui se tirent à bout portant de bons coups de mousquet, pourvu qu'il nous montre un premier plan semé de cadavres d'hommes et de chevaux, et un fond de fumée à travers laquelle on aperçoit çà et là des gens qui s'enfuient à toute bride, cela suffit à son idéal.

Il est juste de dire que sa peinture aurait pu être

plus vague encore. Il aurait pu, comme Salvator, nous représenter des combattants en costumes antiques, et il a la complaisance de revêtir les siens d'uniformes qui se rapprochent assez de ceux de la cavalerie française. D'ailleurs, il en prend assez à son aise avec cette tenue; s'il a besoin d'une plume de couleur, d'une

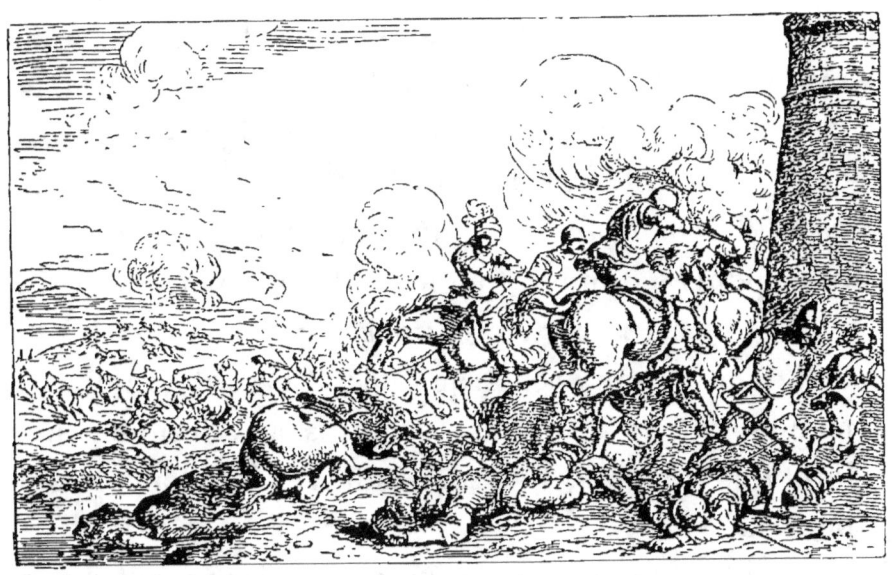

LE BOURGUIGNON. — COMBAT AU PIED DE LA TOUR

ampleur plus grande dans le vêtement, d'une cuirasse ou d'un casque sur lesquels rejaillisse la lumière, il ne se gêne pas autrement pour combiner ces oripeaux à sa guise. Nous sommes bien loin alors de l'exactitude méticuleuse que nous devons trouver plus tard chez les peintres militaires.

Mais cela était fort au gré du public italien auquel s'adressait principalement Jacques Courtois. Si cette clientèle avait été plus difficile, elle aurait remarqué, comme nous, que la vigueur qui lui plaisait est plutôt dans le coloris que dans le geste même, et que ses personnages se donnent parfois plus de mouvement qu'il n'est nécessaire et parfois pas assez; en un mot que dans leur manière de se battre et de tomber à la renverse, il y a un peu du naturel du mannequin. Ce sont pourtant, comme nous l'avons dit, de très amusantes peintures que celles du Bourguignon. Mais il faudra peut-être leur préférer les quelques eaux-fortes qu'il fit et qui sont d'un maître du genre. *Le Combat au pied de la Tour*, qui figure réduit dans notre illustration, pourra donner une idée de sa manière de graveur. Ces estampes sont superbes; la facilité et l'effet de la pointe sont remarquables. Ce sont toujours les mêmes sujets : mêlées furieuses au premier plan, lointains fumants, fuyards, cadavres jonchant le sol à perte de vue.

Quant au peintre on le jugera suffisamment d'après les cinq tableaux de lui que possède le Louvre, et qui sont : *Combat de cavalerie près d'un pont; Marche de troupes; Combat de cavalerie; Choc de cavalerie; Cuirassiers aux prises avec un gros de cavalerie turque.* Comme on voit, il y a bien des chevaux là-dedans, mais ils sont fort bien peints, encore qu'un peu lourds.

Le Bourguignon, qui ne cessait de voyager par l'Italie, avait épousé à Florence la fille du peintre Vajani. Il en fut extrêmement jaloux, et comme elle mourut brusquement, il fut soupçonné d'être pour quelque chose dans sa mort. Il se retira alors chez les Jésuites, à Venise; et il se préparait à travailler pour décorer leur maison, quand un coup de sang mit fin à cette existence agitée et sombre comme la peinture même de ce brave maître. Parmi les œuvres qu'il avait exécutées avec le plus de succès à Venise, on citait celles que lui avait commandées le procurateur Sagredo. Nous les mentionnons surtout parce qu'elles exercèrent une influence sur un autre peintre, Charles Parrocel, dont le père fut, avec le Bourguignon, un des principaux dissidents de la peinture réglée à la Van der Meulen. « Ces tableaux, dit Cochin (notice lue à l'Académie en 1760), peints en grand, sont exécutés sur des cuirs dorés, laissant en plusieurs endroits ce fond d'or pour le luisant des cuirasses. Comme ces peintures, malgré nombre d'incorrections, étincellent du plus beau feu et présentent les effets les plus piquants et le faire le plus hardi, elles enflammèrent le génie de Parrocel. »

Nous voici arrivés à une figure encore plus curieuse que celle de Jacques Courtois. Joseph Parrocel, un Provençal, a mis dans ses toiles toute la chaleur (tant soit peu méridionale) qui manquait au bon et rassis Flamand Van der Meulen. Né à Brignoles, en 1648, son père, Barthélemy Parrocel avait voyagé d'abord en Espagne, puis, attiré par l'Italie, il s'était embarqué sur un vaisseau marseillais qui, pris par des corsaires, l'avait emmené « en Alger ». Mis en liberté, il était revenu se fixer dans son pays natal et y avait eu deux fils, Joseph et Louis. Le premier devait devenir le plus célèbre, et probablement en vertu des lois de

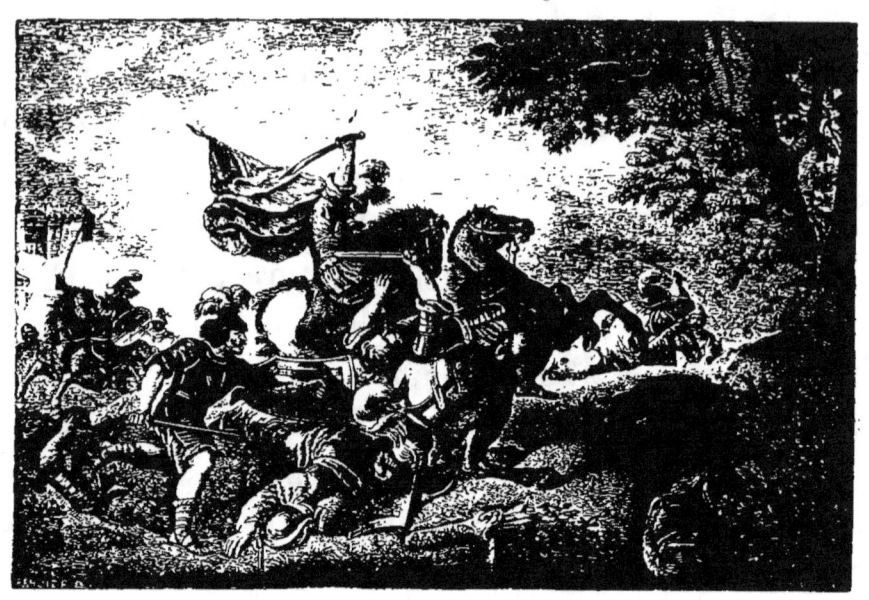

J. PARROCEL. — COMBAT DE CAVALERIE

l'atavisme son père lui avait transmis quelque penchant à peindre les aventures.

Joseph Parrocel fit le voyage d'Italie. Il y vit les peintures de Salvator et du Bourguignon. Elles lui produisirent une impression si vive qu'il se voua dès le début au genre de ces deux maîtres, qu'en méridional habile il songeait déjà à combiner de façon à se faire un genre à lui. Le Bourguignon lui donna des conseils et des éloges, et le jeune peintre ne fut pas sans exciter là-bas quelques jalousies, car d'Argenville nous apprend que « sept ou huit assassins, apostés par des hommes jaloux de son mérite, l'attaquèrent la nuit en passant sur le fameux pont de Rialto, et il ne

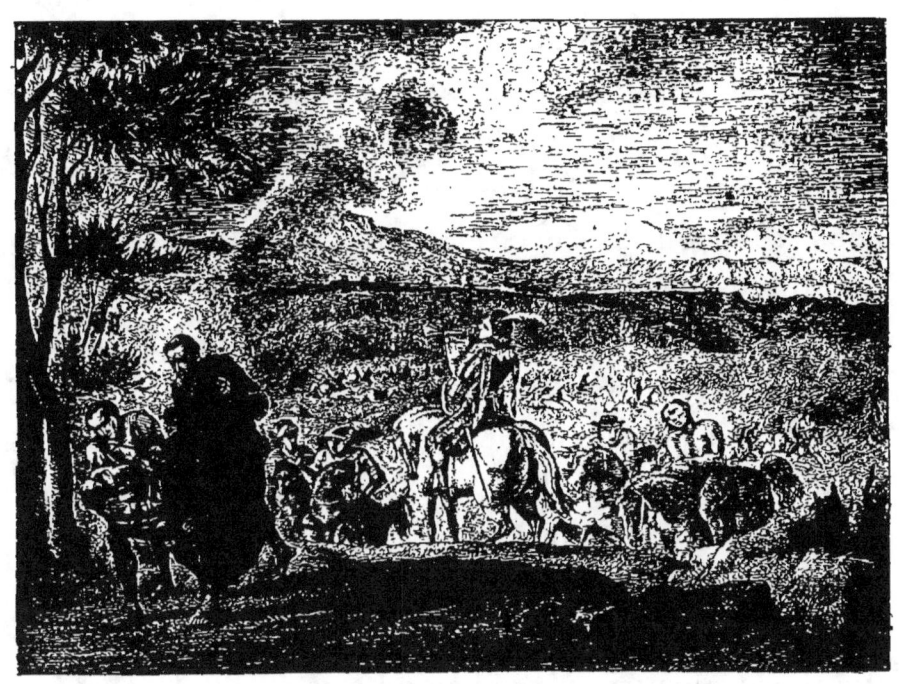

J. PARROCEL. — UNE BATAILLE

dut qu'à son courage et à une vigueur extrême le bonheur de sortir sain et sauf des mains de ces malheureux ».

C'en était assez pour le dégoûter de la patrie de Salvator Rosa, et de ces mœurs par trop salvatoresques. Il revint en Provence; puis alla à Paris, s'y fixa, s'y maria, y fut reçu à l'Académie en 1677, et depuis ne cessa de peindre bien tranquillement des batailles terribles. On voit que cette existence d'un peintre militaire, si elle eut quelques velléités d'aventures dans sa première partie, fut dans la seconde aussi peu mouvementée qu'on le peut souhaiter.

Ah! c'est en effet, un curieux peintre de batailles que cet excellent Joseph Parrocel! *Jamais de sa vie il n'avait assisté à une rencontre quelconque.* C'était, dans la vie privée, un brave homme, très pieux, ayant du goût pour les lettres, et dans la vie artistique, une bizarre façon de s'exciter au travail : il composait des cantiques d'après l'Écriture sainte, et les chantait en peignant dans son atelier. Ces pacifiques psalmodies lui montaient suffisamment l'imagination pour qu'il pût faire s'entre-choquer des chevaux et des hommes dans d'affreuses mêlées, plus sombres et plus cruelles encore que celles de Jacques Courtois !

Mais ce n'est encore qu'une des moindres particularités de cet artiste. La plus piquante est l'intérêt qu'il sut inspirer à Louvois. Le ministre le protégea ouvertement contre Colbert et lui fit obtenir des travaux aux dépens de Van der Meulen, et malgré les efforts de Mansart ! N'est-il pas amusant de voir Louvois s'éprendre de passion pour la rude peinture de cet homme tranquille, ou la préférer peut-être tout simplement par malice politique aux courtisaneries pondérées du genre de Lebrun? Toujours est-il que Parrocel fut chargé de décorer le réfectoire des Invalides et qu'il reçut la commande de tableaux pour Versailles.

On voit encore à Versailles *le Combat de Lenze,* ainsi qu'une *Vue de la place Royale.* Le Combat de Lenze est bien un spécimen de son genre. C'est tout à fait dans la manière combinée de Salvator et du Bourguignon. A tout prendre une bonne peinture, prestement exécutée, toute en effet, d'une confusion et d'une animation qui peuvent suffire aux amateurs d'à-peu-près à se donner l'idée d'une bataille.

Tels sont les peintres militaires les plus remarquables du dix-septième siècle. Certes, il ne faut pas se montrer trop sévère pour un genre qui ne faisait guère que de naître en France, ou tout au moins d'acquérir une pareille importance. La sévérité serait d'autant moins de mise que les artistes que nous venons d'étudier sont de fort jolis peintres, intéressants à des titres divers.

Lebrun, magnifique, emphatique, pompeux; Van der Meulen et Martin, élégants, précis, pleins d'ordre et de stratégie; Bourguignon et Parrocel, enfin, tout à fait fougueux et énergiques. Chacun de ces maîtres, en même temps, un peintre tout à fait consciencieux et aimant son art.

Mais pour nous qui cherchons à pénétrer plus profondément dans l'esprit des choses, nous ne pouvons proclamer ces artistes des peintres de batailles accomplis. Il leur manquait un je ne sais quoi de familier et de vraiment communicatif, que d'ailleurs il ne pouvait appartenir à leur temps de leur donner. La gloire était alors un peu trop abstraite et nous ne verrons la peinture militaire atteindre toute son éloquence qu'à

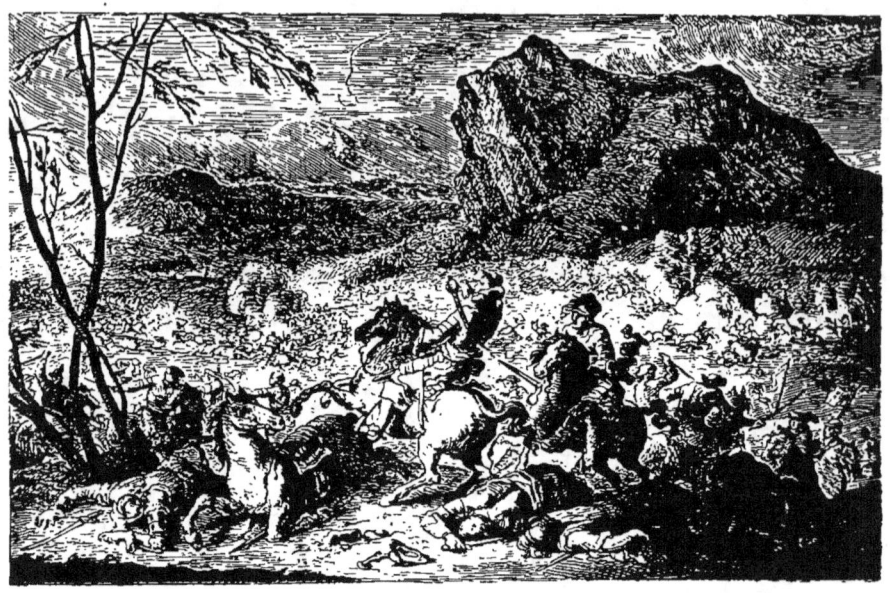

J. PARROCEL. — COMBAT DU COL DE BAGNOLS

mesure que l'idée de patrie acquerra toute sa force et toute sa netteté.

En attendant, les deux camps rivaux, celui des historiographes et celui des indépendants, celui de Van der Meulen et celui de Parrocel, pouvaient se signaler par des succès brillants ; ils ne remportent pas de victoire décisive.

Les uns ne nous ont donné de la guerre d'alors que

le côté officiel et convenu, les autres que la grimace
et la pantomime. Seul, jusqu'ici, le vieux Callot, dans
ses petites estampes, avait trouvé des traits à la fois
assez hauts et assez imagés pour nous laisser deviner
un peu de son véritable esprit.

VI

La peinture militaire au dix-huitième siècle. — Charles
Parrocel. — Casanova. — Loutherbourg. — Pierre Lenfant.

De Joseph Parrocel le père à Charles Parrocel le
fils, il n'y a que la distance d'une génération; mais
dans leur peinture il y a déjà toute la différence de
deux siècles. Ce n'est pas à dire que Joseph Parrocel
représente toute la peinture de batailles du dix-septième siècle. Nous venons de voir qu'il n'en donne
qu'un certain aspect, un certain ton, le ton épique et
héroïque, romanesque pour ainsi dire, dans sa géné-
ralité. Charles Parrocel, au contraire, ressent déjà
l'influence du goût de mièvreries et de joliesses de son
temps.

Tous deux, à vrai dire, sont des traducteurs de
Salvator Rosa, mais avec un tempérament différent.
L'un dans une note fière, outrant même la violence
du Bourguignon; l'autre avec des douceurs à la Watteau. Il n'y a plus, dans les toiles de Charles Parrocel, de préoccupations de faire effrayant, mais bien
plutôt coquet et pimpant. Voyez toute la différence

qu'il y a entre ce noir *Combat de cavalerie*, avec l'outrance de sa pantomime, et cette *Halte des Gardes suisses*, qui est tout arrangée pour une scène d'opéra comique. Telle est l'influence de cet aimable siècle qui ne pouvait rien prendre au tragique, même la guerre. Il semble d'ailleurs que ces bons gardes suisses fassent plutôt la guerre aux jolies femmes qu'à un ennemi bien sérieux. Ils sont là, nonchalamment étendus sur l'*herbette*, éblouissant du récit de hauts faits, peut-être un peu exagérés, quelques grisettes à la mine fûtée. Tout à l'heure ils vont se lever à un roulement de tambour et chanter un chœur, musique de Grétry ou de Monsigny, avec des *rataplan* imitatifs, puis ils rentreront dans la coulisse, et le combat aura lieu à la cantonnade, à cause des spectatrices qui ont peur des coups de feu sur la scène.

Et pourtant Charles Parrocel était un peintre *militaire* pour de bon. Il avait, par vocation, pris du service. Ayant perdu son père à l'âge de seize ans, en 1704, l'année suivante il s'était engagé dans la cavalerie. Comme il avait aussi une vocation et un tempérament de peintre, il abandonna assez vite les garnisons pour les ateliers. Mais son stage à l'armée ne lui fut pas nuisible : il put au contraire, avec cette faculté d'observation innée que possède tout véritable peintre, emmagasiner dans sa tête mille détails précieux d'uniformes, d'attitudes, de pittoresques groupements. Il n'eut plus qu'à étayer ce bagage au moyen des quelques études traditionnelles en Italie. C'est à Venise qu'il vit les tableaux du Bourguignon dont nous avons parlé et qui achevèrent de lui tracer sa voie.

En 1721, Charles Parrocel, grâce au nom qu'il porte, est reçu à l'Académie de peinture sans même avoir besoin de faire un morceau de réception, faveur exceptionnelle. La même année lui voit remporter un succès considérable, sur lequel sa réputation vit encore. Il faut lire dans la jolie notice de Cochin, si imprégnée du ton de l'époque, la description et l'appréciation des toiles qui le firent définitivement connaître : « Cette même année 1721, dit Cochin, un ambassadeur turc fit son entrée à Paris; elle fut pompeuse et *d'autant plus favorable pour la peinture qu'il la fit à cheval*, et que les habillements des Turcs sont pittoresques et magnifiques. » En vérité cela est adorablement dit : « d'autant plus favorable pour la peinture qu'il la fit à cheval » est surtout curieux. Voilà l'infanterie assez cavalièrement reléguée.

Ces deux peintures, quoi qu'il en soit, remportèrent un grand succès de vogue. Aujourd'hui, placées de chaque côté du palier de l'escalier de marbre, à Versailles, elles gardent des attraits pour les évocateurs de ce siècle charmant, où la galanterie se mêlait de façon si naturelle à tous les événements, grands ou petits. L'*Entrée de l'ambassadeur turc* et la *Sortie de l'ambassadeur* sont deux tableaux encore à présent très vivants, malgré les lourdes retouches qu'ils ont subies, malgré les noircissements du temps. Cela se passe à l'entrée du jardin des Tuileries ; l'ambassadeur et sa suite, en turbans, en vestes, en étoffes flottantes et chamarrées de pierreries, arrivent en piaffant sur des chevaux fougueux; des haies de soldats en unifor-

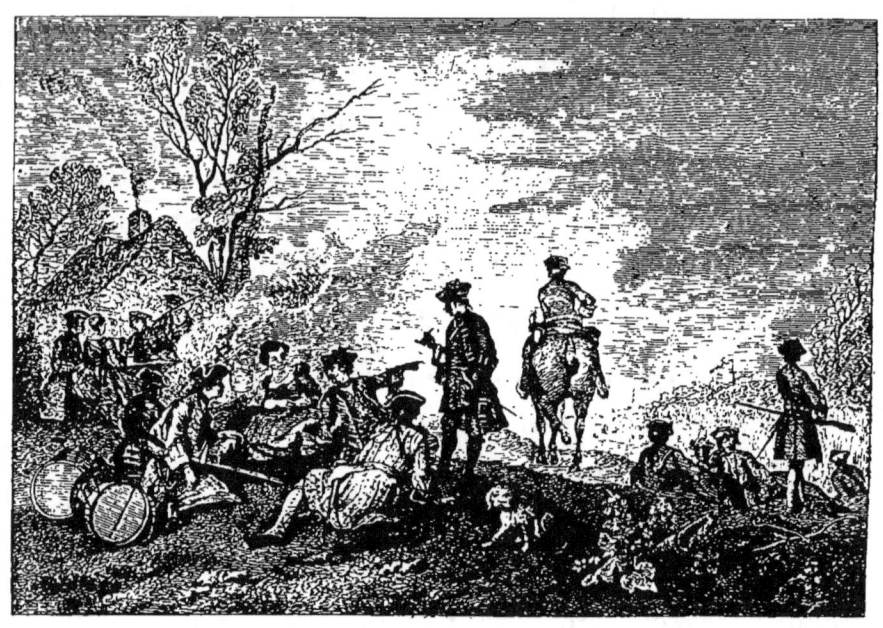

CH. PARROCEL. — HALTE DE GARDES SUISSES

mes blancs, bleus ou rouges, leur présentent les armes, les tambours battant aux champs, les musiques envoyant leurs fanfares aux échos, et, sur les rampes conduisant aux terrasses, un essaim de jolies femmes, revêtues de ces adorables robes si apprêtées et d'aspect si négligé pourtant, dont le savant désordre est un peu augmenté par une bise propice ; en vérité tout cela est charmant, joliment touché; et rien n'est amusant, soit comme d'évoquer en présence du tableau cette partie du jardin que nous connaissons et qui a fort peu changé, soit, dans une promenade aux Tuileries, de se rappeler la peinture de Parrocel et de les repeupler de la foule chatoyante qu'il y croqua.

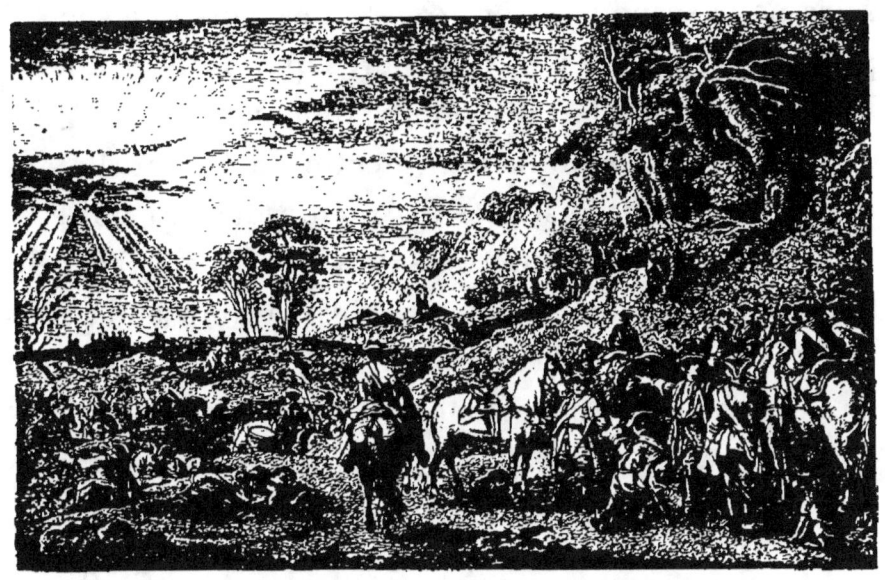

CH. PARROCEL. — DÉTACHEMENT DE CAVALERIE

On pourrait croire qu'avec de pareils dons de grâce et de vivacité d'impressions, Charles Parrocel fut bien en cour et que son talent lui valut commandes et faveurs. Il n'en est rien. L'artiste était peu fait pour l'intrigue. Les commandes qu'il obtint du roi Louis XV, il ne les dut qu'à la chaleureuse recommandation de Latour, et c'est ainsi qu'il fit la *Bataille de Fontenoy* pour la galerie de Choisy, une *Halte* pour la salle à manger de Fontainebleau, et un portrait équestre du roi pour le château de la Muette.

Parrocel avait même un caractère mélancolique et ombrageux qui contraste assez singulièrement avec la touche alerte et souriante de sa peinture. Il n'avait point cette politique d'homme du monde assez nécessaire pour se pousser un grand nom dans une société plus soucieuse des jolies manières que du réel talent. En tous les cas, il avait l'admiration sincère des gens de son métier, témoins la protection du grand Latour et les éloges enthousiastes de Cochin dans sa notice à l'Académie : « Sa manière de dessiner les chevaux, dit Cochin, est la plus grande, la plus savante et la plus spirituelle qu'on eût encore connue ; ce n'est pas qu'on ne puisse lui reprocher des incorrections et des contours outrés et maniérés ; mais, en général, il en saisissoit avec beaucoup de fermeté et de suite le caractère, le mouvement et les belles formes. Le Bourguignon, coloriste plein de feu, mais dessinateur peu châtié, étoit bien plus incorrect que lui à cet égard, et l'on peut avancer qu'il ne connoissoit point les beautés du cheval. Van der Meulen les dessinoit avec la plus grande finesse, et même avec plus de justesse que M. Parrocel, mais aussi avec une sorte de maigreur et de roideur, enfin d'une manière plus petite et plus froide. »

Nous avons cité cette appréciation, un peu pour

faire sentir l'enthousiasme que Charles Parrocel inspirait à ses contemporains, un peu aussi pour mentionner les critiques assez judicieuses adressées à Van der Meulen et au Bourguignon.

Charles Parrocel mourut en 1752, aux Gobelins. Cette année-là, il avait reçu la visite d'un autre artiste dont le nom est demeuré considérable parmi les peintres de batailles du dix-huitième siècle, François Casanova.

Certes, une des figures les plus curieuses de cette époque, qui pourtant n'en est point avare. Il semble que la vie de Casanova reçoive un reflet romanesque et aventureux de celle de son frère, le fameux Jacques Casanova de Seingalt. C'est encore un étranger que nous devons inscrire au nombre de nos peintres militaires. Un Vénitien d'origine, Anglais de naissance, étant né accidentellement à Londres, peut-être bien le roi d'Angleterre Georges II y étant pour quelque chose, à ce que dit la chronique. La mère de Casanova était d'une beauté remarquable.

Après avoir fait en Italie quelques études assez coupées, sous la direction du peintre de batailles Simonelli, le Parmesan, il reçut de son frère le meilleur conseil qu'il pouvait attendre : celui de venir à Paris faire valoir un talent prime-sautier et un naturel fait pour plaire. « Parosselli, seul peintre de batailles qu'il y eût en France, dit Jacques Casanova dans ses *Mémoires*, étant mort, il me semblait que mon frère pût espérer d'hériter de sa clientèle. Il se laissa persuader. »

Chose assez piquante, le *Parosselli* que Jacques Casanova disait mort n'était autre que le pauvre Parrocel que son humeur hypocondriaque avait fait se

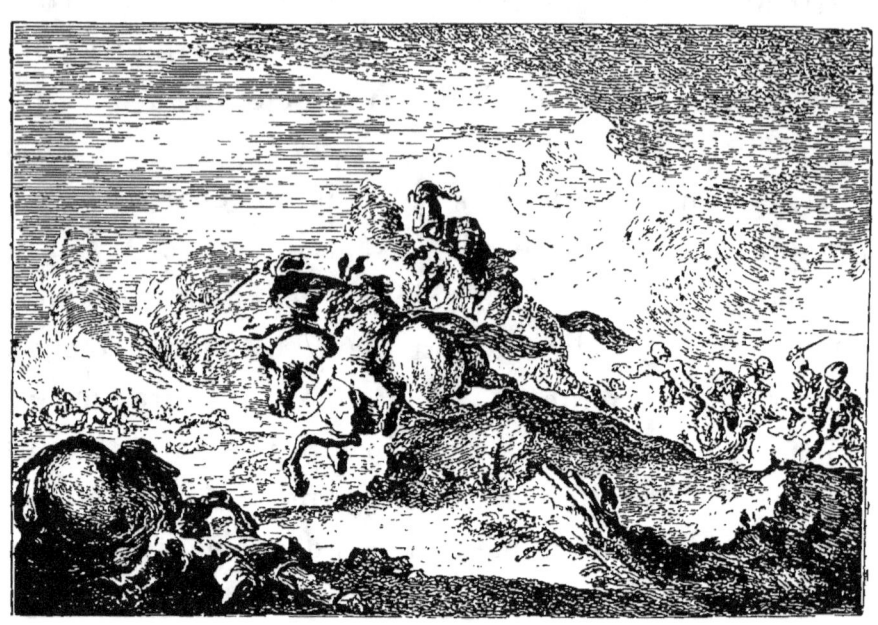

CASANOVA. — CHOC DE CAVALERIE

retirer du monde assez pour autoriser cette funèbre supposition. Et, chose plus curieuse encore, une des premières visites de François Casanova fut pour le vieux maître et pour lui demander conseil. Charles Parrocel lui conseilla de se perfectionner en l'art du dessin. François Casanova eut la sagesse de suivre le conseil à la lettre. Il se rendit à Dresde, où il s'exerça à copier les batailles de Wouwermans dont la galerie de l'Électeur était riche. Au bout de quatre ans de cet exercice, il revint à Paris où il trouva bientôt la réputation et la fortune.

Diderot consacre son succès par quelques-unes de ces lignes ardentes qu'il savait trouver pour ceux dont le talent l'*emballait :* « Il sort de son cerveau des chevaux qui hennissent, bondissent, mordent, ruent et combattent; des hommes qui s'égorgent en cent manières diverses; des crânes entr'ouverts, des poitrines percées, des cris, des menaces, du feu, de la fumée, du sang, des morts, des mourants, toute la confusion, toutes les horreurs d'une mêlée. » En termes moins lyriques, et l'éloge ramené aux proportions plus justes d'une critique de sang-froid, cela voudrait dire que Casanova peignait assez *de chic*. En fait de batailles, il en avait vu surtout en peinture, dans la galerie Sagredo ou dans celle de l'électeur de Dresde. D'ailleurs Diderot n'était pas aveugle aux défauts de l'artiste. C'est ainsi qu'au Salon de 1763, il lui reprochait, tout comme Parrocel avait fait, de ne pas dessiner assez serré,

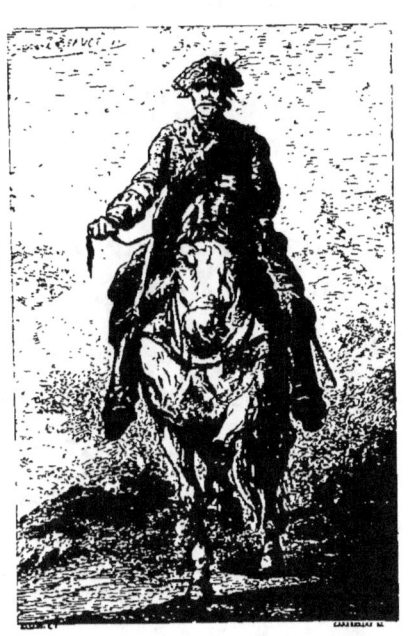

CASANOVA. — CARABINIER

et il faisait des réserves sur son coloris : « Joli morceau, disait-il, auquel on ne peut reprocher qu'une couleur un peu trop brillante; ce qui donne un ton de gaieté à un sujet qui doit remplir d'effroi. La vigueur et l'éclat du coloris sont deux choses diverses; on est éclatant sans vigueur, et vigoureux sans éclat. »

La critique, d'ailleurs fort juste en thèse générale, que formule Diderot, ne peut pourtant s'appliquer à deux importants tableaux de Casanova qui sont maintenant au Louvre : la *Bataille de Lens* et le *Combat de Fribourg*. Ces deux toiles, qui avaient été données à Lyon par le cardinal Fesch, sont revenues à Paris fort heureusement; car les échantillons de Casanova que nous avions avant ne pouvaient nous donner une idée bien exacte de sa manière. Ce sont deux morceaux très mouvementés, très brillants, qui ont perdu par la patine un peu de cette gaieté de ton qui choquait alors le critique. Ils sont animés d'une vigueur facile, d'un entrain point forcé qui les rendent, à notre avis, supérieurs aux effets un peu outrés du Bourguignon et à l'esprit un peu mou de Charles Parrocel.

Du reste, ces qualités de prime saut lui avaient valu une vogue considérable. Il avait en l'espace de vingt-six ans, dit son frère, gagné près d'un million, somme énorme pour un temps où la peinture, même celle qui était favorisée par la mode, n'atteignait guère les prix d'aujourd'hui. « Il n'en fut pas moins ruiné par les dissipations de ses deux femmes, qui le rendirent toutes deux malheureux. » Aussi Casanova accepte-t-il avec empressement les offres que lui fait Catherine la Grande. Il part pour la Russie où il doit être chargé de reproduire les victoires du favori de l'impératrice, Potemkin, sur les armées turques.

Notons en passant que Casanova est le premier peintre de batailles *français* (nous avons vu comment il faut entendre cette naturalisation) qui se rende en Russie. Il aura plus tard, en notre propre siècle, des imitateurs qui ne seront pas des moins brillants : Horace Vernet et Detaille, pour ne parler que des principaux. Il faut croire que la Russie est un peu pour les peintres militaires ce que l'Amérique est pour les cantatrices.

Pour exécuter ses commandes impériales, Casanova se fixa à Vienne, où il mena grand train, fit comme à Paris des dettes brillantes, et se concilia la faveur du célèbre diplomate Kaunitz, grâce à ses saillies pleines d'indépendance et d'esprit. Pour ne citer que la plus caractéristique, nous rappellerons l'assez noble incartade à laquelle il se livra lors de sa première entrevue, à déjeuner, chez le premier ministre. Il refusa de prendre place à table, ayant appris que l'un des valets de chambre qui faisaient le service était un confrère, un peintre comme lui. On sait que les artistes occupaient alors des fonctions domestiques auprès des grands personnages autrichiens... et même français.

Les tableaux que Casanova exécuta pour Catherine II comptent parmi ses œuvres importantes. Charles Blanc, qui les avait vus, donne l'intéressante description qui suit de l'un d'eux, l'*Attaque de la forteresse d'Oczackow* : « Les Russes donnent l'assaut. Ils fondent de droite à gauche sur les Musulmans, dont la défense acharnée n'est plus qu'un dernier effort du désespoir. A droite, les Turcs sont partout repoussés, les retranchements envahis, et le sol est jonché de morts et de mourants. A gauche, sur le premier plan, quelques braves résistent encore, abrités par les débris des palissades. Mais la partie est perdue. Déjà les échelles sont appliquées au roc élevé dont la forteresse couronne le sommet. Chaque échelon porte un soldat russe, le dernier poussant celui qui le précède. Presque au centre du tableau, un chef, c'est Potemkin sans doute, l'épée à la main, fait un geste héroïque à ses soldats. La haute stature de cet homme étrange, *colossal comme la Russie* (expression de M. de Ségur), se détache en vigueur sur un nuage de fumée blanche habilement répandu dans cette partie du tableau. Au fond, par delà les murailles, couvertes d'assaillants prêts à les franchir, on aperçoit la charmante perspective d'une ville orientale avec ses coupoles, sa verdure et ses minarets[1]. »

La description est un peu longue, mais Charles Blanc, avec sa méticuleuse conscience, pénétrait fort avant dans le tempérament des peintres d'une certaine

---

1. *Histoire des Peintres de toutes les Écoles*, t. II. Laurens, éditeur.

école. C'est ainsi qu'il nous semble que l'écrivain donne bien ici l'impression de cette peinture à la fois facile d'exécution et recherchée d'inspiration, qui ne caressait la Muse que pour mieux lui tirer les cheveux.

On pourrait apprécier de même le talent de Loutherbourg, aujourd'hui parfaitement oublié, qui fut pourtant l'élève brillant de Casanova, et pour qui Diderot trouva des termes louangeurs. Loutherbourg (né à Strasbourg en 1740, mort à Londres en 1814) a fait un peu de tout : des paysages, des scènes sentimentales, des attaques de diligence, des animaux, des marines, enfin des batailles, et même des caricatures à l'aquatinte qui sont parmi les plus jolies de la manière anglaise. C'est, on le voit, un talent facile et un peu trop universel pour avoir atteint la maîtrise. Puisque nous nous sommes mis à citer des descriptions, pourquoi ne donnerions-nous pas aussi la suivante, de Diderot ? Elle nous dispensera de plus longues appréciations sur Loutherbourg et son œuvre. Il s'agit d'une toile exposée au Salon de 1767. « A droite, tout à fait dans la demi-teinte, c'est un château couvert de fumée. On n'en aperçoit que le haut, qu'on escalade et d'où les assiégeants sont précipités dans un fossé, où on les voit tomber pêle-mêle. En allant de ce fossé vers la gauche, le terrain s'élève, et l'on voit à terre des drapeaux, des timbales, des armes brisées, des cadavres, une mêlée de combattants formant une grande masse où l'on discerne un cavalier blanc à demi renversé mort, et tombant en arrière vers la croupe de son cheval; plus vers le fond, de profil, un cavalier brun, dont le cheval se cabre et qui meurt. *A la fumée et à la lueur forte et rougeâtre qui colore cette fumée, on reconnaît l'effet d'un coup de canon (!)*. Ce coup de canon, ou plutôt ce ciel, cette fumée teinte d'un feu rougeâtre est bien; le cheval blanc dessiné à ravir, belle croupe, tête pleine de vie. Les armes sont faites avec précision, et il y a là un tact tout particulier. Boucher m'arrêta par le bras et me dit : « Regardez « bien ce morceau, c'est un homme que cela! »

Oh! l'heureux temps où il était si facile de faire des chefs-d'œuvre (que la postérité ne devait pas consacrer d'ailleurs), où l'on trouvait de pareils juges, et aussi indulgents! Les tableaux militaires de Loutherbourg sont nombreux. Nous n'entrerons pas dans le détail. Il suffit, pensons-nous, d'en indiquer ainsi le caractère. Ce qui est le plus curieux, c'est de noter la transition insensible que la peinture de batailles avait subie, du Bourguignon à Loutherbourg, passant du violent au douccreux, du dramatique noir au sentimental rose. Quelle distance sépare ces œuvres amusantes et fausses du robuste Callot, ou même du noble et topographique Van der Meulen !

Il faut toutefois noter que la peinture à la Van der Meulen a encore des représentants sous Louis XV, mais combien affaiblis et médiocres! Parmi ces faiseurs de procès-verbaux officiels, il faut citer (sans l'admirer, certes) le peintre Pierre Lenfant, dont on voit au musée de Versailles, entre autres choses, une *Bataille de Fontenoy* et une *Bataille de Fribourg*, où l'on peut trouver des renseignements, mais du talent jamais.

Pierre Lenfant, né à Anet, près de Dreux, en 1704, mort en 1787, était élève de Parrocel et avait été reçu à l'Académie en 1745. Franchement, l'Académie était d'accès facile. Louis XV occupe dans les relations de Pierre Lenfant une belle place au premier plan, tout comme Louis XIV dans les tableaux de Van der Meulen. Il est revêtu de beaux costumes rouges brodés d'or, et entouré d'états-majors luxueux. Mais nous avons beau faire, nous ne pouvons ressentir l'impression de majesté qu'inspirent encore les Van der Meulen. Les troupes peuvent évoluer, les campagnes se déployer à perte de vue, le roi se tenir de son mieux sur sa monture, cela n'a pour nous rien d'héroïque. La peinture est tellement plate et fade que rien ne saurait nous y attacher, à moins que nous n'y recherchions des détails techniques d'un intérêt très secondaire pour le lecteur.

Si nous restions sur cette impression, l'on pourrait croire que la peinture de batailles au dix-huitième siècle est, à tout prendre, d'un niveau assez faible. Heureusement nous avons encore une ou deux figures curieuses à étudier, et qui valent mieux que cela, en attendant que nous nous acheminions vers les grands artistes qui ont donné au genre toute son ampleur et tout son intérêt.

VII

Les gouaches de Blaremberghe, et la peinture microscopique.

D'où venait Van Blaremberghe? De qui avait-il été l'élève? Comment avait-il été amené à faire des batailles? Pourquoi s'était-il exclusivement adonné au genre microscopique et au procédé de la gouache? Comment avait-il été chargé de retracer ainsi la plupart des victoires du règne de Louis XV et quelques-unes de celles du règne de Louis XVI? Quel rang tenait-il dans l'art et dans la société? Quelles furent sa vie, ses mœurs? Quand est-il né? Quand est-il mort? Voilà ce qu'il serait assez utile de savoir quand on étudie l'œuvre d'un peintre. Et voilà tout simplement ce que nous ignorons relativement à Van Blaremberghe. Si vous ouvrez le « Dictionnaire des peintres », vous trouverez cette insuffisante mention : *détails inconnus*. A moins encore que le dictionnaire ne soit muet. Dans la *Vie des Peintres flamands et hollandais* de Descamps, qui pourtant la publiait du vivant de Van Blaremberghe, même silence.

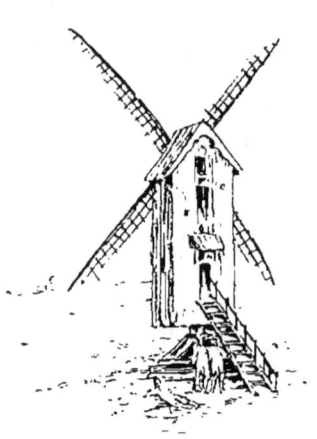

Siège de Tournai (détail)

Nous en sommes donc réduits à nous le reconstituer tant bien que mal par l'imagination. On peut supposer que ce fut un bon Flamand tranquille, à la mode de Van der Meulen ; que sa vie fut laborieuse et unie. Dessinateur attaché aux armées du roi, il fut, pensons-nous, une sorte de fonctionnaire-peintre, pourvu d'une pension fixe pour accomplir sa besogne de longue haleine et son travail d'extraordinaire patience.

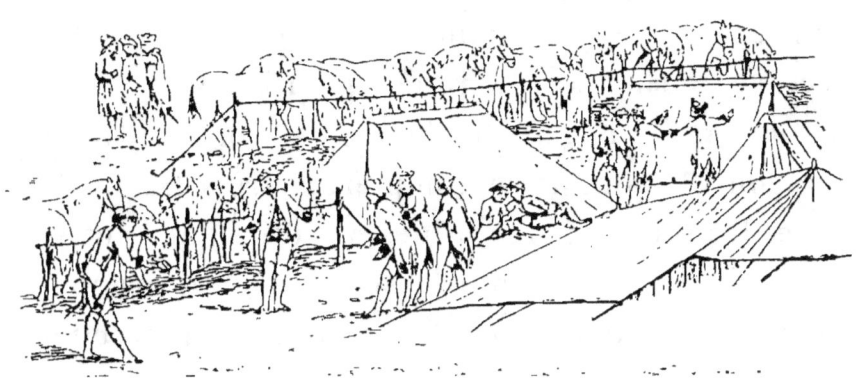

SIÈGE DE TOURNAI (DÉTAIL)

Quoi qu'il en soit, il nous a laissé, dans l'ensemble des gouaches qui sont maintenant au musée de Versailles, les documents artistiques les plus curieux, les plus complets et les plus attrayants que nous ayons sur la guerre au dix-huitième siècle. Malgré son origine manifestement étrangère, nous le rangerons encore au nombre de nos plus remarquables peintres de batailles à cette époque, puisque ses travaux retracent principalement des sujets français.

Un genre tout particulier, par exemple, et qu'il importe de tout d'abord définir pour qu'il n'y ait pas de méprise, genre à la fois absurde et charmant, vivant et conventionnel. Le genre est absurde et conventionnel, en ce sens que l'artiste continue et même exagère la précision topographique et stratégique de Van der Meulen et de son école. Il est charmant et vivant, en ce sens que Blaremberghe, avec cette délicatesse riante et piquante des moindres artistes du dix-huitième siècle, détaille mille petites scènes, retrace avec beaucoup de relief quantité de types et de costumes. D'un côté, le bon sens proteste contre cette façon de nous faire compter, à trois lieues de distance, les plus imperceptibles minuties; de l'autre, l'œil est charmé par toute la séduction des groupes infiniment variés que le peintre a placés au premier plan.

Nous sommes bien loin de la fougue aventureuse et vague d'un Parrocel ou d'un Casanova. Blaremberghe ne nous laisse rien ignorer. En même temps qu'il figure exactement les manœuvres, par de longues lignes de cavalerie ou d'infanterie dont on pourrait au besoin compter les files, il nous renseigne très exactement sur les uniformes, la vie des camps, l'esprit même du militaire. Pour la première fois, nous voyons quelque chose de précis et de réel, sans arrangement aucun. Callot avait généralisé l'horreur de la guerre; Van der Meulen n'en avait voulu raconter que le côté pompeux; Jacques Courtois que le côté théâtral. Van Blaremberghe nous donne, lui, de charmantes images de soldats, dont, à force d'art, il dissimule toute la naïveté. Chacune de ses petites figures est, prise isolément, une merveille d'esprit et de justesse, et le gouacheur semble se jouer de la difficulté qu'il y a à ne laisser de côté aucun détail, pas même un bouton de justaucorps ou une garde d'épée.

Si l'on considère, en outre, le nombre extraordinaire de personnages qui évolue dans chacun de ces tableaux qui n'ont même pas un mètre carré, nombre qu'on peut certainement supposer de plusieurs milliers, on peut alors s'extasier sur la patience du miniaturiste, à moins que l'on ne préfère, ce qui vaut mieux, se laisser charmer par la verve du peintre.

Les vingt et quelques gouaches de Van Blaremberghe que possède le musée de Versailles pourraient être étudiées à la loupe, décrites par le menu. On verrait quelle inépuisable mine de renseignements elles forment. L'on n'est pas moins surpris de la facilité de travail. Les premières sont datées aux environs de 1770; en 1789 et 1790, le peintre met encore la dernière main à quelques-unes des victoires de Louis XV. Sans doute, dix ans, c'est beaucoup dans la vie d'un artiste; mais si l'on tient compte de cette folie de détails qui règne dans l'œuvre de Blaremberghe, de ce prodigieux fini qui se remarque dans les moindres parties, on ne peut s'empêcher de trouver qu'il avait encore le travail singulièrement aisé. Mais on peut s'attendre à tout avec ceux qui travaillent dans l'infiniment petit. Callot, Van Blaremberghe, Meissonier, arrivent à accomplir des tours de force de minutie en moins de temps qu'il n'en faudrait pour brosser des figures colossales. Mais pour dire franchement notre avis, ce n'est pas l'infiniment petit ou l'infiniment grand qui donnent le moins du monde une valeur artistique. Les peintres que nous venons de nommer sont de véritables artistes *quoiqu*'ils aient travaillé dans le genre microscopique, et non *parce que*.

Il ne sera peut-être pas dépourvu d'intérêt de donner quelques détails sommaires sur les gouaches de ce Meissonier avant la lettre.

Une des premières en date est la *Bataille de Fontenoy*. La partie la plus remarquable est la mêlée très animée qui s'engage au loin, vers le milieu de la composition. Ce n'est pas tout le tableau, car au premier plan il y a quantité de petits soldats attendant leur tour d'entrer en ligne, et derrière la mêlée principale il y a encore bien d'autres détails d'action et de paysage. Mais la bataille entre Français et Anglais est si furieuse; tous ces insectes en uniforme (nous n'osons dire ces puces, car à côté de ces personnages gros comme des pointes d'aiguille, les puces seraient des colosses), tous ces imperceptibles combattants se choquent avec tant d'ardeur parmi les tourbillons de fumée, que l'on pourrait croire un Bourguignon ou un Parrocel vu par le bout rapetissant de la lorgnette.

Le Siège de Menin, par le Roy, du 28 mai au 4 de juin 1744 date de 1780. Certes, si l'on a besoin de renseignements sur les uniformes de l'armée française en l'an de grâce qui précéda la bataille de Fontenoy, c'est bien ici qu'il faudrait les chercher. Ils sont, dans ce tableau, d'une variété infinie, et tous précisés à souhait. En même temps, on s'égaye du petit tableau que Blaremberghe, suivant sa coutume, burine au premier plan : des *gougeats*, des valets d'armée, étendus paresseusement sur des fascines et dormant consciencieusement pendant que les vrais gens d'armes sont à la peine.

La *Bataille de Lawfelt*, datée également de 1780, est certainement la plus extraordinaire de toute la série sous le rapport de ce particulier *dénombrement* que nous avons signalé chez Blaremberghe. Il y a, à des distances inouïes, des rangées de soldats que l'on pourrait compter homme par homme... avec un peu de patience. C'est enfantin, mais si amusant! Les escadrons, aux uniformes bleus, blancs ou rouges, sont rangés en trois demi-cercles concentriques, dont les extrémités s'étendent à perte de vue. Au centre, et dans le lointain, une mêlée a lieu sur un mamelon, et c'est merveille de voir comment à l'aide de petites touches pressées, le pinceau vous donne l'illusion de mille mouvements en sens divers, d'une confusion que l'on pourrait analyser. Au premier plan, à droite, on a représenté un état-major superbement vêtu, très affairé dans des discussions. Les personnages sont un peu plus grands que de coutume, toujours aussi spirituellement touchés. L'habit rouge du roi, tout brodé d'or, éclate avec orgueil au milieu du groupe, et sur les chevaux, montés ou tenus en main, on peut discerner jusqu'aux moindres détails des housses, des ornements de selle.

Le décor change avec le *Siège de Bruxelles* (peint en 1781), et on reconnaît là un peu du génie de cette race flamande, si remarquable dans l'art du paysage. Ici la scène se passe dans un décor de neige, arbres givrés, ciel rougeâtre. Les officiers sont revêtus de houppelandes brodées d'épaisses fourrures. C'est cette variété du cadre, ce renouvellement perpétuel des attitudes et des tenues suivant le milieu, qui empêche que l'esprit se lasse en suivant toutes ces campagnes. Il faut certainement être un véritable artiste et un charmeur, pour éviter la monotonie avec un procédé aussi monotone que l'est la gouache. Au contraire, Van Blaremberghe nous fait grelotter à son siège de Bruxelles, comme il nous avait fait trouver l'action tant soit peu chaude à la bataille de Fontenoy.

On appréciera dans le *Siège de Tournay*, peint en 1781, les renseignements très précis sur l'artillerie, les détails du campement. On pourrait reconstituer de toutes pièces, avec quelques centimètres carrés de cette gouache, tout le groupement et toute la construction des tentes. Les pièces de canon et leurs affûts, les boulets empilés en pyramides, sont indiqués avec la même exactitude.

Le *Siège des châteaux de Namur* et le *Siège de la ville de Namur* sont également fourmillants de petites scènes curieuses. Dans le premier de ces tableaux, on voit une sorte de déménagement dans des fourgons caractéristiques, marqués d'un W surmonté d'une couronne et entouré de fleurs de lis.

Le plus charmant peut-être comme composition, de même que la *Bataille de Lawfelt* était le plus curieux comme stratégie, c'est l'*Entrée du roy à Mons*, le 30 mai 1787. Ici nous ne nous embarrassons que tout juste ce qu'il faut des détails de topographie. C'est une extraordinaire populace qui grouille sur le passage des carrosses royaux : paysans, nobles, douairières voiturées dans des chaises à porteurs, vieillards discutant sur l'abomination des temps, plaisants faisant des niches dans la foule, villageoises accortes riant de tout cela, au premier plan, tout égayé par le cristal d'un cours d'eau dans lequel se reflète une partie des personnages. Puis au milieu de cette cohue serpente le cortège royal, tout ruisselant de dorures, en grandes tenues rouges, bleues. Et ce cortège s'engouffre par la grande porte de la ville, flanquée de grosses tours. Rien n'est plus charmant au point de vue du détail de mœurs et de costume. L'ensemble est séduisant, les détails sont exquis. Il y aurait un curieux rapprochement à faire entre cette gouache et la toile de Van der Meulen, l'*Entrée de Louis XIV à Douai*, dont nous avons parlé. Il se peut que Van Blarenberghe, pour l'ensemble de sa composition, ait eu quelque réminiscence de l'œuvre de son prédécesseur. En tous les cas, cette gouache est absolument personnelle quant à l'exécution, et certes on

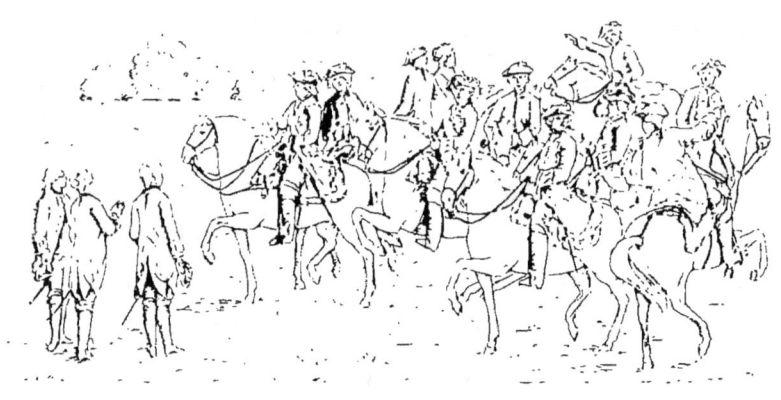

SIÈGE DE TOURNAI (FRAGMENT)

serait bien embarrassé pour dire quel est celui de ces deux morceaux qui est supérieur à l'autre.

Le *Siège d'Ostende* a ce mérite, déjà signalé, de nous instruire à merveille sur tous les travaux de campement, sur la manière dont on creusait les tranchées, sur le repos même des troupes. Ce qu'il y a de remarquable, en général, dans tous ces petits tableaux, c'est qu'ils nous présentent à la fois plusieurs scènes toutes différentes les unes des autres, mais admirablement reliées ensemble, et avec le naturel le plus parfait.

C'est ainsi que dans une partie on verra des soldats du génie fort affairés à traîner des fascines et à empiler des sacs de terre, tandis que tout près, séparé par un simple pli de terrain, ou un rideau d'arbres, un autre détachement se reposera de son travail, dans cette position du tireur couché qui a été chère au soldat de tous les temps, une fois la corvée terminée. En outre, ces scènes diverses, dans un même panorama de cinquante centimètres de long, se relient parfaitement à l'action principale, l'appuient même, et forment un ensemble fort bien calculé.

Le *Combat de Melle du 9 juillet 1745* n'est pas moins fin d'exécution que le précédent. Le coloris est d'une limpidité remarquable. Cette fois le panorama est vaste sans que l'œil soit fatigué par l'abus de la

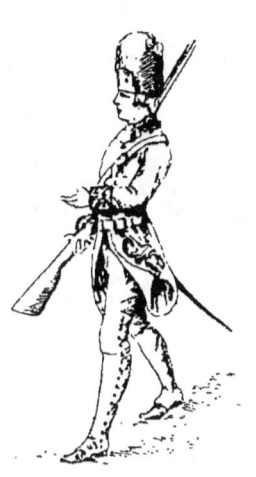
Siège de Mons
(fragment)

ligne technique. Dans les plans du milieu, une mêlée étonnante s'engage; c'est une confusion remarquable de vie et de mouvement. Enfin, le premier plan, consacré comme toujours à une scène familière de la vie militaire, nous montre des soldats traversant un cours d'eau, les uns à la nage, d'autres dans un grand bachot.

Il est curieux de noter aussi certaines pages consacrées à l'expédition d'Amérique. Une, très remarquable, retrace le siège d'Yorch (*sic*) en Virginie, du

28 octobre au 19 novembre 1781. Il faut relever l'inscription qui figure sur le cartouche du cadre; elle en vaut la peine dans sa rédaction naïve : « 8 400 Anglois de la garnision d'Yorch en Virginie, faits prisonniers de guerre, sortant, défilant, et mettant bas les armes devant les 13 000 François et Amériquains qui en ont fait le siège, du 6 au 19 octobre 1781, commandés par les généraux Wasington et c^{te} de Rochambeau, en même temps qu'ils étoient masqués en mer par l'escadre du roi, aux ordres du c^{te} de Grasse, à l'embouchure de la Chésapeack. »

Cette gouache est datée de 1785; dans une précédente, de 1784, l'artiste avait représenté les travaux du siège. Celle dont nous venons de reproduire l'inscription « explicative » nous montre un interminable défilé d'habits rouges, au milieu de deux haies d'habits blancs. Sur le devant, des planteurs semblent ravis de l'issue de la campagne, et des nègres, çà et là, se livrent à une bamboula mouvementée, manière sans doute de témoigner leur sympathie pour la France et leur aversion pour les Anglais.

La *Bataille de Rocoux* (exécutée en 1784) n'est pas moins extraordinaire que celle de Lawfelt pour le détail des effectifs. Évidemment, il faut le redire, cette conception de la peinture a quelque chose d'un peu enfantin. A moins d'être absolument immobiles et encore à une distance pas trop grande, les lignes ne peuvent pas se décomposer à l'œil à ce point qu'on en puisse ainsi compter tous les hommes. On n'emploierait pas d'autre procédé pour reproduire une rangée de soldats de plomb à un mètre de distance. Mais cela une fois convenu, l'artiste fait de cette convention une chose très amusante et vous désarme à force d'habileté de touche et de naïveté. Or la naïveté est une chose assez rare en ce siècle-là pour qu'on soit heureux de la rencontrer sous une forme quelconque. Nous aurions d'ailleurs, en supposant que nous soyons rebelles aux enfantines perspectives de Blaremberghe, un dédommagement suffisant avec le tableau si joliment composé, au premier plan, de convois de paysans, de soldats blessés voiturés en charrette, enfin ces mille détails si vivement observés, si crânement enlevés malgré leur prodigieux fini.

On voit que nous suivons, dans notre énumération des gouaches de Blaremberghe, non point la chronologie des batailles décrites, mais celle des œuvres au fur et à mesure même de leur production. Sans doute le peintre avait préparé tous ses documents, puis il reprenait les tableaux au gré de son inspiration, les achevant sans ordre précis, probablement même en ayant plusieurs en train en même temps. On ne pourrait pas, en effet, imaginer un artiste se livrant à une pareille besogne d'application et la menant d'un bout à l'autre et d'une seule haleine. C'est, vraisemblablement, à cette méthode que les gouaches de Blaremberghe doivent, malgré leur exécution qui relève du microscope, de ne point sentir la fatigue, et même de donner l'illusion d'un travail assez largement fait.

Le siège et la prise de Berg-op-Zoom fournissent matière à deux intéressantes compositions. Dans le siège on remarquera, au premier plan, un défilé de soldats en uniformes blancs. Cette troupe est fort joyeuse et semble entièrement composée de sans-soucis et de risque-tout. On ne peut s'empêcher de sourire en les voyant passer et de leur reconnaître aussi plus d'un trait de parenté avec nos troupiers d'aujourd'hui quand ils défilent sans que la consigne soit de prendre un air martial ; cela malgré la différence des habits et des coiffures.

La prise de Berg-op-Zoom a lieu la nuit. Le peintre a prodigué les bleus sombres, et la peinture, trop renforcée, est devenue obscure. L'effet est pourtant curieux, des lueurs d'incendie et des obus sillonnant les airs comme des pièces d'artifice. Évidemment Blaremberghe est plutôt fait pour peindre les batailles qui se passent en plein soleil ; le procédé lui-même se prête avec infiniment plus de facilité aux effets clairs et lumineux qu'à ces ensembles sombres qui ne paraissent que lourds.

Encore une nuit, et celle-ci également trop obscurcie : la *Surprise de la ville de Gand par la porte de Saint-Pierre*. Nous mentionnerons sans autres détails le *Siège de Maëstricht* (peint en 1787); le *Siège d'Ath;* le *Siège d'Oudenarde*, avec l'amusant épisode de soldats en uniforme blanc, employant les loisirs du camp à jouer au palet. Enfin, le *Siège de la citadelle d'Anvers*, que Blaremberghe signait en 1789. Et le dernier en date de la série est le *Siège de Mons*, que l'artiste achevait consciencieusement en 1790, à un moment certes où l'on commençait à ne plus guère s'occuper de peinture et où la célébration des victoires de Louis XV ne trouvait plus beaucoup de courtisans pour faire chorus. Mais cette espèce d'insouciance des événements et la besogne continuant à s'accomplir au milieu d'une agitation bien différente, n'est-ce

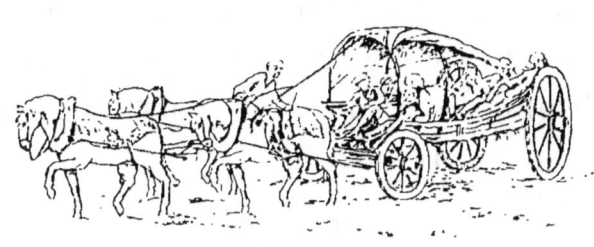

BATAILLE DE ROCOUX (DÉTAIL)

pas là un trait de plus pour le portrait supposé de notre imperturbable miniaturiste flamand ?

Tel est Van Blaremberghe avec ses défauts et ses qualités; défauts résultant plutôt du genre, qualités qui sont d'un vrai peintre. Le genre était forcément faux, au point de vue artistique s'entend; il puisait sa seule raison d'être dans la nécessité courtisanesque de mettre sous les yeux du roi des procès-verbaux enjolivés, de lui rappeler les victoires qu'il avait remportées, ou qu'on avait remportées pour lui, de façon à ce qu'il pût les comprendre d'un seul regard. Avec Blaremberghe se clôt définitivement ce genre stratégique et topographique que nous avons vu illustrer par Van der Meulen. Dorénavant, pour peindre la physionomie des batailles on s'adressera plutôt à des peintres, et pour les documents techniques on les demandera aux ingénieurs ou aux cartographes. Cela semble plus rationnel.

Quant aux qualités de Blaremberghe, elles sont bien personnelles, avec l'accent de ce délicieux dix-huitième siècle assez spirituel pour tout faire passer, même pour faire aimer la guerre, quand elle est retracée de façon si preste et si mignarde. Et ce qu'il y a de plus étonnant, c'est qu'en dépit de tout, ceci n'est pas un contresens.

VIII

La Révolution française. — Swebach. — Duplessi-Bertaux.

La Révolution française a eu ses peintres de batailles, mais le public les connaît peut-être assez mal à présent. Ils ne sont point pourtant parmi les plus médiocres. Seulement, comme leur œuvre consiste encore bien plus en estampes qu'en tableaux, on les voit plutôt dans le portefeuille des collectionneurs que dans les musées.

C'est même un fait assez curieux, que la Révolution, qui ne négligeait point de consacrer une belle place aux archives de sa gloire, n'ait pas davantage commandé aux peintres des relations de ses victoires militaires. Nous verrons plus loin à étudier l'homme qui est le plus responsable de cette lacune : nous avons nommé David. Par suite de l'influence de David, qui d'ailleurs ne faisait qu'entrer dans les idées de son temps, on pensa qu'il valait mieux faire la propagande par des images allégoriques, plutôt que par l'image des faits. C'est ce qui explique pourquoi, aux Salons, le nombre des tableaux de sentiment l'emporte alors sur les tableaux précis, nous renseignant de façon exacte sur les événements contemporains. Si l'on fait de la peinture d'histoire, c'est surtout de la peinture d'histoire romaine ou grecque. On ne pourra point faire le même reproche à notre époque, et ce ne sont pas les siècles prochains qui chômeront d'indications précises sur les moindres détails de nos modes et de nos mœurs.

Dans la période que nous étudions maintenant, trois artistes dominent, qui rentrent exactement dans notre genre : ce sont les peintres Swebach-Desfontaines et Carle Vernet, et le graveur Duplessi-Bertaux. Nous étudierons plus tard Carle Vernet. Quant aux deux autres, nous allons en dire quelques mots.

Duplessi-Bertaux est un charmant artiste, et certainement le plus remarquable graveur de batailles, depuis Callot, encore qu'il le suive à une assez longue distance. Il avait d'ailleurs étudié de très près l'œuvre et la manière du maître lorrain. Ses contemporains avaient eux-mêmes surnommé Duplessi leur Callot. L'éloge est un peu complaisant, mais aux surnoms et aux parallèles il ne faut jamais demander qu'une exactitude relative. D'ailleurs, si Callot a un genre, Duplessi-Bertaux en a un autre qui ne laisse pas que d'être assez personnel.

Né en 1747, il avait été élève de Vien, mais les copies qu'il s'exerçait à faire de Callot, dès qu'il tint un burin, furent certainement le meilleur de ses études. Avant la Révolution, Duplessi-Bertaux était professeur de dessin à l'école royale militaire ; il était donc tout indiqué que, plus tard, il s'adonnât au genre qu'il avait pu le mieux étudier et enseigner. La Révolution le trouva un de ses plus ardents partisans. Il fut des Cordeliers, et plus tard compromis lors de la fermeture des clubs. On ne connaît pas grands détails sur sa vie; mais il est à supposer qu'ils ne présenteraient pas un vif intérêt : il appartient à la catégorie des artistes qui occupent une place honorable dans un rang secondaire. Tout ce que l'on sait, et que nous noterons particulièrement, c'est qu'il était d'un caractère jovial, enclin à la mystification. C'est un trait assez commun aux peintres de batailles : nous le retrouverons chez Carle Vernet, chez Charlet, chez d'autres encore. Il faut croire que le genre veut cela : un air de rondeur bon enfant, une verve un peu de *loustic*, de bons mots de cantine et une belle humeur de caserne. Le papa Charlet est le type le plus accompli de cette manière qui maintenant rebuterait peut-être un peu nos délicatesses ; mais encore une fois,

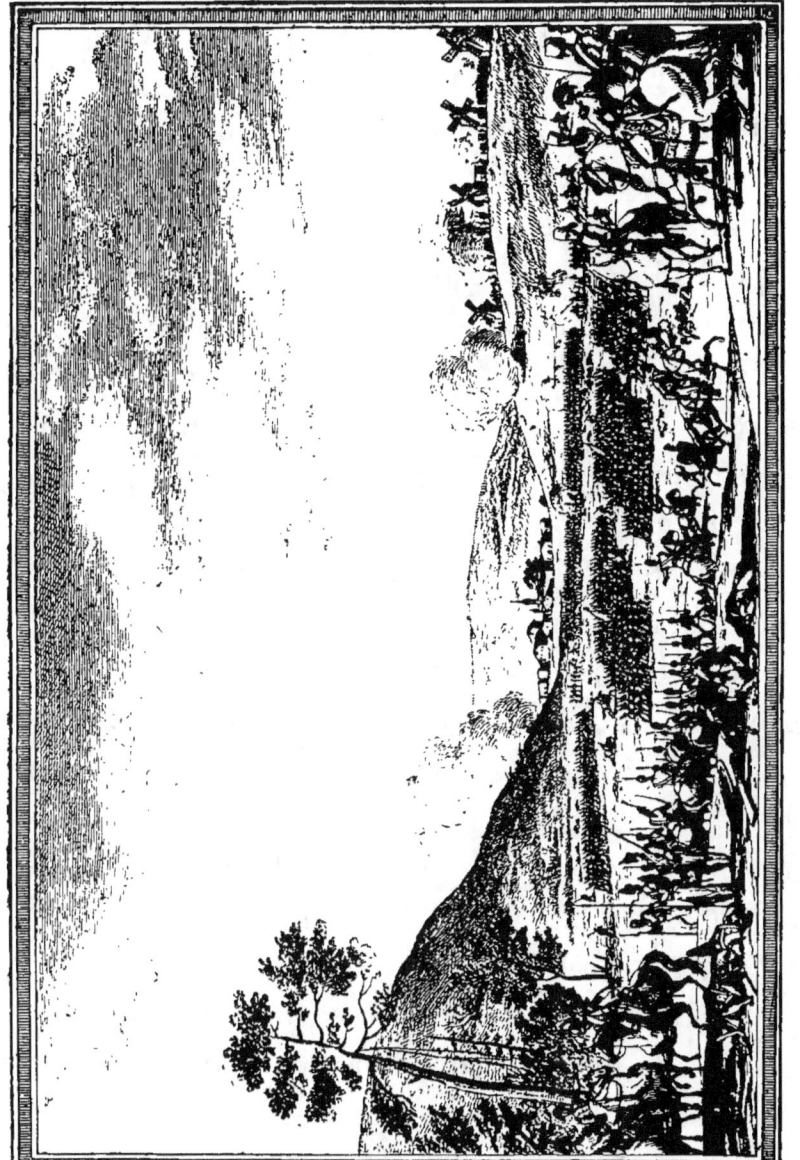

DUPLESSI-BERTAUX. — COMBAT DE ROLÉIA

comme nous l'avons dit en commençant, nous sommes dans un domaine où il est hors de propos de faire toujours étalage de goûts raffinés.

Est-ce bien son goût de mystification qui porta Duplessi-Bertaux à faire une gravure de la *Création*, avec le premier homme sous les traits de Napoléon Ier? Cela est possible. En tous les cas, l'idée était assez singulière. Ce ne sont pas d'ailleurs les pièces de ce genre qui lui ont valu le meilleur de sa réputation.

Son œuvre est des plus amusantes à feuilleter. On voit qu'il se mit d'abord à graver certaines pièces religieuses, ce qui n'était pas tout à fait un acheminement vers son but. Puis, ce sont des scènes champêtres, des batailles indéterminées où l'on distingue les influences diverses de Berghem, de Callot, de Wouwermans, du Bourguignon. Il gravait assidûment les toiles de ces divers maîtres, ainsi que celles de Parrocel, de Van der Meulen, de Karel Dujardin, de Téniers, et même du Poussin. C'est ainsi que plusieurs tableaux, actuellement au musée du Louvre, ont été traduits par sa pointe légère et menue. Il est certain que ces travaux, microscopiques pour la plupart, ont dû considérablement l'exercer pour les scènes qu'il devait plus tard représenter avec tant d'animation et de sens des choses de son temps.

Voici, par exemple, une revue dans la cour du Carrousel. C'est spirituel en diable et fort joliment composé. On pourrait, rien que sur cette planche, surnommer Duplessi-Bertaux le Van Blaremberghe du cuivre.

On connaît suffisamment les charmantes petites scènes de la Révolution qui furent gravées dans les *Tableaux historiques de la Révolution française*. Nous ne les décrirons pas ici, préférant énumérer les pièces purement militaires. Nous citerons une de ses batailles qui est extrêmement curieuse de détails. Au premier plan chevauche un état-major; plus loin, des soldats tiennent par des cordes un *ballon captif* destiné à éclairer sur les positions de l'ennemi. Ceci est un trait qui pourrait être noté par ceux qui s'occupent d'études techniques, et nous démontre que l'on n'avait pas été encore trop longtemps à trouver une application pratique de l'invention de Montgolfier.

Duplessi-Bertaux a gravé, en de fines petites planches, de nombreuses batailles, d'après Carle Vernet et d'après Swebach-Desfontaines; notamment *Fleurus, Nerwinde, Hondschoote*.

Il y a dans les vignettes militaires qui appartiennent en propre à Duplessi beaucoup de facilité et de verve. Signalons, comme trait particulier de facture, d'amusantes simplifications obtenues à l'aide des nuages de fumée qui, de place en place, cachent une partie de l'action. Sans doute, il serait facile d'exagérer le procédé et de le tourner en charge, en ne représentant qu'un rideau de fumée, derrière lequel la bataille serait censée se passer. On a, pour cela, l'exemple bien connu de la guérite et du factionnaire. Mais Duplessi, malgré son caractère jovial, ne pousse pas la mystification jusque-là. Il est et demeure très artiste, et ses petites batailles ont, malgré la fumée, ou à cause d'elle, une allure fort vivante.

Enfin, dans l'œuvre touffue du graveur, nous remarquons des types de soldats, des modèles d'uniformes, et jusqu'à des brevets d'officiers et de sousofficiers, d'un assez joli encadrement.

A tout prendre, son talent a été assez justement apprécié par Renouvier : « Le parti pris des corps allongés, des bras tendus et d'un appareil théâtral constitue un style maigre, tout à fait insuffisant pour l'expression des scènes à représenter; la grande netteté de l'outil, sûr dans ses traits, mais sans sécheresse, piquant dans les ombres jusqu'au papillotage, et d'une agilité extrême dans l'ajustement de toutes ses figures, le fera toujours admirer. » A notre avis, la première partie de ce jugement est un peu trop sévère. Il est vrai que les figures sont un peu plus guindées dans les scènes de la Révolution que dans les batailles ; mais il y avait là une intention bien visible de la part de l'artiste et de l'ardent républicain. Ces défauts, si l'on peut appeler un défaut une marque d'époque aussi caractérisée, disparaissent dans les pièces militaires, et elles demeurent un répertoire fort valable pour un temps où les documents graphiques sur la guerre ne sont pas très abondants.

Nous avons déjà vu que Swebach avait été plus d'une fois interprété par notre graveur. La production de ce peintre, très abondante et aujourd'hui quelque peu tombée en défaveur, fournit d'ailleurs du travail à la plupart des burins de l'époque révolutionnaire. Renouvier le qualifie « le premier des peintres de soldats et de chevaux auxquels la Révolution vint donner beaucoup de popularité ». Il ajoute : « Toutes les expositions, de l'an II à l'an XII, comptent de nombreuses compositions de marches de troupes, corps de garde, campements, rencontres de cavaliers, combats, marches, vivandières, manèges, courses et chasses, depuis les plus petits sujets jusqu'aux batailles de *Monthabor* et de *Marengo*. »

Dans l'œuvre de Swebach, l'influence de David est manifeste; aussi ne nous y arrêterons-nous pas longuement au point de vue de la peinture. Sous l'Empire, il continua à retracer les campagnes de Napoléon. (Swebach était né en 1769 et mourut en 1823.) Parmi ses dernières œuvres, nous pourrons citer les batailles d'*Iéna* et de *Preusich-Eylau*.

Comme graveur, Swebach a produit quelques petites eaux-fortes en manière de lavis, qui ne sont pas sans valeur; elles ont plus de largeur que les fins griffonnages de Duplessis. Il fut également un des premiers à se servir de la lithographie naissante. C'est ainsi qu'il consacra un album à ses souvenirs de voyage en Russie, où il avait étudié les uniformes des différentes armes. Notons en passant, une fois de plus, l'attraction qu'exerce la Russie, à toutes les époques, sur les peintres de batailles. Enfin la lithographie servit aussi à Swebach pour produire de nombreuses études de chevaux, des scènes d'abreuvoir, etc. Mais dans ce genre nous verrons plus loin Carle Vernet de beaucoup supérieur.

Sans plus de détails sur ces artistes estimables, mais non de premier ordre, nous tenterons maintenant une rapide analyse de l'influence de David sur tous les artistes de son temps, les peintres militaires comme les autres.

IX

L'Empire et David.

L'épopée impériale a eu au moins deux peintres dignes d'elle, et ce n'est pas peu dire. Quelle que soit l'opinion qu'on puisse professer à l'égard de Napoléon Ier et de son œuvre, et certes nous n'entrerons pas ici dans une semblable discussion, l'on ne peut refuser à cette œuvre et à cet homme une grandeur incomparable. De même, elle a inspiré des artistes uniques et des tableaux sans précédent. Rien ne peut être mis sur le même plan, dans notre histoire artistique, comme envergure et comme puissance, que les grands morceaux de David et de Gros. Louis XIV a Van der Meulen et Lebrun ; d'autres époques ont pu voir éclore des œuvres plus brillantes, ou plus passionnées, ou d'une émotion plus directement communicative, mais pas de plus augustes. *La Distribution des Aigles*, la *Bataille d'Eylau*, demeurent deux pages uniques, donnant, comme jamais elle n'avait été donnée dans la peinture militaire, la note épique, grandiose.

C'est occasionnellement que David aborda les sujets guerriers, et ce n'est guère que par un subterfuge que nous pouvons le faire entrer dans cette étude. Mais comment ne pas dire quelques mots d'un homme qui a exercé sur son temps une pareille influence? Parler des toiles de bataille de Girodet, de Carle Vernet, de Gérard, de Gros lui-même, sans indiquer auparavant le rôle de celui qui fut leur maître à tous, ou pour mieux dire leur dictateur, serait s'exposer à laisser une lacune dans la logique, sinon dans la chronologie.

Louis David (1748-1825), qu'on est souvent tenté de représenter comme un classique exclusif, comme une sorte de tyran de l'antique et du bas-relief, est en même temps, par un singulier phénomène, un grand révolutionnaire et un artiste qui a passionnément aimé la vie. Il a touché à tout avec une égale maîtrise, et s'il est responsable, d'une part, d'une triste et froide école qui exagéra ses tendances classiques, de l'autre, il a forcé à sa façon tous les grands artistes qui le suivirent et qui sont encore le meilleur de notre gloire, à regarder de plus près la nature, que l'on avait complètement oubliée au moment où il arriva. Était-ce Vanloo qui pouvait passer pour avoir interrogé la nature? Étaient-ce, malgré leurs adorables qualités, Watteau, ou bien Boucher, qui, par un contraste piquant, fut le premier maître de ce même David?

Nous ne voulons pas ici faire une étude complète de David, ni même retracer sa biographie, que l'on peut trouver partout. Ce que nous désirons, c'est que l'on comprenne bien que si ses études et son goût personnel le poussaient vers les sujets de l'histoire ancienne, il a su rendre également certains aspects de ses contemporains avec une grandeur et une fierté superbes. En l'étudiant de près, on se convainc de l'absurdité qu'il y a à faire de lui exclusivement le chef de l'école classique. En réalité, il est le père de l'art de ce siècle; c'est de lui que sont sortis les deux mouvements opposés. Ce n'est pas le seul exemple, dans la nature et dans l'art, de deux lignées ennemies, ayant une origine commune. Son œuvre elle-même nous donne les deux exemples : *Marat* et *Léonidas*, *les Sabines* et *le Sacre* ou *la Distribution des Aigles*.

Nous venons de nommer *les Sabines*. C'était certainement, pour David, la manière de comprendre la peinture de batailles qui flattait le mieux ses prédilections. De même que Lebrun avait, pour mieux exalter Louis XIV, retracé les batailles d'Alexandre,

David ne croyait pas rendre de plus bel hommage à la

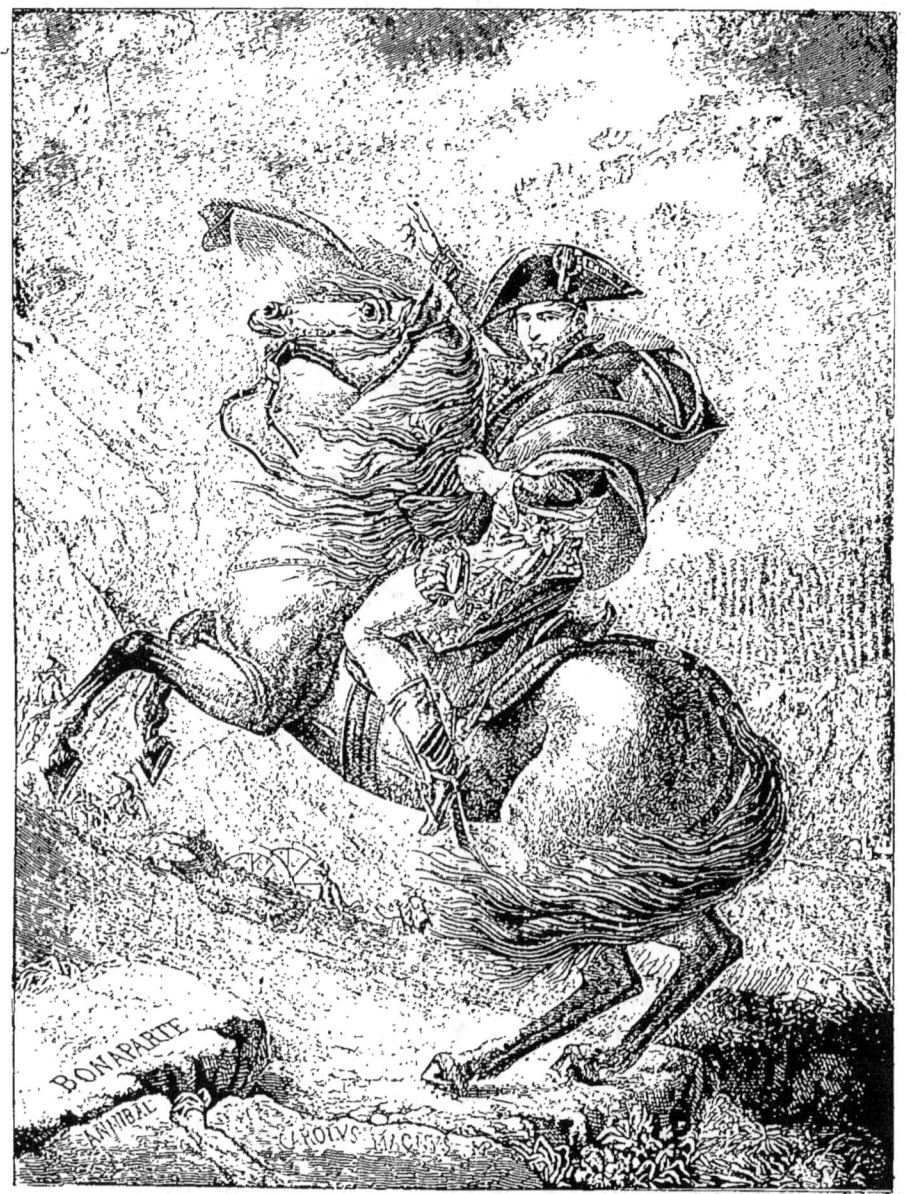

DAVID. — NAPOLÉON AU MONT SAINT-BERNARD

République que de peindre les *Horaces* ou *Léonidas*.

C'était un peu également l'influence des idées de son temps qui le poussait à donner ainsi une couleur antique à des sentiments contemporains. Les Spartiates étaient les vrais sans-culottes, et il n'était personne alors qui ne tînt à passer pour aussi romain au moins que le vieil Horace. C'est pourquoi les véritables tableaux militaires de David sont *les Sabines* et *Léonidas*. On peut les regarder longtemps au Louvre, ces toiles, on est convaincu que s'il eût eu à représenter Fleurus ou Jemmapes, David ne les eût pas composés autrement. Mais quel dommage qu'avec son incontestable grandeur, cet homme n'ait pas surtout dessiné ses contemporains, leur costume, leur allure réelle, au lieu de leur ennoblir les traits suivant un idéal de convention. *Le Sacre de Napoléon I*^{er}, *la Distribution des Aigles*, et auparavant *le Serment du Jeu de Paume*, sont là pour nous le faire encore plus vivement regretter.

Les biographes ont raconté comment le farouche conventionnel fut amadoué et séduit par l'empereur. Si nous rappelons le fait, c'est pour noter les deux œuvres de lui qui prennent place dans la peinture militaire.

La première, c'est *Napoléon au Saint-Bernard*. Il y a sans doute bien de l'emphase dans cette manière de représenter le héros, « calme sur un cheval fougueux », drapé dans un ample manteau sous lequel le vent s'engouffre. C'est plutôt un tableau de courtisan qu'un tableau d'historien. Du passage même du Saint-Bernard, David n'a retracé que le strict nécessaire : un paysage quelconque formé de rochers abrupts qui pourraient se trouver tout aussi bien dans les Pyrénées que dans les Alpes ; le minimum de soldats défilant dans le lointain. Comme par hasard, les noms de Bonaparte, d'Annibal et de Charlemagne se trouvent gravés dans le roc. Il n'était pas besoin de cet accessoire pour rendre l'œuvre plus imposante. Car, en dépit de l'enflure même de la conception, en dépit de l'insignifiance du détail militaire proprement dit, ainsi que de la maigreur de la peinture, c'est encore un des plus beaux tableaux guerriers de l'école, et il respire un grand souffle belliqueux.

Il résume mieux, s'il nous est permis de dire franchement notre avis, l'ensemble de cette période héroïque que la grande composition des *Aigles* elle-même. Et pourtant *la Distribution des Aigles* peut être considérée également comme un des plus beaux tableaux militaires. La beauté, il faut le dire, est plutôt dans l'intention de l'artiste et dans la scène qui servit de modèle, que dans l'œuvre elle-même. Nous n'en dissimulons pas les défauts. C'est une page trop *empanachée*, et David, si on l'avait laissé faire, eût encore accentué ce défaut en mettant dans sa composition des figures ailées, autant qu'allégoriques, que l'empereur le pria, avec raison, de supprimer. Les magnifiques officiers, Romains déguisés en voltigeurs, qui viennent recevoir le glorieux insigne, semblent un peu se mouvoir avec des gestes de danseurs, mais de danseurs majestueux, comme eût pu l'être Talma si sa destinée l'eût conduit à l'Opéra, plutôt qu'à la Comédie-Française. Les maréchaux qui entourent l'empereur agitent leurs bâtons au-dessus de leurs têtes avec des airs qui sentent plus l'emphase que l'enthousiasme véritable. Mais enfin, c'est l'ensemble qui est saisissant, et ceux qui le regardent au musée de Versailles, ceux qui le regarderont encore au siècle prochain ne pourront s'empêcher de penser qu'une époque qui engendrait des œuvres aussi colossales ne pouvait être mesquine, et ceux qui y jouèrent un rôle des hommes petits.

C'est ainsi que David, à sa manière et avec son tempérament spécial, a rendu la grande impression de l'époque la plus « militaire » de notre histoire, et presque sans avoir abordé la peinture de batailles proprement dite. Nous étions donc fondé à dire que l'Empire avait eu les chantres dont il était digne. Nous venons d'en voir un. Bientôt nous étudierons l'autre avec beaucoup plus de détails. Gros va nous donner, avec une couleur et une puissance admirables, le drame de cet Empire dont David avait dégagé seulement la légende, et comme une philosophie parée pour la postérité. Mais avant de passer à ce maître, il nous faut examiner encore quelques artistes qui se tiennent à des hauteurs beaucoup moins transcendantes.

X

L'école de David. — Taunay. — Girodet. — Gérard. — Carle Vernet.

Pour un David qui avait de la grandeur, un Gros qui avait de la flamme, un Carle Vernet même qui avait beaucoup d'esprit, l'époque que nous traversons ne nous présente généralement, en fait de peinture de batailles, que médiocrité, froideur ou niaiserie. On sent que l'ardeur, la véritable émotion, la passion qui entraîne, font défaut.

C'est ainsi qu'il nous sera facile d'en finir rapidement avec Taunay (1755-1830), qui jouit de son vivant d'une assez brillante réputation, comme peintre de genre et comme peintre militaire. On lui attribuait de l'esprit dans ses tableaux de genre, parce qu'il les bourrait d'*intentions* qui nous semblent aujourd'hui tant soit peu surannées et ridicules. Quant à sa peinture militaire, elle est des plus médiocres. Il suffira de citer, par exemple, la *Prise d'une ville*, ou l'*Extérieur d'un hôpital militaire*, que possède le Louvre, et qui ne comptent point parmi ses joyaux ; ou bien encore un tableau de moyennes dimensions, qu'on a pu voir à l'exposition centennale du Champ de Mars, et qui représentait *le Général Bonaparte recevant des prisonniers sur le champ de bataille*. Si, comme peinture, rien n'était plus mince, rien n'était plus mou comme dessin. La composition était embarrassée, presque enfantine, les têtes sans aucun caractère. La scène se passe au milieu d'un paysage à la mode du temps, avec des montagnes artificielles, des nuages de fumée, des *fabriques*. Dans le groupe principal formé par le général et les prisonniers, aucun mouvement, aucun intérêt. Au premier plan, le peintre a eu l'idée bizarre de placer un bon nombre de cadavres et de blessés tout nus, ce qui se voit assez rarement sur un champ de bataille, surtout à la façon gauche dont les a groupés Taunay.

Sans doute, il a voulu simplement trouver là un prétexte à quelques académies. Mais quelles pauvres académies! Parfois de grands artistes ont eu de ces licences; nous comprenons le nu dans un tableau de Lebrun ou de David, parce que ces magnifiques dessinateurs y triomphent; ou bien encore dans la fougue furibonde du baron Gros, parce que cela vous entraîne avec le reste, jette dans la composition, et de la manière la plus naturelle, de splendides taches de lumière. Goya encore, dans les *Horreurs de la guerre*, a, de sa pointe cruelle, montré des amoncellements de soldats morts et dépouillés; alors l'intention éclate : il s'agit de montrer l'atrocité des vols, l'épouvante de ces cadavres abandonnés sans sépulture et sans même leur uniforme pour linceul. Mais ici, cela vient de façon si peu naturelle que le général en chef serait le premier à s'étonner du spectacle qu'on lui a ménagé. D'ailleurs, on voit dans un seul trait la preuve de l'*intention* puérile qui a guidé l'artiste. Le plus en vue de ces bonshommes académiquement étendus sur le sol a près de la tête un magnifique schako avec son plumet, et sur sa poitrine les deux pattes de devant d'un chien fidèle qui lève la tête en gémissant! Les contemporains qui ont pu applaudir cela n'étaient point difficiles. Nous le reverrons, certes, ce chien du blessé, cet inévitable et élégiaque compagnon du trompette ; nous le reverrons dans Charlet, dans Raffet, mais, cette fois, du moins, spirituel et vraiment digne de l'intérêt du régiment. C'est qu'alors, le couplet de romance sera réussi ; mais rien n'est piètre comme le genre sentimental quand il ne vous met pas du premier coup, et comme par surprise, la larme à l'œil.

Mais c'est assez nous occuper de ce digne oublié. S'il n'avait pas été élève de David, Taunay avait du moins subi son influence, et nous venons de voir qu'elle ne lui avait été guère profitable. Voici un élève du maître que l'on ne peut traiter sommairement, car c'est un remarquable peintre. Nature ardente, passionnée, avec un penchant aux œuvres puissantes, Girodet nous présente ce contraste qu'on trouve chez la plupart des élèves de cette école : la correction académique, le faire lisse et poli, les attitudes figées, contrariant sans cesse les envolées de l'inspiration. De telle sorte que, dans ses rares tableaux de batailles, qui sont d'ailleurs des pages importantes, Girodet ne nous paraît qu'une sorte de Gros manqué, trop influencé par le peintre des *Sabines*. Et pourtant, la grande préoccupation de Girodet, c'était précisément de ne point ressembler à son maître. « Ce qui m'a fait surtout plaisir, écrivait-il de Rome, à propos de son tableau d'*Endymion* (musée du Louvre), c'est qu'il n'y a eu qu'une voix pour dire que je ne ressemblais en rien à M. David. » C'est ainsi que l'on ignore son véritable tempérament.

Une autre influence, toute littéraire, c'est celle d'Ossian, dont le premier consul admirait publiquement les nuageuses barderies. Girodet en composa une grande machine dont Charles Blanc nous décrit ainsi le sujet : « Les ombres des guerriers français, conduits par la Victoire dans le palais d'Odin, sont reçues par l'Homère du septentrion et par les fantômes belliqueux de Fingal et de ses descendants... Les grands généraux de la République, Marceau, Kléber, Hoche, Desaix, Dugommier, Joubert, éclairés par des lueurs météoriques et entrevus dans une atmosphère lumineuse, comme au travers des stores d'un rêve, apparaissent avec leurs uniformes connus et déchirent de leurs éperons les nuées de l'Olympe scandinave. Tandis que le vieux barde de Morven et ses guerriers farouches, aux casques ailés, aux armures inconnues, aux barbes sauvages, viennent au-devant des mânes de ceux qui ont vaincu en mourant, des vierges blondes, vêtues de chevelures fantastiques,

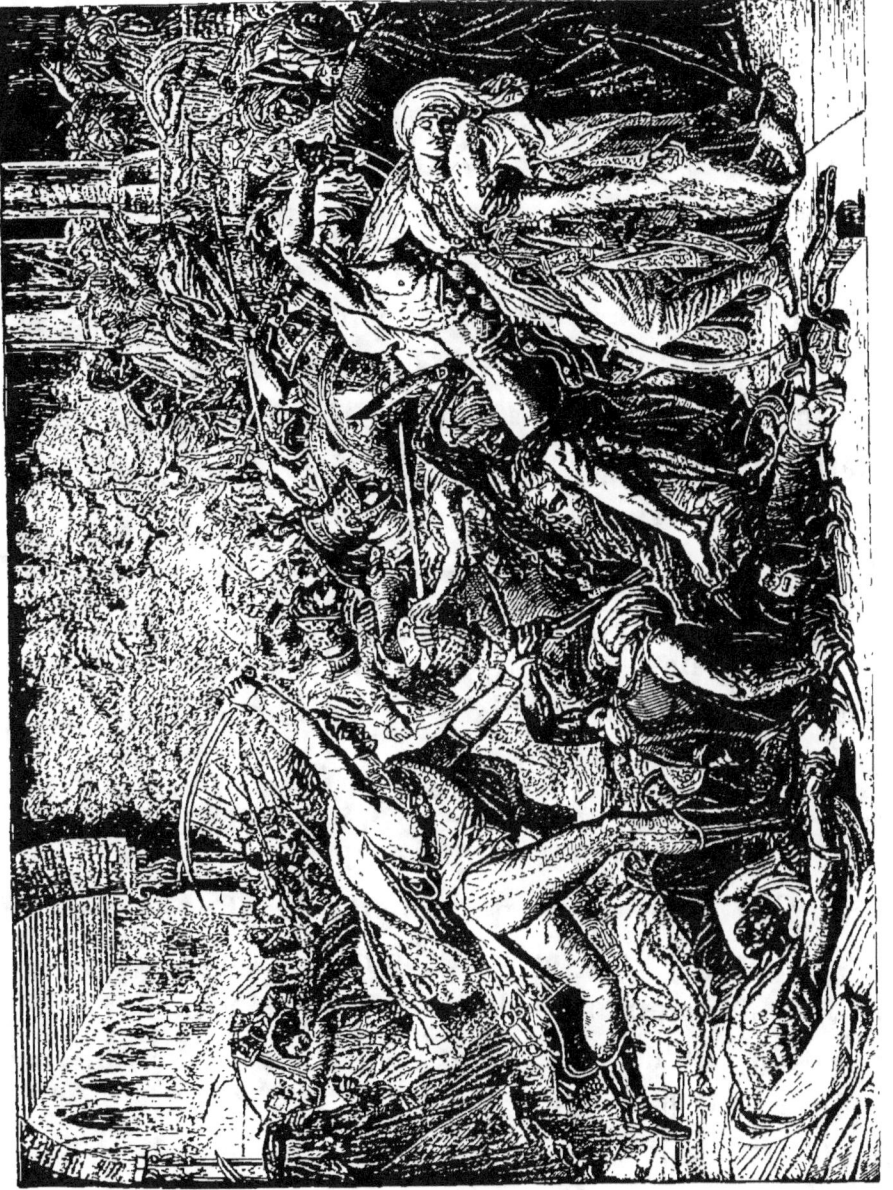

GIRODET. — LA RÉVOLTE DU CAIRE

chantent la gloire de nos héros sur des lyres de brouillard. »

Par cette description, bien amusante, entre parenthèses, et où il semble que le critique ait voulu emprunter à Baour-Lormian le luxe de ses nébuleuses images, on voit que ce tableau était de la peinture militaire... ultra-poétique, et on peut le citer comme un cas curieux et tout à fait isolé. David, en Romain intransigeant, ne voulut point goûter cette peinture trop septentrionale. S'étant rendu à l'invitation de Girodet, qui le priait de venir voir son œuvre, après l'avoir longtemps examinée en silence, le maître s'écria : « Ma foi, mon bon ami, il faut que je l'avoue, je ne me connais pas à cette peinture-là ; non, mon cher Girodet, je ne m'y connais pas du tout. » Et une fois sorti, laissant Girodet assez froissé, David s'exclama de plus belle : « Ah çà ? il est fou, Girodet !... Quel dommage ! avec son beau talent, cet homme ne fera que des folies !... Il est fou, ou je n'entends plus rien à l'art de la peinture. Ce sont des personnages de cristal qu'il nous a faits là... Il n'a pas le sens commun ! » Il est vrai que, comme compensation, Bonaparte fit au peintre cet éloge qui le rendit aussi fier que la critique de David l'avait désolé : « Vous avez eu une grande pensée ; les figures de votre tableau sont de véritables ombres ; je crois voir celles des généraux que j'ai connus. »

Ce que c'est qu'à propos toucher la passion !

Le premier consul n'était pas moins frappé du tableau d'*Ossian* que flatté dans ses goûts littéraires.

Après avoir dépeint la vie empyréenne des grands capitaines, ce qui est certes un aspect sous lequel on les voit rarement, Girodet pouvait être tenté de les représenter à l'action dans l'éclat des triomphes ou dans la chaleur des conquêtes. C'est ce qu'il fit dans ses deux toiles de *Napoléon recevant les clefs de Vienne* et la *Révolte du Caire* (peinte en 1810). Cette fois c'étaient les lauriers de Gros qui empêchaient Girodet de dormir. Ce n'est pas qu'il fût accessible à la jalousie. Au contraire, nul n'était plus ardent à célébrer, même en vers, assez mauvais, le triomphe de son camarade et ami. Mais il était subjugué par ses grandes *batailles*, et il voulait tenter à son tour de laisser la mythologie et l'allégorie pour une grande mise en scène de figures modernes.

La *Révolte du Caire* est une des toiles les plus connues du musée de Versailles. Cela tient certainement de Gros, mais encore plus de David. Au baron Gros, Girodet a emprunté les colossales figures, les pantomimes amples, il est vrai sans le mouvement humain que son émule savait mettre dans ses figures les plus surhumaines. Dans le tableau de Girodet, même les personnages les plus animés sentent encore trop le bas-relief. Ce que Girodet redevait à David, c'était le coloris froid et brillant, la facture mince et léchée qui jure tellement avec des personnages de cette taille Ne vous semble-t-il pas trouver, dans le duel entre les deux personnages principaux, ce pacha à demi-nu qui, tout en soutenant un compagnon mourant, fait le moulinet avec son cimeterre, et ce hussard qui demeure perché sur une jambe, une réminiscence accablante de Romulus et Tatius dans le tableau des *Sabines* ? Quoi qu'il en soit, c'est une très belle page qui vaudrait pour nous infiniment plus, si l'on sentait moins sous le dolman ou le burnous les éternels Romains déguisés. La *Révolte du Caire* ne manque pas dans certaines parties d'accent et de mouvement, et le second plan, avec sa puissante mêlée ascendante, vaut mieux que l'effet un peu théâtral du premier.

Girodet avait composé son tableau de verve. Son biographe, Coupin, nous apprend qu' « il était entouré de mamelucks qui étaient pour ainsi dire à demeure chez lui et dont la beauté l'électrisait », et qu' « il est certain qu'il ne fit pas même d'esquisse ». Avec ce tempérament vaillant, ces qualités de maîtrise demeurées embarrassées dans l'attirail classique, on ne peut que regretter l'influence davidienne sur cet intéressant artiste. Abandonné davantage à lui-même, il aurait peut-être pu donner des pendants aux grandes œuvres du baron Gros. Mais la peur de ressembler à David l'a précisément amené à lui ressembler. Ce n'est pas un phénomène très rare dans l'histoire des arts ou des lettres.

Avec Gérard (1770-1837) qui a apporté lui aussi son

GÉRARD. — BATAILLE D'AUSTERLITZ

contigent à notre peinture militaire, mais par pure occasion, nous ne trouvons aucune résistance à l'influence du maître. Il est vrai que le résultat n'en est pas beaucoup plus heureux. Nous n'avons ici à nous occuper que d'une seule œuvre, la *Bataille d'Austerlitz*, qui fut terminée et exposée en 1810. C'est, dit-on, à la protection de l'impératrice Joséphine que Gérard dut la commande de ce grand travail. L'impératrice écoutait un peu son enthousiasme de femme, et il est certain qu'il eût mieux valu qu'elle laissât le peintre à des occupations pour lesquelles il était mieux fait.

Le tableau représente le moment où le général Rapp vient annoncer à l'empereur la défaite de la garde russe et amène prisonnier le général Repnine. Napoléon est environné de ses maréchaux et généraux, Bessières, Berthier, Duroc, Junot, etc. Pour l'appréciation générale de l'œuvre, nous nous en rapportons à un critique qui certes ne peut être soupçonné d'hostilité envers l'école classique, M. Delaborde : « En dépit du mouvement qu'ils se donnent pour être animés, dit-il, l'immobilité pèse sur tous les groupes, et la lourdeur du ton général ajoute encore à l'impression produite par l'aspect consterné du tableau. Qui devinerait le soleil d'Austerlitz, ce radieux soleil de la victoire, dans cette pâle lueur éclairant timidement un coin du ciel, tandis que les héros de la journée demeurent comme enveloppés dans une brume verdâtre ? Même envisagées comme portraits, les figures de l'empereur, de Rapp et des officiers généraux qui les entourent l'un et l'autre, sont véritablement défectueuses. On croirait qu'elles ont été taillées dans le bois, et le vide du modelé intérieur faisant d'autant plus ressortir la dureté de ces contours, il résulte de ce contraste une expression générale d'inertie bien différente de l'animation tempérée qui distinguait les œuvres précédentes. »

Il est certain que l'on ne peut, sous aucun côté, considérer *Austerlitz* comme une bonne toile militaire. C'est une peinture d'apparat, l'œuvre d'un portraitiste gêné pour agencer une grande composition, et la qualité même de ses portraits se ressent de son effort. Est-ce là l'animation qui règne dans ces fiévreuses journées ? Est-ce de ce ton cérémonieux que l'on vient annoncer une victoire et de ce ton impassible qu'on en reçoit la nouvelle ? Y a-t-il dans tout l'ensemble de cette froide et propre machine une seule touche qui dise un peu d'enthousiasme, d'émotion du sujet, pourtant si grandiose ? Rien, rien ; et l'on peut dire que cette manière et tous les nombreux spécimens que nous ne nommerons pas, dus à des artistes moins illustres, et qui encombrent les galeries de Versailles, sont précisément le contraire de la peinture de batailles. Si elle a une raison d'être, une qualité qui doive la faire accepter, ce n'est que l'entrain de la facture, la force de l'accent, il faut, en un mot, qu'elle sente la poudre ; la *Bataille d'Austerlitz*, de Gérard, ne sent que l'huile.

Pourtant ce fut un bon peintre, dont les portraits demeurent comme des documents expressifs et élégants de toute une époque. C'est là qu'il faut appliquer ou jamais le vieil adage : « Ne forçons point notre talent. »

On ne peut pas faire ce reproche d'une manière aussi absolue à Carle Vernet. Comme il avait reçu en don une extrême facilité, il a pu exécuter sans effort de grandes compositions, aujourd'hui assez oubliées, et un nombre infini de pièces de toutes sortes, se rapportant à l'équitation et à la vie militaire, qui valent infiniment mieux que ses grandes batailles. Encore celles-ci se sauvent-elles par leur allure facile, et surtout par la connaissance approfondie du cheval. Carle Vernet (1758-1836) a été un de nos meilleurs peintres de chevaux, et c'est déjà plus de la moitié des conditions nécessaires pour un bon peintre de batailles. Enfant précoce, il en dessinait à l'âge de cinq ans, comme nous l'apprennent complaisamment ses biographes. Plus tard, il en crayonna un nombre infini sur la pierre lithographique. En somme, bien qu'ayant vécu presque parallèlement avec David, il n'y a rien de moins davidien que Carle Vernet, et il formera dans ce chapitre un contraste avec les peintres guindés que nous venons de voir passer sous nos yeux.

Pour débuter et entrer à l'Académie, il fit comme

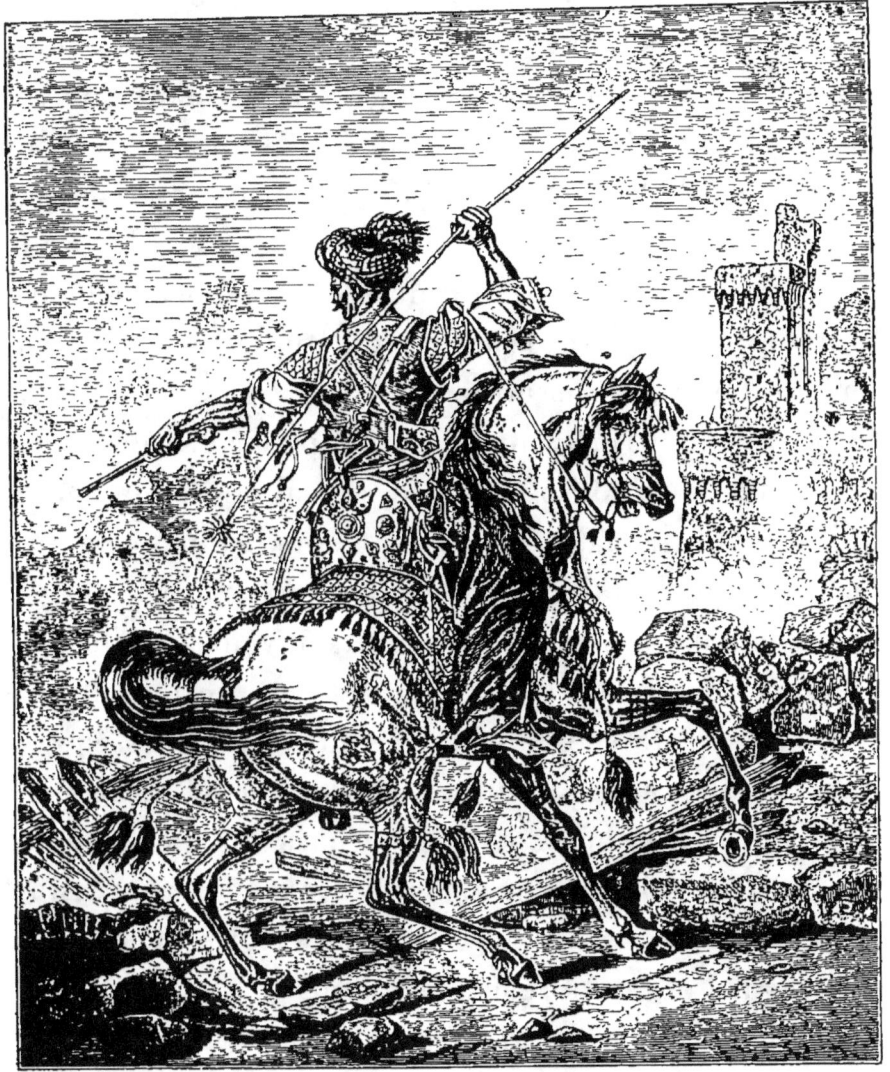

CARLE VERNET. — MAMELUCK

tous les artistes de son temps, il choisit des sujets classiques. Puis, c'était une mode dont il était dangereux de s'écarter. Encore prit-il pour thème de son premier grand tableau, le *Triomphe de Paul-Émile*, simple prétexte à chevaux. Il faut donc bien dire quelques mots de « notre plus noble conquête », comme dit Buffon, puisqu'elle joue un si grand rôle dans l'œuvre du fils de Joseph Vernet et du père d'Horace. Les chevaux de Carle Vernet ont été décrits et caractérisés par Charles Blanc avec une grande justesse : « A l'époque de Carle Vernet, dit-il, on dessinait mal les chevaux ; plutôt que d'observer la nature, on étudiait Van der Meulen, dont on affaiblissait la tradition en la continuant. Cet habile maître, ayant sous les yeux les carrousels de Versailles, avait dû peindre le cheval de parade, celui qui se cabrait majestueusement sous la majestueuse perruque de Louis XIV. Depuis, on n'avait pas su démêler dans ces formes ce qui convenait exclusivement au cortège du grand roi, si bien que la peinture reproduisait de son mieux les lourdes statues équestres de nos places publiques. Carle Vernet fut le premier qui prit la peine d'aller au haras ou au manège ; il rendit au cheval ses vives allures, son expression dans l'attente, sa grâce, sa coquetterie, l'éclat de son regard et ses naseaux enflammés...

« On reproche à Carle Vernet de n'avoir qu'un type pour ses chevaux ; mais qu'importe, après tout, si ce type est beau, s'il est aimable, s'il n'est pas imaginaire et convenu ? Si Carle est au nombre des premiers peintres de chevaux, il le doit précisément à cette prédilection pour les races fines qu'il excelle à peindre. Il le doit à cette uniformité qui l'empêche d'être confondu avec d'autres. Voyez Gros, Géricault, Van der Meulen : n'ont-ils pas un type aussi, un type invariable? J'admire ces peintres qui n'ont pas besoin de signer leurs toiles. De même que vous prononcez le nom de Géricault en voyant ce cheval du peuple, musculeux, puissant, noble dans sa force, et aussi robuste que son cavalier, de même, vous avez nommé Carle Vernet en apercevant ces chevaux qu'il a représentés, trop secs il est vrai, mais vifs, élégants, fins, solides et délicats tout ensemble, et semblables à son propre tempérament. »

Ce sont les chevaux qui sauvent son grand tableau du *Matin de la bataille d'Austerlitz*. Evidemment le talent prime-sautier et facile de Carle n'était point fait pour d'aussi vastes composttions. Comme peintre de batailles, ce qui le représente le plus à son avantage, ce sont les dessins de la campagne d'Italie, que grava Duplessi-Bertaux et dont nous avons déjà parlé à l'occasion de cet artiste. Là, il y a du mouvement, de l'animation ; les détails pittoresques abondent en même temps que les plus précises indications stratégiques, et cela ne sent point trop le procès-verbal, malgré son exactitude.

Au contraire, quand il fait de grands tableaux, son talent se refroidit à mesure que les proportions augmentent. C'est ainsi que nous ne pouvons manifester une admiration bien vive pour la *Bataille de Marengo*,

encore que ce soit son meilleur ouvrage en ce genre.
A défaut d'autre mérite saisissant, on peut lui reconnaître du moins cette qualité que nous n'avons pas pu
trouver dans l'unique tableau du baron Gérard : c'est
que... c'est une bataille. C'est une vaste action stratégique où tout s'explique et s'enchaîne, et où tout
homme du métier serait à l'aise du premier coup
d'œil. On sent que la bataille est gagnée, malgré la
mort de Desaix qui est retracée au loin. Déjà les
troupes autrichiennes sont coupées par la cavalerie
française; déjà de nombreux officiers ennemis, au premier plan, rendent les armes. Enfin, Napoléon commande la charge qui allait décider de la victoire. C'est
donc, malgré une froideur répandue un peu dans tout
l'ouvrage, une belle toile de bataille, claire et bien
composée.

Mais il s'en faut que les autres tableaux valent celui-là. Si vous prenez, par exemple, le *Bombardement de
Madrid*, reproduit dans notre illustration, vous serez
frappé de la pauvreté de la composition, de l'insignifiance des attitudes, de toute la puérilité de l'ensemble. Pourtant, le *Bombardement de Madrid* a
mérité la louange d'un critique dont le nom est singulièrement éclatant. Nous avons nommé rien moins que
M. Guizot. Son jugement vaut la peine d'être reproduit ici, ne fût-ce qu'à titre de curiosité : « Cette composition, écrivait le célèbre homme d'État dans une
brochure de 1810, *De l'état des beaux-arts en France*,

CARLE VERNET. — LE BOMBARDEMENT DE MADRID

offre de très belles parties. Il y a surtout un ensemble bien entendu, de la finesse et de la légèreté dans la touche ; mais la tête de l'Espagnol qui regarde avec effroi une montre que tient M. le duc de Frioul, et sur laquelle l'empereur indique l'heure à laquelle la ville doit être rendue, est de l'expression la plus exagérée ; les traits semblent décomposés par l'étonnement et par la peur. En général, on sent, à mon avis, devant ce tableau, que M. Vernet manque de la fermeté, du grandiose nécessaire dans les sujets historiques. Quand on n'est pas sûr de l'énergie et de la richesse de ses moyens, on en cherche au-delà des limites de l'art ; et tandis que M. Gros, par trop de verve, exagère quelquefois des expressions vraies, M. Vernet s'est efforcé ici de suppléer, par de l'exagération, à la verve qui lui manque. Ce qui tend à le prouver, c'est que parmi les autres têtes où il n'a pas eu besoin de rendre une expression si forte, plusieurs sont fort belles et pleines de vérité. » Cette louange est, à vrai dire, assez mitigée ; elle appuie pourtant nos critiques en ce qui concerne le peu de naturel de la composition. Mais que penser de ce jugement sur Gros, et de cette façon de louer « la finesse et la légèreté de la touche » dans un sujet où elles n'ont que faire ? En penser tout simplement que M. Guizot avait l'étoffe d'un grand politique plutôt que d'un grand critique.

Nous n'entreprendrons pas, après cela, de décrire

les autres tableaux commandés par Napoléon à Carle Vernet. Il suffira simplement d'en rappeler les titres, et de dire qu'ils participent des mêmes défauts et des mêmes qualités que les précédents ; ce sont l'*Entrée à Milan*, les batailles de *Wagram*, de *Tolosa*, etc.

D'ailleurs, nous préférons signaler l'importance beaucoup plus grande et l'attrait beaucoup plus vif de toute une partie de son œuvre, nous voulons dire ses lithographies. On a déjà vu que nous faisons une part assez large à l'estampe dans les monuments de la peinture militaire ; et nous croyons que cela est des plus légitimes. Une simple eau-forte, une bonne lithographie, largement exécutées, crânement enlevées, valent autant dans l'histoire artistique qu'une grande toile boursouflée et vide. Souvent elles donnent des renseignements plus complets, souvent aussi une impression plus profonde. D'ailleurs, si l'on devait exclure de notre étude l'œuvre de Callot, de Duplessi, de Carle Vernet, de Charlet et de Raffet, il nous paraît que la peinture militaire serait singulièrement dépossédée. Or, Carle Vernet a, dans ses lithographies, croqué avec beaucoup d'esprit tous les épisodes de la vie militaire de son temps. Tous les uniformes, toutes les tenues, tous les exercices ont trouvé en lui un observateur intéressé, un traducteur fidèle.

Il faut ranger dans cette catégorie les études qu'il fit des types d'officiers et de soldats étrangers pendant la période néfaste de l'invasion. Pour la plupart ces types sont crayonnés en charges; mais la caricature, en cette occasion, est toujours une consolation et une vengeance. La raideur et la gourme des Prussiens, la gloutonnerie et la morgue des Anglais, l'allure plus séduisante et plus chevaleresque des Russes, tout cela est rendu d'un crayon plein de naturel et de verve.

De même on ne saurait imaginer, à moins d'en feuilleter le volumineux recueil, l'inépuisable variété de ses scènes de mœurs militaires. Malgré sa prédilection pour les cavaliers, pour les beaux hussards à pelisse et à kolback, qui se retournent sur leur monture en sabrant le vide d'un air vainqueur, on rencontre encore suffisamment de fantassins pour se convaincre que Carle Vernet s'était aperçu de l'existence de l'infanterie. Pour la première fois, ou à peu près, perçait la note humoristique et familière, qui devait, plus tard, porter si haut la renommée de Charlet. Sans doute, il y a un peu de l'accent *Mameluck* dans toutes ses rencontres de cavalerie, alternant avec l'accent *Incroyable*. On ne se débarrasse jamais absolument de ce qui fait votre plus éclatant succès. Mais il faut savoir gré à Vernet d'avoir été, dans son temps, à peu près le seul qui soit descendu au détail intime, à la vie familière, sans le grossissement de l'épopée, ou sans la raideur classique du bas-relief.

C'est pourquoi son œuvre lithographiée sera rangée au nombre des monuments les plus curieux et les plus intéressants de la peinture militaire du commencement du siècle. Nous avons nommé Charlet : Carle Vernet a précédé Charlet dans son œuvre d'imagerie

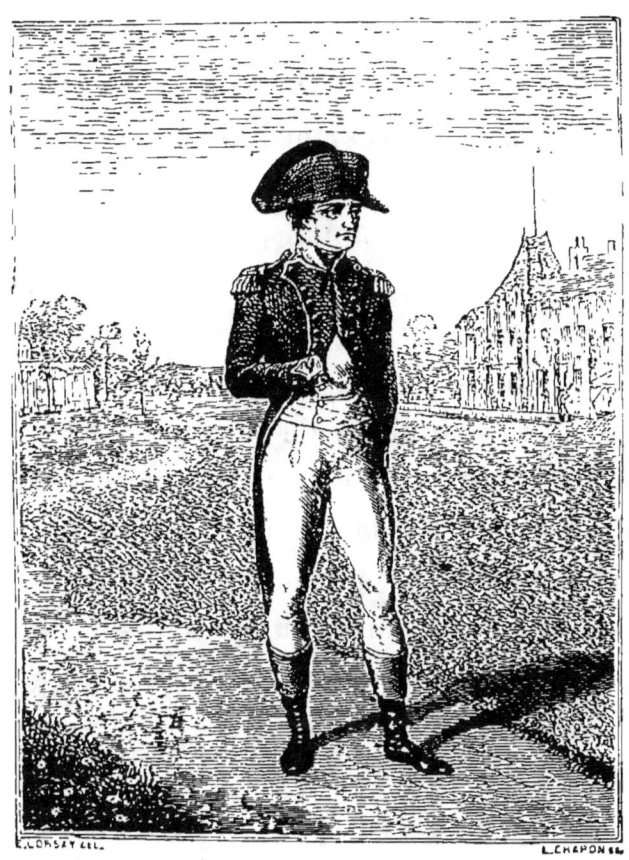

ISABEY. — NAPOLÉON

militaire, et a frayé, avec son crayon spirituel, les voies à ce joyeux enthousiaste. Pour que la ressemblance soit plus complète, Carle a eu, comme plus tard Charlet, la passion du calembour et de la charge d'atelier. Avec toutefois un accent plus prétentieux et plus cherché. Les bons mots de Carle Vernet, qu'on trouve d'ailleurs dans tous les *anas* et qui n'en sont pas meilleurs, sont des bons mots d'incroyable et de muscadin ; ceux de Charlet devaient plutôt se rapprocher de l'esprit de vieux grognard chevronné. Nous ne signalons ce détail que pour rappeler la *jovialité* particulière à certains peintres militaires de la première partie du siècle.

Pour terminer ce chapitre, nous devons citer, parmi les artistes documentaires de l'ère napoléonienne, Isabey et Dutertre. Le premier, en fin miniaturiste, nous a laissé divers portraits de Bonaparte et des principaux personnages de sa cour.

Quant à Dutertre, attaché plus spécialement à l'expédition d'Égypte, il a laissé une intéressante suite de portraits au fusain des officiers les plus en vue de cette campagne. Cette suite, qui est conservée au musée de Versailles, contient entre autres les portraits de Davoust, Desaix, Friant, Fugière, Kléber, Menon, Morand, Rampon, etc., etc.

En résumé, le meilleur peintre de batailles de la période impériale, à part l'admirable et foudroyant baron Gros, est encore Carle Vernet, avec son naturel et sa verve facile, et malgré son peu de force quand il monte le ton.

XI

L'épopée. — Le baron Gros.

Nous voici enfin arrivés au plus grand peintre militaire de l'époque impériale, sinon même au plus grand de tous les temps, Antoine-Jean Gros. Quand on aborde la vie et l'œuvre de ce beau et puissant maître, on se sent pénétré d'émotion et de respect. Il est de ces grands esprits qui imposent, de ces ardents qui vous communiquent à travers le temps un peu de la passion qui les a eux-mêmes animés. La hauteur de son inspiration, son exquise sensibilité, la dignité de son caractère, tout contribue à nous le faire aimer et admirer. Il a eu la fortune de représenter des choses grandes comme le monde, et l'exécution a été à la hauteur du sujet. Que pourrait-on dire de plus ?

Antoine-Jean Gros était né en 1774 ; il entra en 1785 à l'atelier de David. Il y fait des progrès si rapides que le maître le cite souvent comme exemple à ses élèves. Malgré cela il échoue au concours pour le prix de Rome, et l'on peut dire que c'est à cet échec qu'il est redevable de son génie. En effet, s'il était parti pour Rome, aussi jeune, et surtout en qualité d'élève docile, il se serait sans doute voué pour le restant de sa vie aux compositions classiques et poncives dont nous voyons d'ailleurs quelques exemples dans ses premières œuvres, et auxquelles il revint plus tard quand l'Empire se fut écroulé.

Pendant la tourmente révolutionnaire, il vécut tant bien que mal, soutenant sa mère du produit de maigres travaux, dont le plus lucratif était une série de portraits de membres de la Convention, à six francs par tête! Enfin, son maître lui conseille de visiter l'Italie, lui facilite les moyens de quitter la France à une époque où cela n'était rien moins que facile. Grâce à ce concours de circonstances, Gros arrive en pays classique au moment où nos armes en faisaient un pays de conquêtes. Il y a ainsi des concours d'événements qui décident des vocations d'une manière étonnante. Il semble qu'il était écrit que Gros serait voué aux sujets de guerre. A peine après avoir franchi les Alpes, il s'était aperçu qu'il lui serait difficile d'arriver à Rome, et il était déjà résolu à entrer dans l'armée de façon à faire le voyage moitié combattant, moitié peignant. Une meilleure occasion se présenta : il trouva à Gênes quelques protections mondaines qui n'aboutirent à rien moins qu'à sa présentation à « la citoyenne Bonaparte, femme du général en chef de l'armée d'Italie ». Joséphine a le mérite, pour l'histoire, d'avoir découvert le génie de Gros, de lui avoir procuré une entrevue avec le futur empereur. La nature sympathique et le talent du peintre firent le reste.

Il obtient de Bonaparte la faveur de faire son portrait, et il n'y a là aucune arrière-pensée d'ambition ou de courtisanerie. C'est mû par une admiration sincère, grisé déjà par l'éclat des victoires, subissant

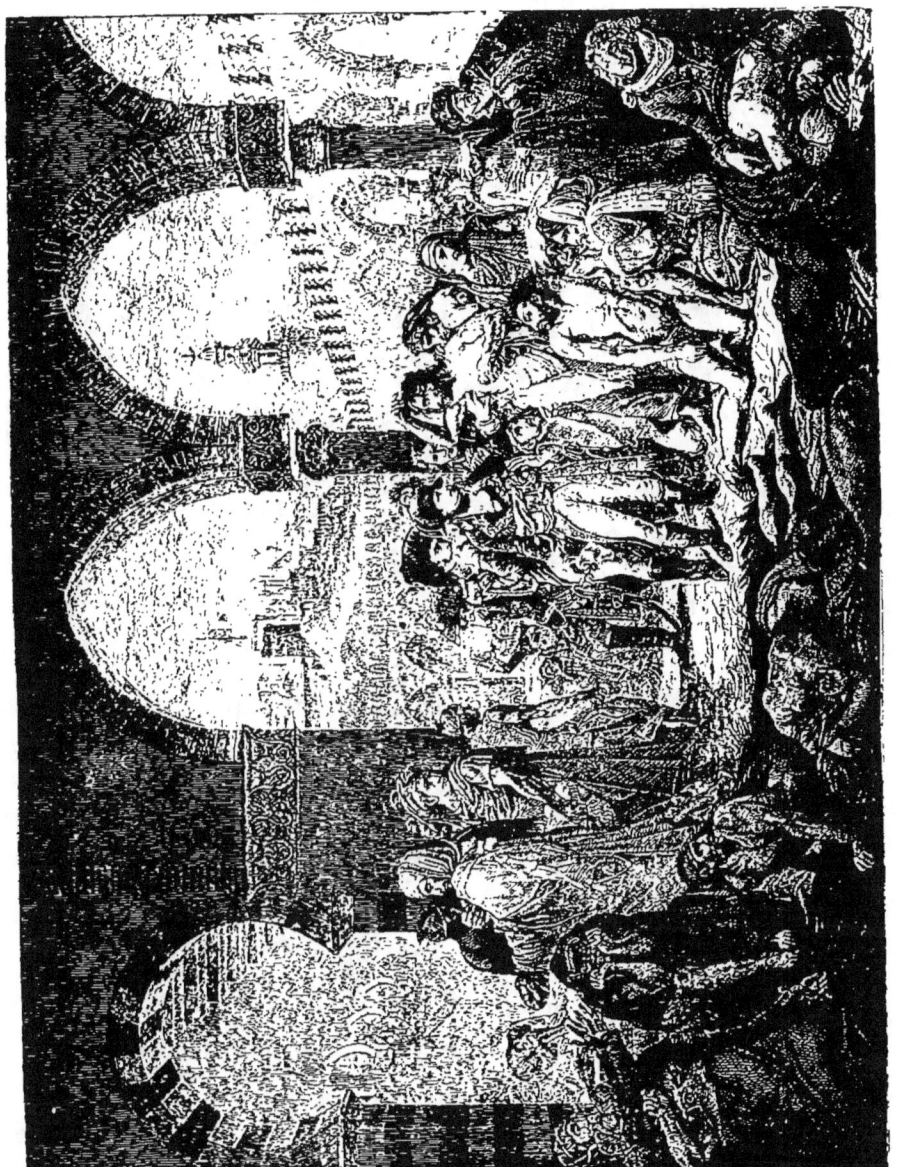

GROS. — LES PESTIFÉRÉS DE JAFFA

l'ascendant de cet homme prodigieux qui communique à tous la confiance, la certitude d'un grand avenir, qu'il entreprend sa première œuvre marquante.

Le 17 frimaire an V, il écrit à sa mère : « Je viens de commencer le portrait du général ; mais on ne peut même donner le nom de séance au peu de temps qu'il me donne. Je ne puis avoir le temps de choisir mes couleurs ; il faut que je me résigne à ne peindre que le caractère de sa physionomie, et après cela, de mon mieux, à y donner la tournure d'un portrait. Mais on me fait avoir courage, étant déjà satisfait du peu qu'il y a sur la toile. Je suis bien inquiet de voir la tête à peu près faite. »

Il n'y avait point d'inquiétude à avoir : cette première œuvre était un chef-d'œuvre. Gros avait, du premier coup, fixé pour l'histoire l'inoubliable figure maigre, pâle, aux grands cheveux tombant sur les épaules, au menton et à la bouche empreints d'une volonté de fer, aux yeux étincelants. Le peintre l'avait vu au moment où il s'élançait sur le pont d'Arcole, le drapeau et l'épée en mains, entraînant sur ses pas une armée électrisée. Cet admirable morceau, qui est au Louvre, peut, bien que simple portrait, compter pour une des plus belles toiles militaires de l'école française. On y sent l'indomptable bravoure, la force d'une irrésistible destinée ; en quelque sorte cette fatale auréole martiale qui met une effrayante lueur au front des grands tueurs d'hommes.

Cette philosophie, c'est nous qui la dégageons à présent. Bonaparte fut simplement sensible au caractère héroïque de son portrait, il en sut gré à l'artiste, et dès lors il chercha à se l'attacher. Peut-être avait-il déjà la conscience qu'il lui faudrait un peintre digne de ses projets. Et il y a certes quelque chose d'imposant dans ce premier rapprochement : ce grand peintre attiré vers ce grand homme, cet homme devinant ce grand artiste. Bonaparte fit mettre un cheval à la disposition de Gros, lui donna le titre d'inspecteur aux revues, sorte de dignité civile en uniforme, et enfin, le nomma membre de la commission chargée de recueillir les tableaux et objets d'art que l'on expédiait sur la France, par droit de conquête. Singulière époque, entre parenthèses (et procédés que leur grandeur ne suffit peut-être pas à excuser), où l'on voyait les bulletins de victoire ainsi rédigés : « Nous vous expédions dix drapeaux pris sur l'ennemi et quatre Paul Véronèse ! »

A Rome, Gros fut subjugué plutôt par les œuvres puissantes, dramatiques, que par les impeccables créations de Raphaël et tous les trésors classiques. Ce fut Michel-Ange qui surtout l'enflamma. Le travail s'opérait ainsi mystérieusement, logiquement dans son esprit : parmi tant d'exemples proposés à son admiration et à son choix, il se trouvait amené à subir l'ascendant de ceux qui se rapprochaient de son idéal. Ainsi, du premier coup, il trouvait en Italie, et ses sujets futurs : les campagnes du capitaine qui l'avait protégé, et le style dans lequel il devait les traiter : les gigantesques évocations de la chapelle Sixtine. Avec un tempérament puissant comme le sien, et deux maîtres comme Bonaparte et Michel-Ange, jusqu'où Gros ne devait-il pas s'élever ?

Pour le moment, il était donc tout entier dominé par son rêve de grandeur. L'antiquité grecque n'avait pas prise sur lui, heureusement. Ce n'étaient pas des bas-reliefs peints qu'il avait en tête, mais des muscles robustes, des mouvements vivants, de la chair frémissante. David lui avait, certes sans le savoir, rendu cet énorme service, en l'éloignant de lui, de l'enlever pour un temps à sa tyrannique influence : le temps de faire ses chefs-d'œuvre. Ce n'était que beaucoup plus tard que Gros, ressaisi par son maître, devait être pris d'étranges remords et faire une désolante amende honorable !..

Au moment cependant où il rentrait en France (an IX), il n'avait encore réalisé aucune de ses grandes œuvres. Seul le portrait de Bonaparte au pont d'Arcole était une superbe promesse. Pour le reste, il n'avait guère comme bagage qu'un tableau terriblement classique, *Sapho à Leucate,* se précipitant dans la mer, et les portraits, les miniatures qu'il avait exécutés pour vivre. En 1801 il remporte le prix dans un concours ouvert par ordre des consuls, et dont l'objet était la représentation de la *Bataille de Nazareth.*

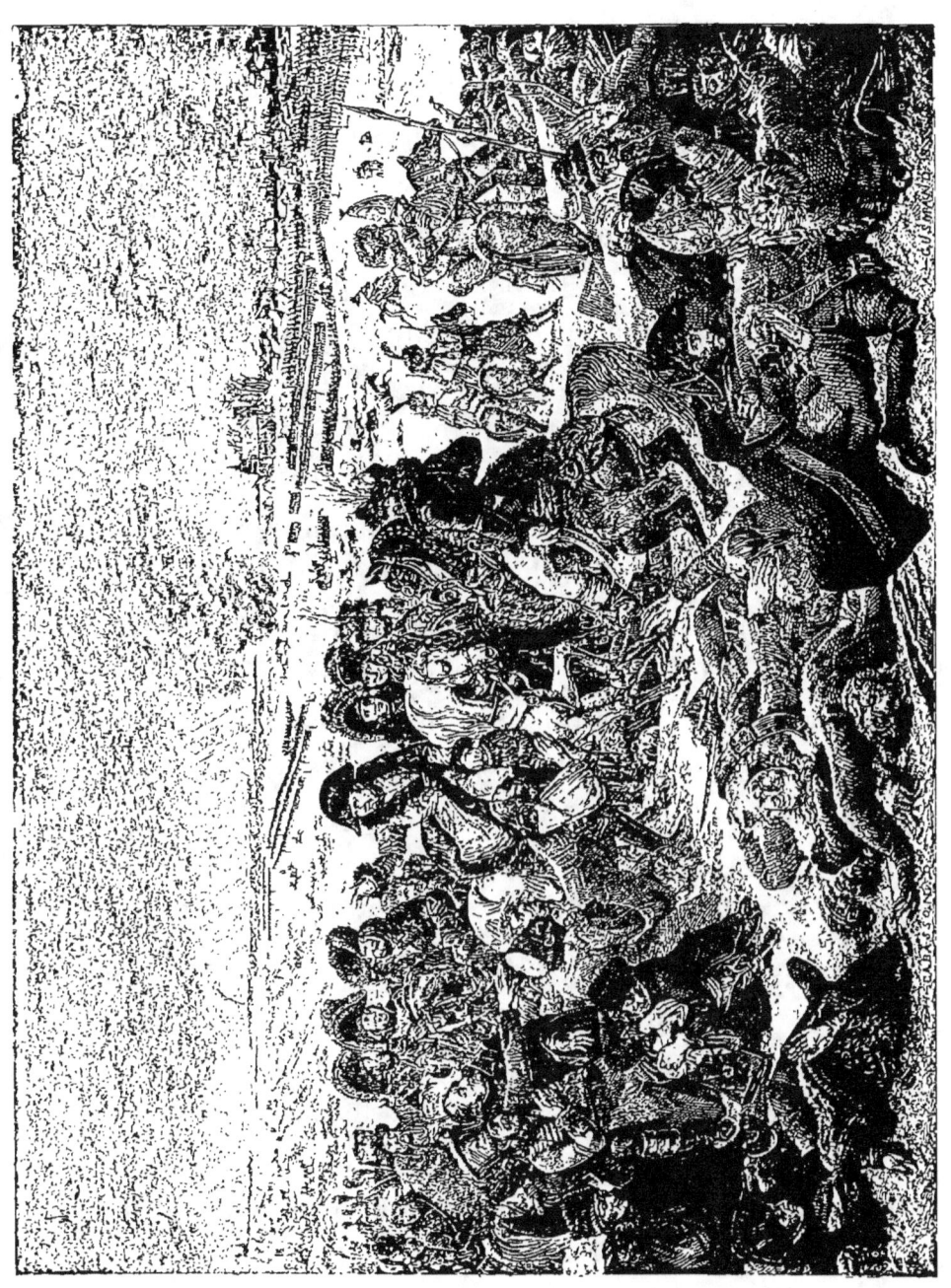

GROS. — BATAILLE D'EYLAU

Ce beau sujet devait être traité dans des dimensions considérables. Gros s'installa à Versailles dans la salle du Jeu de Paume, et se mit à l'ouvrage.

Singulières destinées des œuvres ! Au moment où la toile, superbement esquissée, allait entrer dans la voie de l'exécution définitive, Bonaparte arrêtait l'artiste dans son travail, et condamnait l'œuvre à demeurer à jamais inachevée. Le motif ? Oh ! bien humain et qui prouve que les grands hommes ne sont pas plus que les autres exempts des mesquineries de l'amour-propre : Bonaparte était simplement jaloux de la gloire de Junot, le héros de la bataille de Nazareth, et il ne lui plaisait point qu'il y eût d'autres victoires immortalisées que les siennes. Immortalisées est bien le mot, car tous les écrivains s'accordent à dire que l'esquisse de Nazareth promettait une des œuvres maîtresses de Gros, la plus emportée et la plus éclatante peut-être.

Dans sa monographie du *Baron Gros*, M. Dargenty constate avec regret la perte de ce morceau capital : « Le champ de bataille couvert de troupes dispersées, écrit-il; les cavaliers en désordre broyés par leurs chevaux qui s'abaissent, le poitrail ouvert ; les dragons impassibles qui chargent méthodiquement; tous les personnages de ce drame héroïque; Junot enfin, Junot, dressé sur sa monture blanche, Junot intrépide et calme, le pistolet au poing, invulnérable comme un dieu, tout cela disparut avec la silhouette du Thabor. » Du moins, ce ne fut pas sans compensation.

Bonaparte avait compris qu'il était tenu de la donner cette compensation, et dans la plus large mesure, à l'artiste qu'il avait protégé et qu'il ne pouvait ainsi sans autre forme de procès réduire au silence. Il lui commanda une toile aussi grande et lui fournit un sujet plus grand encore. Le rencontrant dans la galerie du Louvre, à quelque temps de là, il demanda au peintre à quoi il travaillait, et Gros lui ayant répondu qu'il attendait ses ordres : « Eh bien ! répondit le premier Consul, il est question de me peindre visitant les pestiférés de Jaffa ; je vous charge de ce tableau. »

Cette fois, Gros tenait définitivement, après tant de contre-temps, de traverses, et aussi d'hésitations provenant de sa propre nature, inquiète et sans cesse défiante d'elle-même, il tenait une œuvre digne de ses forces. Sans plus tarder il se jeta dans l'esquisse avec passion. Chose curieuse, cela ne vint pas du premier jet, et l'esquisse, tracée pour ainsi dire sous la dictée de Denon, différa sensiblement de l'exécution définitive. Un biographe du baron Gros, M. Delestre, nous a donné une curieuse description de ce projet primitif, et il n'est pas sans intérêt de la reproduire en entier. Le lecteur la comparera avec beaucoup de profit à notre reproduction de la toile du musée du Louvre. Il pourra ainsi se donner le rare spectacle du travail d'enfantement de la pensée d'un grand homme :

« Gros, dit M. Delestre, avait jeté ses notes sur une toile de 91 centimètres sur 73. Au premier plan et partant de la droite à la gauche des spectateurs, une ligne courbe sert de plan divisionnaire à des figures disposées dans l'ordre suivant : un malade couché sur la paille rassemble le reste de ses forces et se soulève au son d'une voix connue, apportant l'espérance avec elle. Près de lui, la face contre le sol, s'étend un soldat demi-nu : le désespoir l'agite ; il s'arrache les cheveux avec ses deux mains croisées sur son front.

« De l'autre côté de la ligne verticale et médiane du tableau, un cadavre gît à terre ; sa poitrine est tournée vers le ciel ; sa jambe gauche allongée ; la droite présente un raccourci savamment tracé.

« En se dirigeant toujours de même, on aperçoit un malheureux, la tête renversée sur l'épaule ; il presse d'une main son sein gonflé par la douleur, et de l'autre, il appelle l'attention et l'éloge sur la scène qui se passe dans le fond. Ensuite, et tournant le dos au spectateur, un pestiféré passe sa main gauche sous son aisselle souffrante, et demande un prompt secours en tendant son bras droit avec instance. A la gauche de ce dernier, il en est un, dont on ne distingue que l'expression d'effroi relative au danger couru par le général en chef.

« Si l'on continue le cercle en parcourant le mur droit de la salle, on sent l'admiration mêlée à l'attendrissement dans la pose de celui que le mal a immobilisé. L'étonnement se peint sur le teint hâve et flétri du suivant, derrière lequel est une figure vue de dos, appuyant sa tête sur son bras, et ce bras sur la muraille : le peintre a su caractériser ainsi le découragement par excès de faiblesse. Enfin, à l'angle le plus acculé, deux yeux étincellent entre le bonnet à poil qui les surmonte et le manteau cachant les autres traits d'un personnage silencieux et accroupi.

« Si maintenant nous portons nos regards à l'opposite, nous voyons sur cette paroi les objets suivants, en partant du point le plus rapproché de nous. Sur le seuil d'une porte ouverte est un officier atteint d'ophtalmie ; ses yeux sont couverts d'un bandeau noir ; son oreille vient de l'assurer de la présence du général, et il veut aller à lui par un mouvement d'enthousiasme ; mais il est retenu par le bras vigoureux d'un gardien musulman, défendant, en outre, par un geste expressif, à tout autre individu d'entrer dans des lieux infectés. Le militaire occupant un grade supérieur est la personnification de l'effet produit sur l'armée française par cette visite, excitant l'espoir, et répandant la confiance sur des esprits démoralisés.

« A côté des marches, et faisant contraste avec celui qui commence notre description, est un grenadier enveloppé dans un large manteau lui servant tout à la fois de lit et de couverture. Derrière, un dragon est debout; son corps est demi-fléchi, pour seconder les contractions de l'estomac; il prend un point d'appui contre le mur. Plus loin, deux malades tendent une bouche avide à la liqueur que leur verse un jeune médecin. Bonaparte s'est introduit dans la salle par une issue pratiquée au fond et laissant apparaître le ciel bleu de l'Égypte, à travers les arceaux d'une galerie. Il porte, conjointement avec l'un des infirmiers turcs, le corps d'un pestiféré. Les deux mains du général en chef se réunissent sous l'aisselle du moribond, dont les traits hideux et défigurés sont ingénieusement cachés par l'abandon de la tête vue postérieurement, comme le tronc. Un panache tricolore désigne le personnage principal; son visage, peint avec soin, est très ressemblant : il est douloureusement affecté, mais plein de confiance dans la fortune, malgré l'opposition d'un Arabe essayant de le détourner d'une action pouvant avoir les conséquences les plus funestes. Même insistance de la part du chirurgien-major Desgenettes, placé à la droite de Bonaparte et servant de transition avec le soldat accroupi décrit plus haut. »

Comme on le voit la différence est profonde entre le projet et le tableau. On pensera que dans son premier travail Gros avait voulu trop indiquer, trop prouver. Il avait cherché à montrer, dans les différentes figures, toutes les phases de la maladie contagieuse;

ce qui pouvait intéresser sans doute les médecins, mais ce que le public n'aurait pas saisi. De plus, il avait exagéré sensiblement l'héroïsme de Bonaparte. Comment savoir au juste à quoi s'en tenir sur le plus petit fait de l'histoire ? Le général a-t-il, pour donner du courage à ses troupes décimées, aidé réellement à transporter un pestiféré ? S'est-il, au contraire, comme des historiens moins enthousiastes l'affirment, contenté de passer rapidement à travers les salles ? C'est une donnée au moins assez vraisemblable. Gros a pris un moyen terme, et il a ainsi évité l'hyperbole d'une part, la sécheresse et le manque d'intérêt de l'autre. Il est résulté de son choix une scène pleine de grandeur, qu'on ne saurait trop admirer.

C'est d'ailleurs l'opinion de Théophile Gautier, car le grand écrivain dit en propres termes en parlant de l'esquisse : « Ce n'était qu'un procès-verbal, et le peintre s'abandonnant à son génie en fit une épopée. Il renversa les murs de la chambre où s'était passé le fait historique et fit voir à travers les arcades moresques percées à jour la silhouette orientale de Jaffa. La scène ainsi élargie lui permit de rendre sensible la grandeur morale du sujet. »

Ah ! comme nous sommes ici bien loin des froides conventions de l'école classique ! Cette admirable toile, belle et puissante, ne disons plus comme l'antique, mais comme le moderne dans tout ce qu'il a de plus grandiose, de plus émouvant, défie la description. Le maître n'a pas évité une seule touche d'horreur, et Dieu sait si l'horreur comportée par le sujet était grande ! Au-dessus de cette scène de vivante décomposition plane la plus haute et la plus impérieuse pensée morale, comme le dit Th. Gautier, et l'impression d'apaisement et de confiance apportée par le héros s'accroît de toute l'épouvante répandue dans la toile entière. Et quels magnifiques morceaux que chacune des parties détachées de cette œuvre ! Ces robustes corps de guerriers soudain abattus par un mal impitoyable, l'expression d'accablement et d'angoisse des figures plongées dans l'ombre, opposée à la sérénité du général en pleine lumière. Quel fier dessin, quelle chaude couleur ! En vérité ce n'est pas seulement un des chefs-d'œuvre de la peinture militaire, c'est un chef-d'œuvre de la peinture française.

Mais Gros ne devait pas s'arrêter là, et il allait peut-être s'élever encore davantage.

Après s'être laissé aller à son admiration devant une telle page, on hésite à entrer dans certaines critiques de détail. A dire, par exemple, que la figure de l'officier aveugle, qui se comprenait fort bien dans l'esquisse, Gros aurait dû la sacrifier, car ici elle ne répond plus à rien. En revanche, il est assez piquant de modérer un peu l'admiration qu'a excitée chez certains critiques un autre détail de la scène. On a loué à l'envi le geste « touchant et naturel » du malade qui soulève le bras et porte la main à sa tête pour saluer

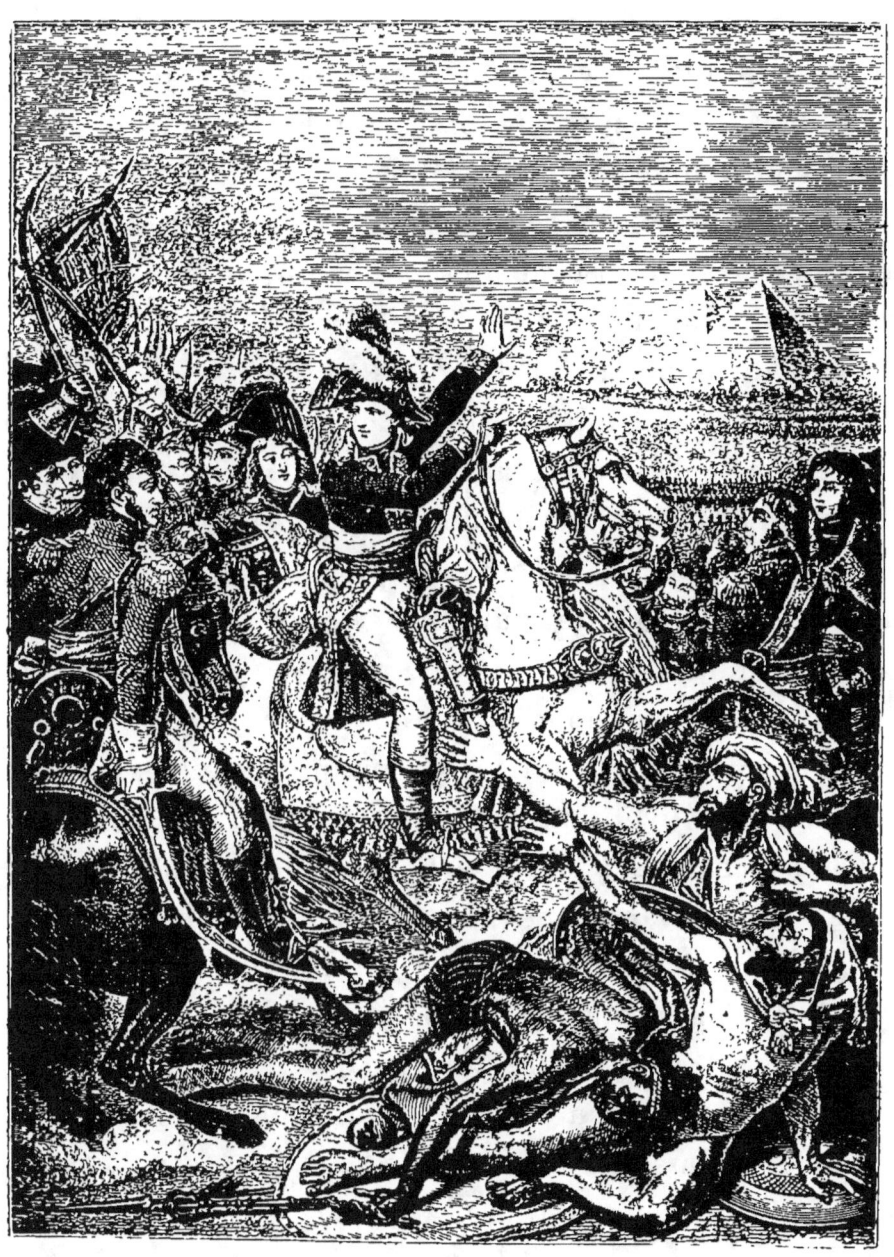

GROS. — BATAILLE DES PYRAMIDES

le général en chef qui touche de la main ses plaies.
Il n'y a pas là le moindre salut. Le malade, ainsi que

l'ont démontré récemment certains critiques-médecins, lève simplement le bras, sur l'ordre du chirurgien, pour mieux montrer au visiteur les bubons de son aisselle, caractéristiques de la peste. Mais c'est ainsi que les admirations les mieux intentionnées s'égarent quelquefois. Ce n'est pas d'ailleurs cette preuve du souci d'exactitude dans une composition épique qui restreindra notre éloge. Au contraire, c'est précisément cette alliance de la vérité moderne la plus rigoureuse, vérité des types, des attitudes, des costumes, avec les accents les plus hauts et les plus dignes de la légende, qui nous semble le meilleur de ce beau génie.

Cette alliance, nous la retrouvons encore dans les grandes œuvres qui suivirent, notamment dans la *Bataille d'Aboukir* et dans la *Bataille d'Eylau*.

Chose curieuse, si les artistes et le public acclamaient cette grande œuvre, *les Pestiférés de Jaffa*, la critique n'en sentait point les fulgurantes beautés. Dès le premier jour de l'exposition, alors même que Gros n'avait pas encore vu son œuvre en place, on suspendait des palmes et des couronnes tout le long du cadre. Mais le lendemain, le *Journal des Débats* imprimait cette singulière critique : « On ne saurait nier que ce ne soit là une composition *pleine de sagesse (!) et d'esprit (!!)*, et pourtant, je le demande à ceux qui l'ont couronnée, et précisément à cause de cette couronne qui m'en fait faire la réflexion, que pèserait ce tableau mis dans la balance avec *la moindre capucinade de Raphaël*, ou l'une de ces bizarres compositions du Titien ou de Véronèse, si pauvres de poésie, comme le remarquent avec tant de raison nos peintres penseurs. » Cette ironie, heureusement, ne pouvait entamer l'œuvre, mais Gros avait un caractère extrêmement sensible, et lorsque les critiques de ce genre plus tard se multiplièrent, elles ne laissèrent pas de l'attrister et de l'assombrir ; peut-être même, comme on le verra, de hâter sa fin !

Après *Jaffa*, Gros, sur la demande de Murat, entreprit de retracer la bataille d'*Aboukir*. Le sujet, les épisodes, la marche de l'action, Gros en trouvait tous les éléments dans le rapport même que Bonaparte avait adressé d'Alexandrie au Directoire.

« Le général Lannes, écrivait Bonaparte, après certains détails d'exposition, marche le long du lac Ma'-Adyeh et se range en bataille vis-à-vis de la gauche de l'ennemi dans le temps que le général Murat, qui commande l'avant-garde, fait attaquer la droite par le général Destaing : il est soutenu par le général Lanusse.

« Une belle plaine de quatre cents toises sépare les ailes de l'armée ennemie ; notre cavalerie y pénètre, et avec la rapidité de la pensée, se trouve sur les derrières de la gauche et de la droite de l'ennemi, qui, sabré, culbuté, se noie dans la mer ; pas un n'échappe. Si c'eût été une armée européenne, nous eussions fait trois mille prisonniers : ici, ce furent trois mille hommes morts.

« La seconde ligne de l'ennemi, située à cinq ou six cents toises, occupe une position formidable. L'isthme est là extrêmement étroit ; il était retranché avec le plus grand soin, flanqué par trente chaloupes canonnières ; en avant de cette position, l'ennemi occupait le village d'Aboukir qu'il avait crénelé et barricadé. Le général Murat force le village : le général Lannes, avec la vingt-deuxième et une partie de la soixante-neuvième, se porte sur la gauche de l'ennemi ; le général Fugières, en colonnes serrées, attaque la droite. La défense et l'attaque sont également vives. Mais l'intrépide cavalerie du général Murat a résolu d'avoir le principal honneur de cette journée ; elle charge l'ennemi sur la gauche, se porte sur les derrières de la droite, la surprend à un mauvais passage, et en fait une horrible boucherie. Le citoyen Bernard, chef de bataillon de la soixante-neuvième, et le citoyen Baylle, capitaine de grenadiers de cette dernière brigade, entrent les premiers dans la redoute, et par là se couvrent de gloire.

« Toute la seconde ligne de l'ennemi, comme la première, reste sur le champ de bataille, ou se noie. »

C'est cette affreuse boucherie, cette énorme noyade qu'il s'agissait de reporter sur la toile avec toute l'impétuosité de la charge de cavalerie française, toute la résistance acharnée et féroce des mamelucks. De fait, c'est une effrayante confusion, une horrible mêlée. Les fuyards, les morts, les blessés, les Français furieux, les Turcs affolés, tout cela se croise, se heurte, se choque dans des flots de sang, de feu et de fumée.

Seul, au milieu de ce sanglant désordre, le héros de la journée, Murat, demeure impassible, et fait caracoler son cheval blanc en écuyer consommé. A tout prendre, la *Bataille d'Aboukir* est une œuvre superbe[1], entraînante, malgré tous ses défauts, qui sont inhérents au sujet. Sans doute, il règne dans certaines parties un désordre difficilement explicable; la perspective y semble peu observée dans d'autres, car les cavaliers de gauche, qui sont tout contre ceux du second plan, paraissent beaucoup plus éloignés, par suite d'une diminution trop accentuée. Mais la part faite à ces critiques, que de beautés encore à admirer! La couleur n'est pas moins puissante que dans *Jaffa* et le dessin n'est pas moins héroïque, témoins les colossales figures qui occupent le premier plan.

Napoléon, assure l'histoire, ne se montra pas satisfait d'*Aboukir*. Il n'en faut pas trouver la raison ailleurs que dans l'exclusif orgueil qui lui avait déjà fait interrompre l'exécution de *Nazareth*. Mais Gros allait prendre une éclatante revanche dans l'esprit de son maître, de son héros, avec la *Bataille d'Eylau*, qui marque, à notre avis, le point culminant de notre peinture de batailles.

1. La *Bataille d'Aboukir* est au musée de Versailles.

C'est en 1807 que fut ouvert le concours pour le tableau qui devait représenter *Napoléon visitant le champ de bataille d'Eylau*. Gros obtint le premier rang. Denon avait rédigé le programme et n'avait laissé aucun détail dans l'obscurité, comme il l'avait d'ailleurs fait, ainsi que nous l'avons vu, pour les *Pestiférés de Jaffa*. « Le moment, disait cette pièce officielle, est celui où Sa Majesté visitant le champ de bataille d'Eylau, pour faire distribuer des secours aux blessés, un jeune hussard lithuanien, auquel un boulet avait emporté le genou, se soulève vers l'Empereur et lui dit : « César, tu veux que je vive, eh bien ! qu'on me gué-
« risse, et je te servirai fidèlement comme j'ai servi
« Alexandre ! »

Avec l'initiative du génie, Gros, comme il avait fait pour *Jaffa*, fit craquer le cadre imposé, dépassa le programme de cent coudées, et à un simple et peu suggestif épisode, substitua une scène grandiose, embrassant toute la philosophie de la guerre.

Un immense champ de bataille, couvert de neige à perte de vue et la neige elle-même marbrée de cadavres bleuissants ; cette réunion, si poignante pour un grand peintre et un grand penseur, du froid et de la mort, qui est le froid suprême ; les vainqueurs s'efforçant de soulager les vaincus ; un ciel noir et implacable ; aussi loin que le regard peut s'étendre, des cadavres, troupes d'hier, et des lignes rangées, cadavres de demain ; le principal auteur de ces affreuses tueries, ému lui-même de tant de maux et de rigueurs ; telle est l'impression qui se dégage de cet atroce et magnifique champ de bataille d'Eylau. Peut-on imaginer une plus terrible scène de désolation et de carnage ? Et avec cela, toujours la tenue imposante de l'épopée, un ton grandiose dont on chercherait en vain l'équivalent dans n'importe quel art ou n'importe quelle littérature. Dites si vous avez vu nulle part des figures comparables à celles de ces colosses moscovites qui, au premier plan, se raidissent et verdissent parmi des armes faussées et le linceul de neige qui les a recouverts à demi. Peut-on opposer un dessin plus simple, d'un sublime presque naïf, et pourtant plus puissant ? Et la couleur, est-elle assez glaçante, assez terrifiante ? Par-ci, par-là, éclate dans l'ensemble morne, la note brillante d'un uniforme ou d'un panache, ou bien encore, le teint, animé par le froid, d'un chirurgien français qui paraît tout rosé auprès de la peau blafarde des blessés ennemis dont il s'efforce de soulager la souffrance. Mais depuis le ciel sombre jusqu'au village fumant dans le lointain, jusqu'à la neige blanche, tout ce tableau respire la suprême horreur de la guerre. Aussi, quelle expression de profonde et digne émotion le peintre n'a-t-il pas donnée au conquérant, pour une fois arrêté dans l'enivrement de la victoire ! Il est là, le grand tueur d'hommes, dans sa pelisse de satin gris bordée de fourrures, sur son fin cheval à la robe claire, étendant la main, le regard levé dans une douloureuse méditation, levé sans doute vers cette étoile que cette fois les nuages plombés cachent impitoyablement. Tout cela est le commentaire éloquent, ému, de la parole que prononça Napoléon au lendemain de cette grande boucherie : « Ah ! si les rois pouvaient contempler ce spectacle, ils seraient moins avides de conquêtes ! » Mot de comédien, ou étrange et inattendu retour d'attendrissement chez celui qu'on en devait croire si peu capable?

La *Bataille d'Eylau* acheva de consacrer la réputation de Gros et remporta un prodigieux succès. Elle lui valut la croix de la Légion d'honneur, et Napoléon, pour la lui donner, lui ménagea une curieuse mise en scène : « A la suite de cette exposition (1808), dit le livret du Louvre, l'Empereur fit une distribution de croix à plusieurs artistes et affecta de passer devant Gros sans lui adresser la parole ; puis tout à coup, revenant sur ses pas, il détacha la décoration qu'il portait et la remit dans les mains de son ancien protégé. » Est-ce le cas de rappeler le vers connu :

La façon de donner vaut mieux que ce qu'on donne ?

Oui et non, car si la Légion d'honneur offerte de cette manière si flatteuse n'était point une distinction à dédaigner, elle n'ajoutait rien d'ailleurs à la réputation de Gros et ne grandissait pas son génie. Celui-ci ne pouvait plus grandir. Avec *Eylau*, il avait atteint son apogée.

Ce n'est pas que le maître n'ait encore produit de

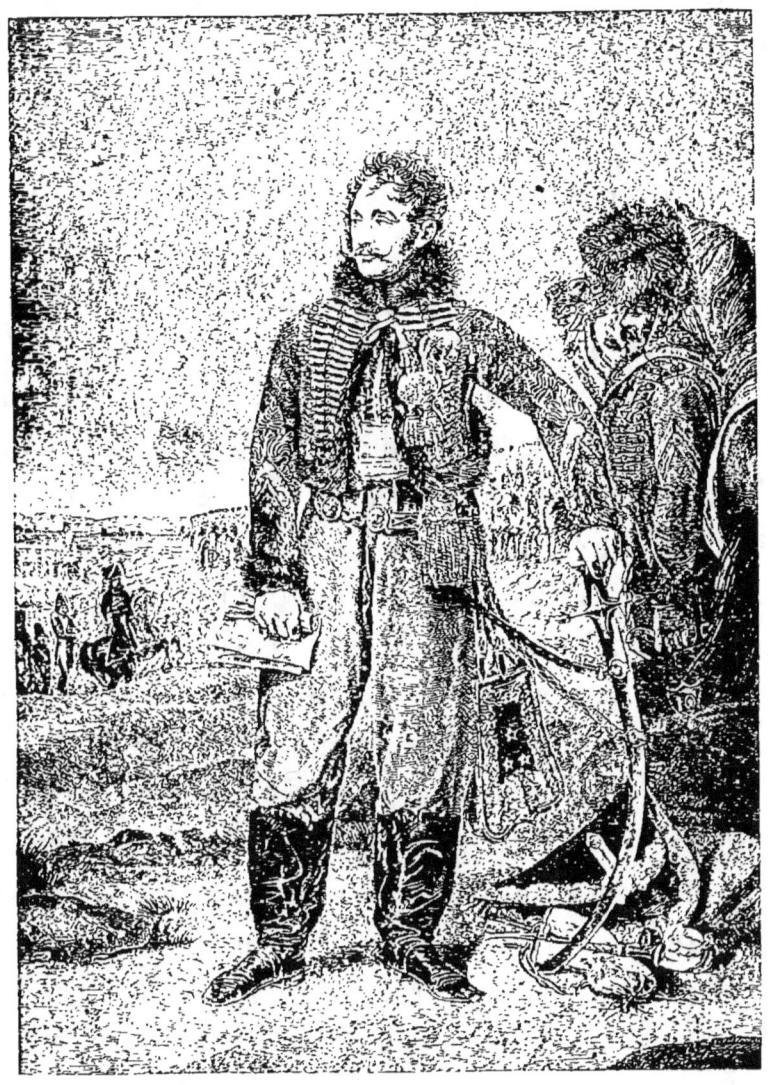

GROS. — LE GÉNÉRAL LASSALLE

magnifiques toiles. Nous n'en voudrons pour preuves que la *Reddition de Madrid*, le *Bataille des Pyramides*, l'*Entrevue de Napoléon avec l'empereur d'Autriche* au lendemain de la bataille d'Austerlitz. De ces œuvres éclatantes à des titres et à des degrés divers, la *Bataille des Pyramides* est la plus remarquable. C'est la paraphrase vigoureuse, colorée, fougueuse de la célèbre apostrophe de Bonaparte à ses troupes : « Soldats, songez que du haut de ces pyramides quarante siècles vous contemplent ! » Malgré l'allure empanachée, et déjà d'un autre âge, de toute cette composition, il y règne encore pour nous un grand souffle Les magnifiques grognards qui dans leur enthousiasme brandissent leurs sabres, les chevaux qui piaffent et hennissent, le grand « trophée d'hommes » qui, suivant l'expression de Gros lui-même, Arabes et nègres terrassés aux pieds du conquérant inspiré, s'étale au premier plan, tout cela est rêvé et exécuté plus grand que la nature, et c'est juste l'accent qu'il fallait pour des événements uniques dans l'histoire.

Nous n'examinerons pas, puisqu'elles ne rentrent pas dans notre cadre, les autres œuvres de Gros. Pas plus les grandes décorations de la coupole du Panthéon, que les épisodes de la Restauration où le maître ne trouvait plus pâture assez noble pour son génie, et qui sont forcément inférieures, malgré les beautés qui s'affirment encore, par exemple, dans le *Départ de Louis XVIII*. Mais nous ne saurions passer sous silence quelques-uns de ces grands portraits de généraux, qui sont, eux aussi, de superbes spécimens de notre peinture militaire : le *Général Lassalle*, par exemple, ou le *Général Fournier*, ou bien encore *Masséna*. Personne mieux que Gros ne pouvait fixer pour l'histoire les traits de ces fiers et infatués auxiliaires d'un conquérant, fiers de leur fortune rapide, et justement infatués de leur bravoure surhumaine. Dans le portrait du général Lassalle, n'est-ce pas tout un tableau que le beau fond où l'on voit un escadron rangé en ligne, prêt à être passé en revue, et, plus près de l'officier, à la belle figure pâle et martiale, à l'uniforme aux magnifiques chamarrures, cet ordonnance, vieux brave chevronné, qui fume gravement un héroïque brûle-gueule ?

On a dit avec juste raison que l'Empire avait fait Gros et que sa chute le tua. Avec la disparition de Napoléon, les hésitations du maître recommencèrent tout comme au début de sa carrière, véritables hésitations d'écolier. Il prit en 1815 la direction de l'atelier de David, et la correspondance qu'il entretint avec son ancien professeur exerça sur lui l'influence la plus fâcheuse. Nous l'avons dit, Gros était une nature respectueuse et inquiète, autant qu'ardente et enthousiaste. La cause de son enthousiasme disparue, il ne restait plus de place que pour l'inquiétude. C'est alors que l'on vit cet étrange et douloureux spectacle d'un aussi grand peintre s'abaissant timidement, après tant de chefs-d'œuvre enfantés, jusqu'à accepter comme jugements définitifs les boutades classiques et tant soit peu aigries de David exilé.

Nous ne pouvons nous empêcher de reproduire cette lettre incroyable de l'auteur de *Léonidas*, cette froide et compassée académie, à l'auteur de la *Bataille d'Eylau*, cette page éternellement émouvante :

« Êtes-vous toujours dans l'intention de faire un grand tableau d'histoire ? Je pense que oui. Vous aimez trop votre art pour vous en tenir à des sujets futiles, à des tableaux de circonstance : la postérité, mon ami, est plus sévère ; elle exigera de Gros de beaux tableaux d'histoire. Quoi! dira-t-elle, qui devait plus que lui représenter Thémistocle, faisant embarquer la valeureuse jeunesse d'Athènes se séparant de sa famille, abandonnant ce qu'elle a de plus cher pour courir à la gloire, animée par la présence de son chef ? Pourquoi Alexandre âgé de dix-huit ans, sauvant son père Philippe, n'a-t-il pas été représenté par Gros ? A-t-il aussi oublié les mariages samnites, où les plus belles filles, rangées avant le combat, étaient le prix du vainqueur et de celui qui faisait la plus belle action ? S'il voulait s'en tenir à Rome, que n'a-t-il peint Camille que punit l'arrogance de Brennus ; le courage de Clélie allant retrouver Porsenna dans son camp ; Mucius Scævola ; Régulus retournant à Carthage, bien convaincu des tourments qui l'y attendent, etc., etc. ? L'immortalité compte vos années ; n'attirez pas ses reproches ; saisissez vos pinceaux, *produisez du grand* pour vous mettre à votre juste place. »

Malgré l'éloquence pédantesque de cette prosopopée (c'est bien ainsi, je crois, que cela s'appelle), quelle folie et quel aveuglement de la part de David ! Quoi ! Gros n'avait encore rien produit de grand, pas autre chose que des « tableaux de circonstance » ? En

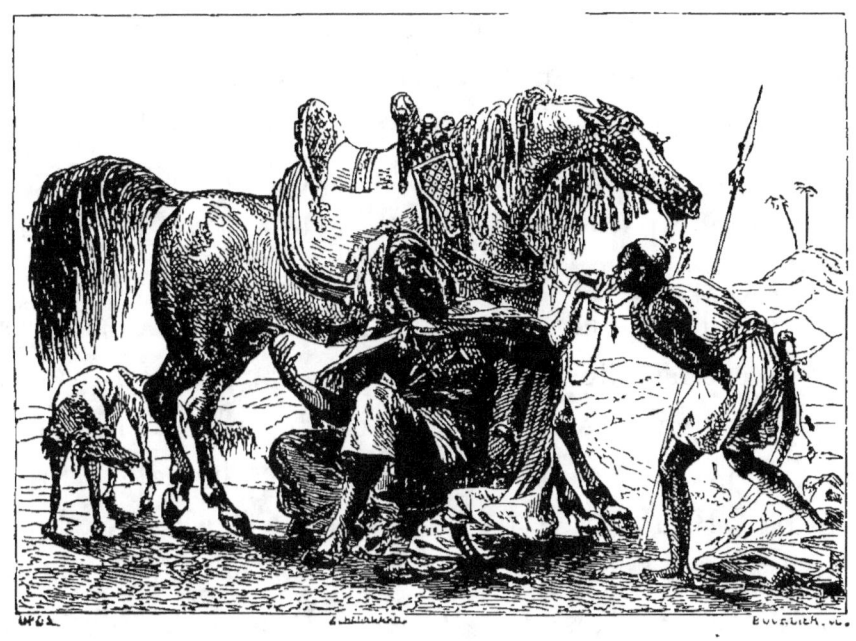

GROS. — ARABE ET SON COURSIER

vérité cela est profondément injuste, et Gros lui-même était infiniment faible de feuilleter Plutarque et les mythologies sur le conseil de son despote de maître. On sait le résultat et nous ne nous appesantirons pas là-dessus. Découragé jusqu'au fond de l'âme, doutant de lui-même, blessé dans son exquise sensibilité par les critiques acerbes que soulevaient ses tentatives classiques, au moment même où le romantisme naissait et opérait sa poussée victorieuse, Gros ne se crut plus bon à rien, laissa les idées sombres l'envahir, et se donna la mort dans les plus navrantes circonstances.

Ainsi se terminait dans l'ombre et dans le désespoir une carrière imposante entre toutes, et illustrée à jamais, quoi qu'en pensât David, par des œuvres durables dont l'histoire de notre art s'enorgueillit. Et il n'y a pas que les œuvres de Gros qui l'illustrent : il y a aussi l'incomparable pléiade d'artistes qui sortirent de lui. Gros est véritablement le père de l'école moderne ; et le romantisme, qui troublait ses dernières années, est issu de lui. Faut-il citer dans la nombreuse liste de ses élèves, quelques-uns des plus éclatants ? Voici Barye, Bellangé, Bonnington, Charlet, Court, Couture, Bouchot, Paul Delaroche, Daubigny, Jean Gigoux, Gudin, Eugène Lami, Henri Monnier, Robert-Fleury, Raffet, Riésener, Philippe Rousseau, Schnetz, Eugène Delacroix enfin, le plus illustre de tous, qui, sans passer par son atelier, fut distingué de lui, conseillé par lui, s'en fit gloire, et subit manifestement son influence.

Comme si ce n'était pas assez à ce grand maître d'avoir créé des œuvres sublimes, il faut qu'il soit également responsable d'avoir formé des artistes glorieux.

XII

Géricault.

Il y a dans l'histoire de l'art des maîtres qui ne font que passer, qui en passant touchent rapidement et victorieusement à tout, et exercent une profonde et lumineuse influence, tout en n'ayant produit qu'un très petit nombre d'œuvres. Géricault (1791-1825) est un de ces hommes. L'action qu'il a exercée, continuatrice de celle de Gros, sur la peinture contemporaine, est considérable. Entre temps il a produit quelques toiles militaires, et il est aussi impossible de les omettre, qu'il serait téméraire de donner à Géricault le titre exclusif de peintre de batailles. Ce sont des œuvres singulièrement fortes et caractéristiques, et elles complètent le magnifique musée d'épopées qui a pris sa source lui-même dans l'épopée impériale.

De même que Gros avait été élève de David, Géricault, après avoir traversé l'atelier de Carle Vernet, avait fait un stage dans l'atelier de Guérin. Mais, cette fois, c'était bien un canard qui couvait un œuf d'aigle. Guérin, naturellement, ne comprit rien à ce tempérament bouillant, à ce jeune affamé d'innovation. Ce qui l'inquiéta surtout, c'était *l'influence que Géricault prenait sur tous ses camarades*. Un prétexte futile fut la cause de la séparation, et certes l'élève n'y perdit pas grand'chose. Déjà, à l'atelier, il ne pouvait se contenter de la besogne routinière. Il était avide de tours de force qui n'étaient pour lui que de simples exercices, comme, par exemple, d'intervertir la pose du modèle et d'arriver malgré cela à une surprenante justesse de dessin, ou telle autre fantaisie qui prouvait simplement que ce jeune homme était né peintre, et qu'à peine débutant il n'avait plus rien à apprendre.

Parmi les maîtres, celui qui l'attirait et l'enflammait, c'était Rubens. Il rêvait d'égaler son dessin puissant, que les timorés seuls ont taxé d'incorrection, sa couleur luxuriante. Son premier envoi au Salon fut du coup une œuvre remarquée, et presque un chef-d'œuvre. C'était le *Chasseur à cheval*, du Louvre, qui fut exposé en 1812. Géricault avait à peine vingt et un ans lorsqu'il exposait cette figure colossale, animée d'un grand souffle belliqueux, empreinte d'un caractère martial. Cette magnifique évocation d'un héros moderne, chargeant et sabrant, se retournant avec une aisance fière sur son cheval cabré, c'était, même après les fulgurantes créations de Gros, une révélation, une note nouvelle.

Géricault avait fait du cheval une étude approfondie, passionnée, et c'est peut-être lui, même Gros compris, qui est notre plus grand peintre de chevaux. On critique cependant le dessin du cheval dans le beau pendant qu'il donna en 1814 à son *Chasseur de la garde;* nous voulons parler du *Cuirassier blessé*, également au Louvre. On dit que cette bête est repliée

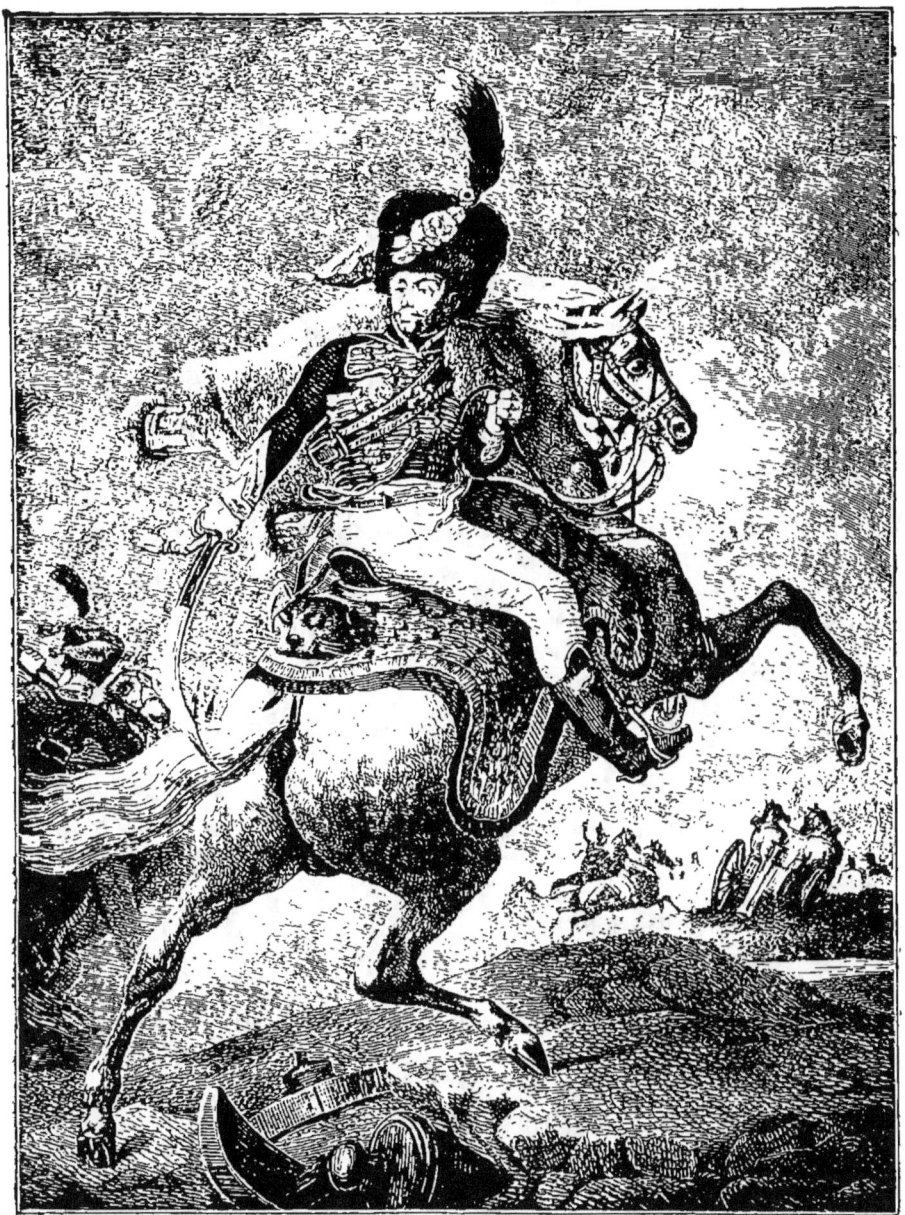

GÉRICAULT. — LE CHASSEUR DE LA GARDE

sur elle-même de façon presque invraisemblable, et comme pour les exigences d'une toile dont le peintre n'aurait pas calculé les dimensions. Sans nous arrêter à cette critique, que peut-être un jour des spécialistes démontreront fausse, attendu que cet aspect de l'animal n'est vraisemblablement qu'un prodigieux raccourci, une rareté de dessin, nous admirons le caractère sublime de ce grand cuirassier, embarrassé dans son lourd équipement, trébuchant désespérément sur le terrain en pente, mais n'abandonnant pas son compagnon de périls, et levant fièrement les yeux au ciel, presque autant pour le défier que pour l'implorer. Oui, c'est une page magnifique, et qui complète le cycle des peintures de l'époque impériale d'une façon logique, nécessaire. C'est en quelque sorte l'expression la plus surhumaine, celle qui se rapproche le plus de la légende.

Géricault, pourtant, qui roulait dans sa tête de magnifiques projets, dont le *Naufrage de la Méduse* est le seul que la destinée lui ait permis de réaliser, était à peine satisfait de son *Cuirassier blessé :* « Bah ! disait-il à ceux qui le félicitaient, sans qu'il mît dans cette réponse aucune *pose*, mais avec la modestie la plus sincère, il n'y a pas de quoi s'enorgueillir, c'est une simple page d'album. » L'auteur du *Naufrage* avait seul le droit de parler ainsi sans pouvoir être soupçonné de fausse modestie.

A la Restauration, Géricault s'engagea parmi les mousquetaires et suivit le roi aux Cent jours. Ce renoncement à la peinture ne fut pas d'ailleurs de longue durée. Il s'y remit bientôt, et, malheureusement, sa carrière fut courte. Il professait une profonde admiration pour les tableaux de Gros, et il paya, dit-on, mille francs pour avoir le droit de faire une copie de la *Bataille de Nazareth*, afin de se mieux pénétrer des beautés de dessin et de couleur du maître qu'il désespérait d'égaler.

Comme tableaux militaires, indépendamment de ceux que nous venons de rappeler, il a surtout produit des études superbes de vigueur, comme le *Cuirassier* debout qu'on voit également au musée, et de petites toiles de chevalet qui ont passé par les ventes et ont été payées des prix élevés : entre autres la *Vedette* et le *Lancier rouge*.

Une autre partie de son œuvre militaire est dans le recueil de ses lithographies. Géricault y a magnifiquement étudié le cheval, depuis la bête la plus noble et la plus puissante, jusqu'à la rosse la plus squelettique, en passant par le vigoureux et pesant cheval de labour. Une de ces lithographies est particulièrement saisissante : c'est un cheval mort, abandonné dans une plaine de neige, avec, au loin, des maisons abandonnées ; dans le ciel, des corbeaux qui planent, et, près du cadavre, un caisson d'artillerie à demi enfoui. C'est un des monuments de l'imagerie militaire, et la pièce mériterait d'être plus connue.

Certaines lithographies de batailles ont une puissante allure et, si étrange que cela puisse paraître, certains accents rappellent l'accent du grand Espagnol Goya. Une grande composition retrace la marche de l'armée française dans le désert, et montre Bonaparte excitant ses soldats à vaincre leur fatigue. Cette dernière pièce est moins inspirée et ne fait pas oublier Gros. Mais nous en avons dit assez pour convaincre le lecteur que Géricault a donné, lui aussi, dans la peinture de batailles sa note personnelle, puissante et inoubliable, comme tout ce qu'il a fait.

XIII

La légende impériale et la lithographie. — Nicolas-Toussaint Charlet.

L'histoire s'écrit souvent après coup. Les sceptiques affirment que c'est la meilleure manière. Si cela est vrai, l'histoire du Petit Caporal et de sa Grande Armée n'a jamais été mieux écrite ou dessinée que sous la Restauration ou sous le gouvernement de Juillet. Trois hommes surtout s'y sont acharnés avec un zèle étonnant, une ardeur jamais lasse, un enthousiasme toujours prêt à s'échauffer. Charlet, Raffet et Bellangé, qui sont en quelque sorte les Bérangers de la lithographie, ont étudié sur toutes les coutures le grognard du premier Empire. Ils l'ont chanté, ils l'ont prôné, ils ont fait un sort à ses bons mots. Ils ont rendu définitive la légende de la colonne Vendôme, de la cocarde, du petit chapeau et du bonnet à poil. Quelque opinion que l'on professe sur le courant d'opinion qu'ils ont contribué à créer dans la foule, on ne peut contester qu'ils ont accompli leur besogne en véritables artistes et en remarquables peintres.

En fait d'histoire, il ne s'agit plus ici du bulletin officiel à la Carle Vernet, ou de la vaste épopée à la Gros. C'est l'histoire intime, familière, en bonnet de police pour ainsi dire. Cela est vrai surtout pour Charlet. Nul n'a pénétré plus avant dans la vie des casernes et des bivouacs, n'a consacré plus d'étude à l'exercice, à la corvée, à la salle de discipline, ou au cabaret. Depuis le conscrit, le *jeanjean* qui arrive en blouse au quartier, jusqu'au fantassin, déjà dégrossi par un « pivotement » progressif, jusqu'au vieux dur-à-cuire, chevronné et blindé, à l'épreuve de tous les périls de la guerre, et qui ne tremble pas plus devant un coup de fusil que devant un coup de vin, jusqu'à l'invalide, enfin, qui oublie ses rhumatismes en racontant ses fabuleuses campagnes, tous les types, tous les âges, tous les caractères, Charlet s'est efforcé de les retracer dans son œuvre considérable. Faites, si vous voulez, la part du parti pris, de l'embellissement involontaire, de l'inévitable travestissement résultant de l'enthousiasme de l'artiste et du succès fait par la foule. En un mot, montrez-vous dédaigneux pour les vieux braves, humbles et glorieux modèles de Charlet. Dites que cela est suranné, rococo et cocardier ; vous ne serez pas les premiers, car déjà longtemps avant vous on a dit tout cela. Mais vous ne pourrez pas nier en tous les cas que ces centaines de feuilles lithographiées ne forment un recueil d'une réelle valeur d'art et de document ; et vous reconnaîtrez que Charlet devait figurer ici au nombre de nos peintres militaires, et non des plus méprisables. Il a la sincérité, l'entrain, la variété, un accent très personnel ; avec cela on se sauve toujours de l'oubli, et on défend son œuvre contre le temps et le déplacement des préjugés.

Nicolas-Toussaint Charlet (1792-1845) est un homme du peuple dans l'entière et meilleure acception du terme. C'est un brave homme, un honnête homme, que l'on aime bien quand on le connaît un peu, et en dépit de ses vulgarités voulues. Il semble qu'il fût prédestiné à chanter les vieux de la vieille. Son père était un dragon de la République qui mourut à l'armée de Sambre-et-Meuse, lui laissant pour tout héritage, ainsi qu'il l'a écrit lui-même : « une culotte de peau, une paire de bottes neuves et son décompte de linge et chaussures, qui se montait à neuf francs soixante-quinze centimes. » Il lui laissait autre chose dans le sang : l'amour du régiment et des choses militaires, le patriotisme discoureur et bon enfant, la rondeur peuple et casernière, qui devaient donner une saveur si caractéristique à ses œuvres. Quant à sa mère, c'était le type de *l'ancienne*, de la brave femme, simple et le cœur généreux ; elle s'appliqua de son mieux à développer les dispositions que le dragon de la République avait laissées en germe à son rejeton.

L'on comprend sans peine que ce n'était pas avec une pareille naissance que le pauvre Charlet avait trouvé la fortune dans son berceau. Il fallut travailler, besogner obscurément pour gagner le morceau de pain et pour soutenir la vieille maman à l'âge où d'autres usent encore leurs culottes sur les bancs des collèges. Charlet avait obtenu un petit emploi dans une mairie de Paris, grattant du papier tout le long du jour, s'exerçant instinctivement à griffonner dans ses moments de loisir. Il avait vingt-quatre ans lorsque l'administration réactionnaire de la Restauration, flairant en lui une mauvaise graine de bonapartiste, un employé mal pensant, le jeta simplement sur le pavé. Charlet dut se sauver comme il put.

A l'école des enfants de troupe il avait manifesté de réelles dispositions pour le dessin ; il tenta de les mettre à profit pour les besognes les plus modestes qu'il pourrait rencontrer, fût-ce des enseignes de cabaret et des portraits à vingt-cinq sous pièce. Avec une rare intelligence d'ailleurs, pour un humble garçon comme lui, et avec une énergie qui trahissait l'artiste de race, il n'en continua pas moins ses études de dessin, et en 1817 il eut cette bonne fortune, considérable, d'être admis dans l'atelier de Gros. Pénétré d'une grande admiration pour l'auteur de *Jaffa* et d'*Eylau*, il rencontra en son maître un guide bienveillant... et clairvoyant, ce qui est plus rare. Il y trouva aussi d'excellentes leçons, car le débutant qui en 1815 en savait tout juste, comme il disait, pour « dessiner une tête sans beaucoup d'ombre » apprit de Gros à camper vigoureusement une figure, à saisir un mouvement, à ne point croquer une seule jambe de pantalon ou une seule manche d'habit qui ne contînt un membre correctement et solidement emmanché. De Gros, Charlet apprit l'art difficile de ne point représenter simplement des schakos et des tuniques recouvrant des mannequins. Le professeur était sévère, et il tenait au dessin par-dessus tout. Classique par système, et n'aimant pas voir ses élèves se hasarder dans la représentation de l'homme moderne qu'il se permettait à lui-même, nous avons vu au prix de quels remords, il eut pourtant l'intuition du véritable tempérament et de la destinée de Charlet. Pour ne point donner mauvais exemple à son atelier, c'est en secret qu'il l'engagea à continuer dans le sens de ses premiers essais : c'était, bien que secret, un véritable encouragement. Quels étaient donc ces travaux qui avaient mérité l'approbation d'un homme aussi difficile à satisfaire ? C'étaient quelques lithographies de cuirassiers et de grenadiers sur le champ de bataille. La lithographie naissait alors, et Charlet avait été un des premiers à se servir du procédé récemment inventé. Gros, frappé du caractère de ces premières œuvres, de leur sens dramatique, de l'émotion vraie qui y régnait, en dépit de maladresses et de sécheresses de débutant, s'était écrié : « Je voudrais

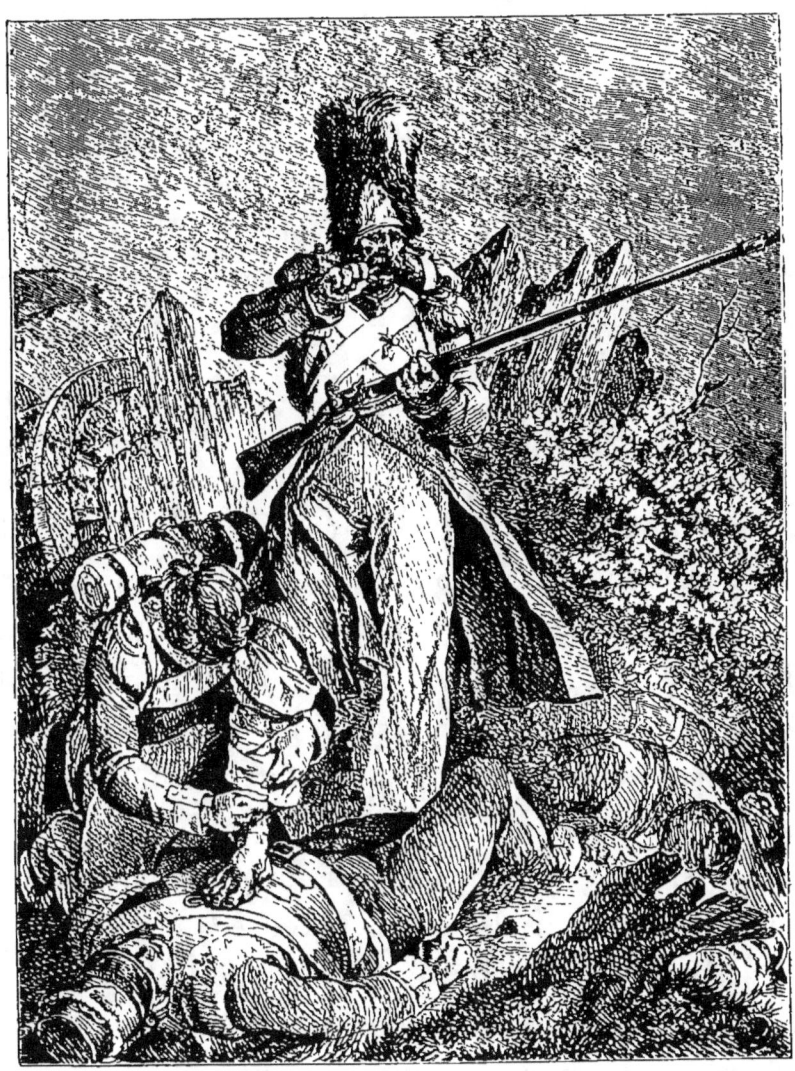

CHARLET. — LE SOLDAT FRANÇAIS

avoir fait cela! » Quel éloge, et quel sujet d'émulation pour le pauvre Charlet!

Pourtant, il faut être sincère, les premières lithographies de Charlet sont assez faibles. Le dessin en est roide et sec quant aux attitudes, mou quant à l'exécution générale, et l'enthousiasme qui les anime, pour juvénile qu'il soit, est bien mélodramatique. Mais il faut se reporter au temps où elles parurent; l'emphase et la boursouflure n'étaient pas déplacées, et on ne songeait pas à en sourire. Puis cela nous est bien aisé, à nous, de faire les beaux esprits. Mais est-ce que Charlet et ses contemporains n'étaient pas encore sous le coup des formidables secousses qui venaient d'ébranler la France? Est-ce qu'ils pouvaient considérer d'un œil sec et traiter d'un ton indifférent les désastres ou les héroïsmes dont ils avaient été témoins? En vérité, de pareilles critiques sont souverainement étroites et injustes, et si nous prenons la peine de défendre ainsi Charlet, c'est qu'il a été attaqué, et de la manière la plus acerbe, par des écrivains qui ne sont pas à dédaigner d'autre part, comme nous le verrons plus loin.

Parmi les toutes premières lithographies du jeune élève de Gros, il en est une qui eut un succès considérable, succès qui dit mieux encore que nos réfutations combien ces sentiments retentissaient vivement dans la foule. Il s'agit du *Grenadier de Waterloo*. C'est un brave grenadier qui, bien que blessé, défend contre un gros de fantassins anglais un camarade plus sérieusement blessé que lui. L'ensemble est émouvant et fier. On était encore sous le coup de l'effroyable défaite; on retrouva dans la modeste lithographie la trace des émotions généralement éprouvées. En outre, l'opposition commençait à se dessiner, et le succès du *Grenadier de Waterloo* ne fut pas moins politique que patriotique.

Voilà donc Charlet déjà connu, mais il s'en faut qu'il soit pour cela en possession de la fortune. Pour une pierre qui s'était bien vendue, il avait eu beaucoup de peine à en bien vendre d'autres qui n'avaient pas moins de mérite ni de verve. Peu à peu, il est vrai, l'entrain de ses compositions, la belle « couleur » de ses lithographies, l'esprit jovial ou belliqueux dont elles étaient animées, lui faisaient une solide renommée populaire. Il n'en est pas moins certain qu'en 1820, encore, il ne dédaignait point d'accepter des travaux d'un genre assez peu relevé, puisque l'histoire nous le montre à cette époque peignant des enseignes et des volets pour l'auberge des *Trois-Couronnes*, à Meudon. C'est même à cette circonstance qu'il dut d'entrer en relations avec l'admirable artiste que nous avons tout à l'heure retenu au passage, avec Géricault. Charlet, dans ses lettres qui sont, comme ses œuvres, pleines de bonne humeur et de franchise, raconte lui-même cet épisode de la façon la plus curieuse. Il était occupé à décorer de son mieux les volets de l'auberge d'un plantureux entassement de victuailles, avec le pinceau amoureux d'un homme qui avait plus souvent vu des pâtés et des poulets en peinture que sur sa table, lorsqu'on vint le prier de se rendre dans une des salles

où le réclamaient quelques consommateurs. « J'y trouvai, dit le peintre, de joyeux convives attablés, et, au milieu d'eux, un compagnon qui, après m'avoir dit qu'il s'appelait Géricault, ajouta : « Vous ne me con-
« naissez pas, Monsieur Charlet, mais moi je vous con-
« nais et vous estime beaucoup : j'ai vu de vos litho-
« graphies, qui ne peuvent sortir que du crayon d'un
« brave, et si vous voulez vous mettre à table avec nous,
« vous nous ferez honneur et plaisir. — Comment
« donc, Messieurs ! mais tout l'honneur et le plaisir se-
« ront pour moi. » — Je me mis donc à table et tout se passa bien, et même si bien que de ce moment prit date une amitié que la mort seule a contrariée. Pauvre Géricault! excellent cœur d'honnête homme et de grand artiste ! »

Ne sont-ils pas curieux, et pour ainsi dire réconfortants, les détails de cette première entrevue? Il semble que le ton et l'aventure elle-même soient déjà d'un autre âge. Cette véritable bonhomie, cette philosophie du « cœur sur la main », sont si rares à notre époque égoïste, circonspecte et guindée! Ce sont ces allures franches et naïves qui nous font aimer le bon Charlet. Le lithographe se lia si bien d'amitié avec le grand peintre que, dès cette même année 1820, il l'accompagna dans un voyage qu'il fit en Angleterre, pour exposer le *Naufrage de la Méduse*. Ce voyage ne fut pas d'une gaieté folle pour le brave et jovial Charlet. Si d'un côté le résultat pécuniaire de l'exhibition avait été excellent pour Géricault, l'influence du spleen avait agi trop fortement sur l'esprit naturellement mélancolique du peintre. C'est par deux fois que Charlet dut l'empêcher de se donner la mort : une fois de sauter

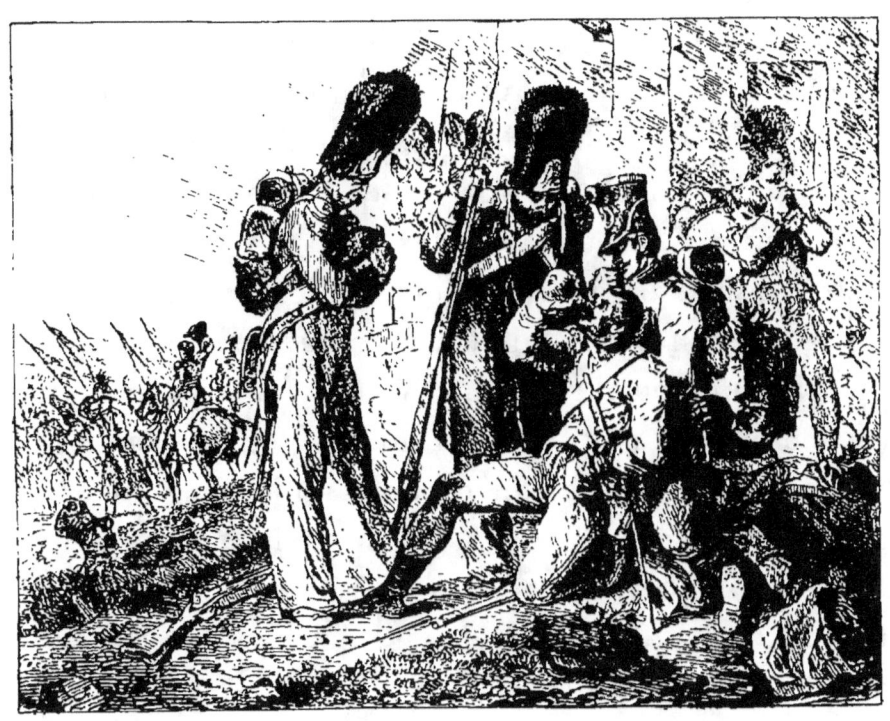

CHARLET. — LES FRANÇAIS APRÈS LA VICTOIRE

dans la Tamise, une autre de s'asphyxier dans sa chambre d'hôtel. Les bonnes grosses saillies de l'ancien enfant de troupe eurent pourtant raison de ce spleen obstiné.

En 1823, Charlet fait un autre voyage. Il part pour l'Espagne dans l'intention de suivre l'armée, et au besoin d'y faire le coup de feu. Mais il ne traversa même pas les Pyrénées. Il se contenta de séjourner quelque temps en pays basque ; puis il revint très vite sur Paris, après avoir enrichi ses calepins d'une certaine quantité de croquis qu'il devait mettre à profit dans ses albums : moines, chevriers et échappées de paysages pyrénéens. Mais ce n'étaient pas ces défroques et ces rochers qui pouvaient monter l'imagination de ce bon garçon, non moins gamin de Paris qu'enfant de troupe. Ce qui monte sa verve, c'est la flânerie sur le pavé de Paris, ou à travers les jardins publics où flirtent les fusiliers avec les bonnes d'enfant ; ce sont les postes-casernes où il aime à faire bavarder le planton, les cantines où il s'attable volontiers avec les plus « fricoteurs ». Voilà ce qu'il lui faut, et c'est là qu'il a puisé le meilleur de son œuvre familière : grenadiers grommelant et riant dans leur épaisse moustache, conscrits imberbes, aux yeux ronds et au nez retroussé, qui ne sont autre chose que ses gamins grandis ; soldats de toutes armes, en tenue de service ou en petite tenue, défilant la parade, s'égarant dans des conversations profondes, ou zigzaguant après une permission un peu trop consciencieusement arrosée, c'est un répertoire inépuisable, qu'il n'a pu étudier que sur nature.

Aussi, pour quelques accents un peu emphatiques, que de scènes naturelles, de mots pris sur le vif, que de types heureusement saisis ! Sans doute on rencontre souvent la note sentimentale, d'un sentimental un peu outré de romance, qui vous remet en mémoire les couplets connus :

> Il s'est assis là, grand'mère,
> Il s'est assis là !

ou bien encore :

> Ah ! qu'on est fier d'être Français,
> Quand on regarde la colonne !

C'est ainsi que l'on voit le paysan à moustache grise s'écrier en défaillant : « Je puis mourir ! j'ai revu mon vieux drapeau ! » Ou la *Prière d'un vieux soldat* devant une statuette de Napoléon. C'est là évidemment un fétichisme spécial qui a pu irriter quelques esprits philosophiques.

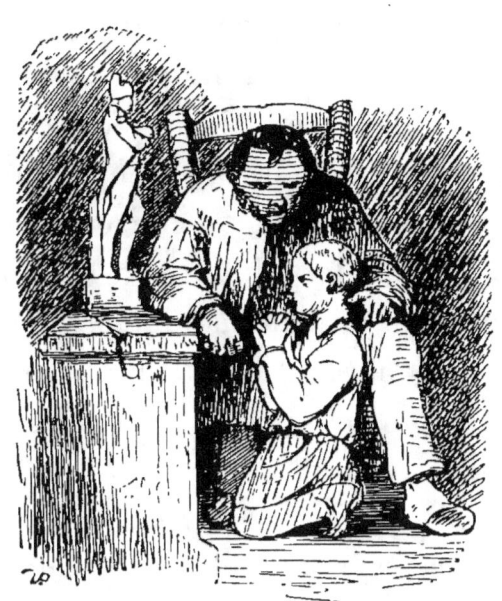

CHARLET. — PRIÈRE A NAPOLÉON

Mais les belles lithographies de Charlet, celles que tous les amateurs connaissent, ont beaucoup de ragoût et de couleur. C'est ainsi qu'il faut citer, malgré le désir de ne faire qu'une étude sommaire, certaines pièces comme l'*Intrépide Lefèvre*, cette héroïque figure de sapeur qui s'élance à l'assaut avec un mouvement endiablé, dessin où l'on retrouve tout entier l'élève du baron Gros. *L'appel du contingent communal*, c'est-à-dire l'arrivée des conscrits, magnifique scène d'un très beau dessin, pleine d'effet et de caractère. Ou bien encore cette scène prise si naturellement à l'exercice : « *Au commandement de halte*, vous rapportez vivement le pied qui est à terre à côté de celui qui est en l'air, et vous restez mobile ! » Le mouvement des petits conscrits est admirable de justesse et de comique. Avec quelle conscience ils tendent la jambe ! Avec quel ahurissement la plupart gobent la singulière théorie du vieux brigadier, qui se redresse fièrement, conscient de sa supériorité. Peut-être dans le peloton y a-t-il un finaud qui a saisi la drôlerie du commandement, et qui jette sur son supérieur un regard en coulisse, mais il se garderait bien de montrer son esprit au vieux dur-à-cuire. Il pourrait lui en coûter.

C'est que les chevronnés à trois poils ne plaisantent pas avec la discipline et la consigne. Témoin ce brigadier qui fourre un *bleu* à la salle de police : *Je suis innocent !* dit le conscrit. — *Par le flanc droit !* répond le caporal ! Il n'est pas de flâneur qui n'ait rencontré cette superbe lithographie si grasse de crayon, si amusante d'expression, aux devantures des marchands d'estampes. Le conscrit en pleurs, le brigadier impitoyable, et les mauvais sujets déjà familiarisés avec la boîte, qui entraînent le nigaud par le pan de sa capote. En vérité, c'est pénétré fort avant dans la psychologie du militaire, et il est impossible d'oublier, une fois vue, la mine importante de l'exécuteur des œuvres de

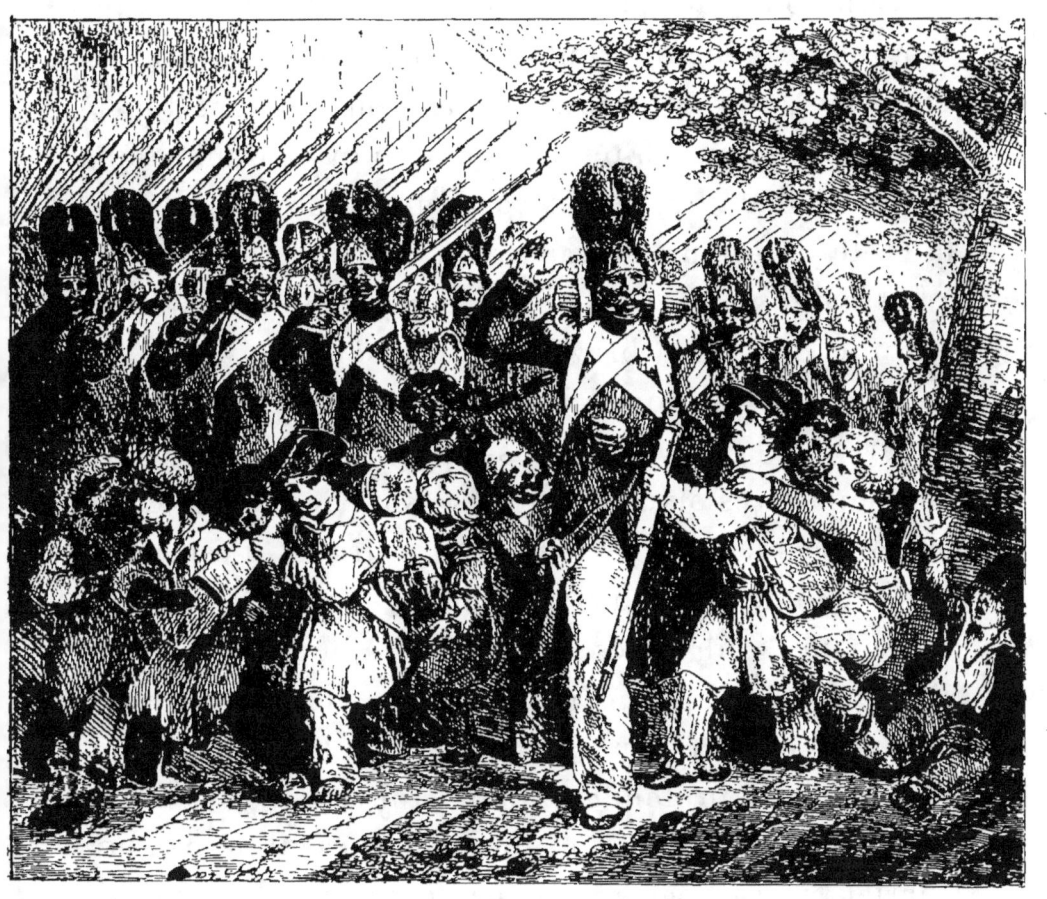

CHARLET. — LE GAMIN ÉMINEMMENT ET PROFONDÉMENT NATIONAL

« Ah! moi! moi! moi! m'sieu l'grenadier! que j'vas vous l'porter, vot' fusil! j'ai d'la poigne, moi!... j'suis joliment solide des reins, allez!... »

la discipline, ainsi que la figure ronde et navrée du bêta de conscrit qui vient plaider l'innocence.

Faut-il citer encore la scène, un peu rabelaisienne, (un Rabelais de caserne), *le Premier coup de feu*, avec

son bel effet de blanc et de noir, sa pensée comique...
et juste ? Cela nous permettra en même temps de rappeler la planche qui en fait la continuation, et que l'on oublie généralement, *le Second coup de feu*. Ici le même apprenti guerrier que nous voyions tout à l'heure céder aux suites de l'émotion inséparable d'une première bataille, est devenu un héros ; perché sur la crête d'un mur, il canarde l'ennemi d'un air tout à fait vainqueur, et les vieux de la vieille n'ont plus d'ironie pour leur brave petit conscrit.

Toutes ces lithographies, et bien d'autres encore (Charlet en a crayonné plus de mille, tant militaires que populaires ou caricaturales), sont des scènes complètes, rendant à merveille la lettre et l'esprit de la vie soldatesque de son temps. Sans doute, il y a certaines vulgarités : l'ivrogne joue un certain rôle, un peu trop encombrant ; l'honnêteté des personnages est un peu sentencieuse et leurs réflexions ont parfois la profondeur qu'on trouve dans les loges de concierges. Mais quoi, tout cela n'est-il pas voulu ? Charlet trouvait cela sans effort, dans sa propre nature et en vertu de sa naissance et de son éducation particulière. Mais comme il était très fin, et, en somme, un véritable artiste, il se rendait parfaitement compte de ce qu'il faisait. Il n'écrivait pas pour les raffinés, mais pour le peuple, et les raffinés bien avisés ont été les premiers à l'en louer. Nous avons sans doute parfois des régals plus délicats, dans l'œuvre même de

Charlet, que le spectacle d'invalides en goguette, se soutenant tant bien que mal dans leur démarche trébuchante, et s'adressant de *pénibles adieux*. Mais ces choses-là s'adressaient à une clientèle particulière, et d'ailleurs on sait, quand on le veut bien, y retrouver toujours quelque joli coup de crayon, quelque trait de physionomie qui les sauvent.

Aussi doit-on faire énergiquement appel du sévère jugement que porta sur Charlet un des critiques pourtant les plus fins et les plus pénétrants de ce temps, Charles Baudelaire : « En résumé, a écrit l'auteur des *Fleurs du mal*, fabricant de niaiseries sentimentales, commerçant patenté de proverbes politiques, idole qui n'a pas eu, en somme, la vie plus dure que toute autre idole, il connaîtra prochainement la force de l'oubli, et il ira, avec le *grand* peintre et le *grand* poète, ses cousins germains en ignorance et en sottise, dormir dans le panier de l'indifférence, comme ce papier, inutilement profané, qui n'est plus bon qu'à faire du papier neuf. »

Baudelaire, pour parler ainsi, avait des raisons philosophiques que nous lui verrons exposer plus loin tout au long, à propos d'Horace Vernet, le *grand* peintre à qui il fait si dédaigneusement allusion. Le *grand* poète, c'est Béranger. On voit que Charlet est mis, sinon en bonne, du moins en assez célèbre compagnie. D'ailleurs nous pouvons faire appel de Baudelaire à des juges non moins compétents ou non moins illustres. Voici, par exemple, Théophile Silvestre, l'éminent critique, qui qualifie Charlet : « Homme d'originalité et de caractère. » Voici ensuite Alfred de Musset, autre poète, qui dans un *Salon* de 1836, à la *Revue des Deux Mondes*, fait de Charlet, et d'un grand tableau de lui exposé cette année-là, un superbe éloge.

Nous laisserons en effet le lithographe, l'inépuisable producteur d'albums, pour nous occuper quelques instants du peintre. Charlet avait déjà produit quantité d'aquarelles d'une réelle valeur. En 1836, il exposa un grand tableau, *Épisode de la retraite de Russie*, qui est à présent au musée de Lyon et qu'on a pu voir cette année à l'exposition centennale du Champ de Mars. C'est l'œuvre d'un vrai peintre, et on y voit Charlet quitter le terrain familier pour s'élever aux plus dramatiques accents. Nous croyons intéressant de reproduire ici la belle page que Musset a consacrée à ce tableau.

Sans doute nous ne donnons pas le grand poète comme un juge irrécusable en matière d'art. Mais elle ne pouvait être méprisable, *à priori*, l'œuvre qui inspirait à un pareil esprit cette description émue.

« Il l'a intitulé *Épisode*, et c'est une grande modestie : c'est tout un poème. En le voyant, on est d'abord frappé d'une terreur vague et inquiète. Que représente donc ce tableau ? Est-ce la Bérézina, est-ce la retraite de Ney ? Ou est-ce le groupe de l'état-

CHARLET. — LE PASSAGE DU RHIN A KEHL

major? Où est le point qui attire les yeux et qu'on est habitué à trouver dans les batailles de nos musées? Où sont les chevaux, les panaches, les capitaines, les maréchaux? Rien de tout cela; c'est la grande armée, c'est le soldat, ou plutôt c'est l'homme; c'est la misère humaine toute seule, sous un ciel brumeux, sur un sol de glace, sans guide, sans chef, sans distinction. C'est le désespoir dans le désert. Où est l'empereur? Il est parti; au loin, là-bas, à l'horizon, dans ces tourbillons effroyables, sa voiture roule peut-être sur des monceaux de cadavres, emportant sa fortune trahie; mais on n'en voit pas même la poussière. Cependant, cent mille malheureux marchent d'un pas égal, tête baissée et la mort dans l'âme. Celui-ci s'arrête, las de souffrir; il se couche et s'endort pour toujours. Celui-là se dresse comme un spectre, et tend les bras en suppliant, mais la foule passe et il va retomber. Les corbeaux voltigent sur la terre, pleine de formes humaines. Les cieux ruissellent et, chargés de frimas, semblent s'affaisser sur la terre. Quelques soldats ont trouvé des brigands qui dépouillent les morts; ils les fusillent. Mais de ces scènes partielles pas une n'attire et ne distrait. Partout où le regard se promène, il ne trouve qu'horreur, mais horreur sans laideur, comme sans exagération.....
Je loue M. Charlet avec d'autant plus de confiance que je ne crois pas que la louange puisse lui faire du tort et le gâter; je n'en veux pour preuve que la vi-

gueur et la simplicité de sa touche..... Nulle préoccupation, nul modèle n'a pu servir ni à la conception de l'ouvrage, ni à l'effet, ni à l'arrangement. C'est bien une œuvre de ce temps-ci, forte et originale. Il me semble voir une page d'un poème épique, écrit par Béranger. »

Eh bien ! à part la comparaison démesurée que fait Musset de cette toile avec le *Naufrage de la Méduse* de Géricault, et le *Déluge* de Poussin (singulier rapprochement !) l'éloge n'est pas exagéré. C'est une magnifique peinture de bataille et Musset a bien senti, sans l'exprimer en jargon de critique, sa principale qualité au point de vue technique : tant comme composition que comme touche, c'est une page synthétique. Cette fois Charlet a évité l'écueil où l'on pouvait l'attendre ; rien d'anecdotique dans ce beau tableau, c'est un ensemble rêvé haut et peint large.

On croirait difficilement que le brave et simple Charlet eut dans sa vie une ambition autre que celle de faire causer gaiement ses troupiers, ou de mettre sa crâne émotion dans des refrains lithographiques. Un jour, il fut piqué de la tarentule académique ! Cela est à peine croyable. Cependant, il n'est pas invraisemblable que la belle page de la *Retraite de Russie* fut un peu entreprise pour justifier sa candidature. Il échoua d'ailleurs avec tous les honneurs dus aux artistes originaux et sincères.

Charlet a fait d'autres peintures. Notamment le *Passage du Rhin*, au Salon de 1837, et quelques toiles de chevalet, où l'on retrouve plutôt le caractère et la manière de ses lithographies. Ce sont de jolies œuvres, parfois un peu lourdes. Mais ses fonctions de professeur de dessin à l'École polytechnique, jointes à l'incessante production de ses albums, ne lui donnaient pas le temps de se consacrer exclusivement à la peinture.

Aussi, à part la *Retraite de Russie*, les admirateurs de Charlet préféreront à ses peintures ses jolies aquarelles, ou mieux encore, le recueil de ses lithographies, joyeuses ou vibrantes. Là, Charlet a donné une belle note de dessinateur, une bonne et saine doctrine de philosophe populaire, une réconfortante ardeur de patriote. C'est un brave homme, un vigoureux artiste, et un bon Français. Une superbe lithographie de Bellangé représente un monument élevé à Charlet, entouré de travailleurs, de vieux soldats, d'enfants, et portant cette inscription : *A Charlet, le peuple*. Ce n'est pas une mince gloire que d'être vraiment digne d'une pareille dédicace.

XIV

Auguste-Marie Raffet.

On a dit des lithographes de la première moitié de ce siècle, et particulièrement de Charlet et de Raffet,

RAFFET. — LA REVUE NOCTURNE

qu'ils ont été les feuilletonnistes de la peinture. Cela n'est pas inexact si l'on entend par là qu'ils ont affectionné le genre dramatique et qu'ils ont travaillé beaucoup pour les classes moyennes et pour le peuple. Mais où cela cesse d'être exact comme comparaison, c'est que leurs feuilletons sont écrits dans une langue peu commune, dans une langue digne du livre. Raffet surtout a élevé le ton de la modeste lithographie, de l'image qui, appelée à circuler dans les ateliers, est maintenant recueillie par les plus difficiles collectionneurs; il l'a élevé, ce ton, jusqu'aux plus fiers accents de la poésie, jusqu'aux plus sévères accents de l'histoire. Les grognards que nous avons vus si familiers, si pleins de jovialité dans l'œuvre de Charlet, sont ici héroïques et sombres. Charlet les a faits plus vivants, Raffet les fait plus épiques et plus grands que nature.

Malgré ses dimensions généralement restreintes, une lithographie de Raffet est un chant de poème guerrier, qui fait au plus sceptique passer un frisson. Les armes sont présentées, le tambour bat aux champs, les drapeaux claquent au vent, et l'on se sent la poitrine gonflée d'un indicible enthousiasme, d'un sentiment qui enlève sans vous prévenir, brusquement, comme vous prenant à la gorge, tout sang-froid. Ou bien encore, les bataillons se précipitent à l'assaut; les balles pleuvent comme grêle; on s'enivre de colère et de fumée; on marche sur des monceaux d'hommes; et enfin, tout se tait; il n'y a rien de plus qu'une loque glorieuse, flottant au sommet d'un fort, ayant remplacé une loque d'une autre couleur. Tout ce qui se déroule entre ces deux tableaux extrêmes : la revue, l'assaut, Raffet en a donné de fortes et expressives peintures. Il a fait œuvre, non pas de philosophe, car un philosophe raisonne et se lamente, mais de poète. Avec une singulière éloquence, il a, au moyen d'épisodes particuliers, donné l'idée la plus générale et la plus haute de la guerre. Il a donné ainsi à son œuvre un double intérêt. Il lui a assuré une double chance de durée, et par la valeur historique des récits des campagnes impériales ou de la conquête de l'Algérie, et par la valeur d'art qui est de tous les temps.

Les campagnes impériales ! Raffet en est l'historien presque au même titre que Gros, car il en a résumé le caractère avec une concision et une force incomparables. Il y a quelque chose de plus qu'humain dans la bravoure et dans la résistance de ses carrés qu'on ne peut entamer, de ses « bataillons sacrés » qui se défendent jusqu'aux derniers survivants.

Il donne la preuve éclatante qu'en art les moyens sont peu de chose, et que le plus humble atteint le but aussi bien que le plus ambitieux. Le recueil des lithographies de Raffet démontre qu'on peut retracer de grandes actions sur de petites surfaces. Comme monument d'une époque de conquêtes, il peut revendiquer une place voisine de l'Arc de triomphe, qui n'était pas trop majestueux pour servir de porte d'entrée aux armées revenant victorieuses, voisine de la colonne Vendôme, fondue avec les canons pris sur l'ennemi.

Oui, c'est un grand artiste que Raffet. Certainement bien des choses ont vieilli dans son œuvre, car tout est destiné à élimination; il est des feuillets qui n'auraient plus la vogue, des illustrations passées de mode. Cela est fatal. Mais il y a au moins une vingtaine de pièces, choisies entre toutes, qui défient l'œuvre du temps, et sont de bronze pour l'histoire. On objectera que vingt pièces, c'est peu, et que nous nous montrons sévères dans notre admiration. Que l'on nous nomme beaucoup d'artistes dont on puisse citer sans hésiter vingt œuvres irréprochables.

Auguste-Marie Raffet naquit à Paris, le 1er mars 1804. Il était, comme Charlet, fils d'un ancien soldat, d'un hussard qui avait trouvé un petit emploi dans les postes. Son oncle était un général de la République, Nicolas Raffet, qui avait commandé en chef la garde nationale pendant les journées de Prairial. Si les lois d'hérédité, décrites par les physiologistes, sont de simples fictions scientifiques, il faut avouer que Charlet et Raffet seraient deux remarquables exceptions. Le général Raffet ne possédait pour vivre que sa modeste pension et n'avait pas laissé grand héritage lorsqu'il mourut en 1803. Aussi l'on comprendra que le futur lithographe ait eu des commencements humbles et pénibles. Lorsque son père mourut assassiné, Raffet était âgé de neuf ans. Contraint de commencer la dure expérience de la vie, il est d'abord apprenti chez un tourneur, puis il entre dans l'atelier d'un doreur et décorateur sur porcelaine, et à dix-huit ans il gagne tant bien que mal son morceau de pain dur. Mais un des traits les plus saisissants du caractère de Raffet, c'est une volonté de fer et une opiniâtreté singulière au travail. Il étudie assidûment le dessin aux cours du soir, et d'instinctif griffonneur il arrive à tenir le crayon d'une manière suffisante pour concevoir l'ambition d'entrer dans l'atelier d'un maître en vue.

En 1824, il parvient à se faire agréer comme élève de Charlet, puis admettre à l'école des Beaux-Arts. Grâce à quelques indications d'un camarade, de Rudder, un des premiers lithographes en date, il se met à la lithographie, dont il devine en partie les procédés. En 1825, il exécute sa première pierre, et il réussit à la vendre... vingt francs ! C'est un triomphe.

Charlet, c'était déjà un beau maître pour le jeune Raffet. L'enseignement de Charlet était bienveillant et attentif, et certes il a dû profiter à l'élève. Mais en 1829 Raffet entre dans un atelier plus illustre encore, dans l'atelier de Gros. Quel apprentissage pour un peintre de batailles ! C'est à l'atelier de Gros que Raffet puisa les accents de grandeur, le goût de haute poésie qui devaient distinguer même ses planches de début. C'est que Gros était un maître difficile. Il n'admettait point que l'on copiât simplement la nature, mais il voulait qu'on l'interprétât avec son tempérament; il répétait de toutes les façons que l'on devait s'attacher autant à la pensée qu'à la forme. A la vérité, tout grand poète qu'il fût, Gros était à un même degré, comme nous l'avons vu, un réaliste qui s'ignorait. Mais l'on comprend combien Raffet est redevable à son maître d'un pareil enseignement. Toutes ses œuvres nous montrent en effet ce double caractère, d'une exactitude minutieuse dans le détail, d'une accentuation vraie dans le mouvement, et en même temps d'une pensée générale.

Dès les premières années, Raffet avait trouvé sa voie et son moyen d'expression : la lithographie. Il entra en relations avec les divers éditeurs, et de 1827 à 1837 il publia une série ininterrompue d'albums.

Esprit curieux, ardent à l'étude, il eut un goût très vif pour les voyages. En 1832, il avait assisté au siège d'Anvers, et il en avait rapporté la matière de magnifiques planches. En 1837, il fit la connaissance du prince Demidoff qui lui témoigna une vive amitié, et tint à l'emmener un peu partout dans ses voyages. C'est ainsi qu'il visita avec lui toute la Russie méridionale. De 1838 à 1846, temps d'arrêt dans ces excursions; Raffet est occupé par de nombreux travaux d'illustration. Mais en 1847, il voyage de nouveau avec le prince Demidoff, en Espagne. En 1849, il suit les opérations des Autrichiens en Italie, et il arrive à Rome quelques jours après l'entrée des Français. A partir de ce moment, il est presque constamment hors de France. En 1852, il se rend à Berlin; en 1854, il visite l'Écosse; 1855 et 1856 le voient à Vienne; enfin en 1859, il retourne en Italie et voyage principalement dans la Toscane. En 1859, il meurt presque subitement à Gênes, sans avoir pu faire aux siens les suprêmes adieux. Avant de repartir pour Gênes, il avait passé par Paris, et soit pressentiment, soit douloureuse coïncidence, il avait consacré quelques moments de son bref séjour à une pieuse démarche : il était allé déposer trois couronnes au cimetière, une sur la tombe de sa mère, l'autre sur celle d'un de ses enfants, la troisième sur la tombe de Charlet !

On voit que la vie de cet artiste est d'une simplicité extrême : elle est remplie exclusivement par le travail et par les voyages, qui ne sont pour lui qu'une autre façon de travailler. Durant ces excursions, il emmagasinait dans ses carnets d'innombrables documents, tenant également un journal détaillé, avec la précision et la ponctualité d'un bulletin de campagne. Plusieurs de ses voyages avaient été accomplis en véritable touriste militaire, notamment celui de 1849 qui n'avait pas laissé d'être mouvementé et fécond en incidents dont son journal nous a conservé les détails. Ils ont été publiés, ces feuillets d'un artiste voyageur, et ils font la matière d'un fort volume où au texte, net, froid, minutieux, s'entremêlent les rapides croquis. On peut assister ainsi à la genèse de quelques-unes de ses plus belles œuvres.

Mais l'impression générale, encore une fois, est celle d'un labeur acharné et ininterrompu. Il n'est pas un détail de costume ou de physionomie dont Raffet ne cherche à enrichir son bagage. Ses moindres croquis dénotent l'avidité de saisir les mouvements comme au vol. Cela ne lui suffit pas encore. Il faut qu'il connaisse à fond non seulement l'art de peindre la guerre, mais encore celui de la faire ; il ne se contente pas de dessiner les manœuvres, il croit nécessaire de savoir comment elles s'exécutent.

Il en peut être cité ici un trait assez piquant. En 1855, lors de son voyage à Vienne, il assistait à l'inspection d'un régiment. Les officiers qui l'accompagnaient étaient surpris de la justesse de ses observations et de l'étendue de son savoir en matières militaires. Par plaisanterie, un d'entre eux lui demanda s'il saurait aussi bien faire manœuvrer un régiment sur le terrain que sur le papier. Raffet, avec le crâne aplomb de notre race, ne veut pas qu'on puisse le prendre de court, et, bravement, il répond que oui. Pendant une demi-heure, il fait manœuvrer les Autrichiens, et l'exercice se termine sans accroc. Le dessinateur ainsi improvisé chef de régiment avoua qu'il n'avait pas laissé que d'éprouver quelque émotion. Mais l'honneur était sauf.

Intrépidité et sang-froid, telles sont d'ailleurs les qualités qui se retrouvent dans son œuvre. Car si dans certaines pièces célèbres l'émotion est grande et véhémente, elle est toujours contenue par une raison rigou-

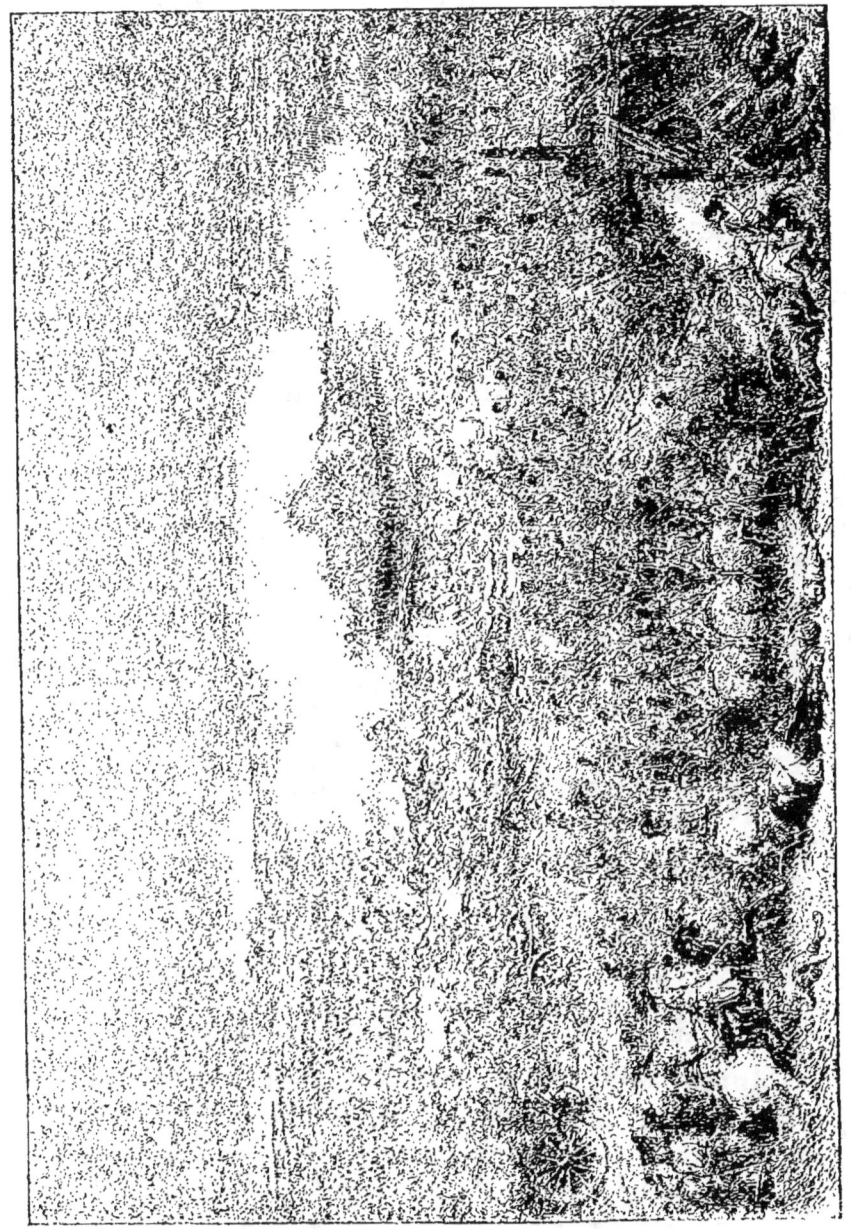

RAFFET. — LE BATAILLON SACRÉ

reuse, par une clarté absolue. Il n'y a pas la moindre confusion dans ses pages les plus héroïques, dans ses mêlées les plus furieuses ; et pourtant, la force de l'expression n'en est aucunement diminuée. C'est que Raffet, qui était d'un abord digne et un peu froid, était un de ces faux calmes qui connaissent pourtant les grandes émotions intérieures : rien ne les fait se départir de leur correction, au moment même où ils éprouvent et traduisent les sentiments les plus éloquents et les plus entraînants.

Ce qu'il y a de plus remarquable dans l'éloquence de Raffet, c'est qu'elle est entièrement acquise, et pourtant qu'elle est aussi puissante que si elle était naturelle. Cela prouverait-il qu'en art, certains peuvent parfois, bien rarement il est vrai, acquérir par un travail surhumain ce que la nature a richement prodigué à d'autres? Pour nous bien faire comprendre, nous répéterons, en l'appliquant à Raffet, un mot connu : « Il a accompli laborieusement des œuvres qui ne sentent point le labeur. »

Les premières compositions de Raffet prouvent d'ailleurs suffisamment que son génie ne lui était pas venu de toutes pièces. Ce n'est que peu à peu qu'il arrive à la maîtrise. Ses premières pièces, diverses grandes batailles datées de 1826, entre autres, ne sont pas fameuses. De 1826, date également une certaine *Histoire de Napoléon*, singulièrement vieillie de ton à présent. En 1830, il dessine les scènes des Trois Journées comme le firent de nombreux artistes à cette époque : Charlet, Eugène Lami, par exemple, que nous retrouverons plus loin. Les « trois journées » de Raffet sont d'un caractère plus passionné, plus furieux peut-être que les autres ; mais elles sont aussi d'un sentiment exagéré, mélodramatique, et d'un dessin insuffisant. Telle cette scène qui représente une mère affolée, se précipitant armée d'un poignard, au milieu d'un groupe de gardes nationaux assez replets qui retiennent prisonnier un officier royaliste : « Je veux tuer un des soldats de Polignac, ils n'ont pas fait grâce à mon enfant ! » A défaut d'autres mérites saillants, cette série nous conserve du moins un peu du ton de l'époque et un aspect assez fidèle du mouvement de la rue. Mais ce n'est que vers 1832 et 1833 que les albums commencent à contenir des planches réellement belles. La composition s'agrandit à mesure que le dessin se serre. Enfin en 1834 et 1835 éclatent les sublimes qualités du maître.

L'album de 1833 contenait une belle planche, *l'Inspection*, qui représentait l'empereur Napoléon passant, lent et grave, devant le front de ses grenadiers. Celui de 1834 renfermait une scène à la fois héroïque et facétieuse, qui obtint un grand succès et qui d'ailleurs était d'un ton relevé malgré la familiarité de sa légende. On y voyait des braves éprouvés, des dur-à-cuire à la peau tannée, en embuscade avec de l'eau jusqu'aux aisselles. Et le chef du détachement disait cette parole, d'une allure si française faite à la fois pour électriser et faire éclater de rire : *Il est défendu de fumer, mais il est permis de s'asseoir !*

L'album de 1835 accuse encore un progrès, cette fois c'est par demi-douzaine que se comptent les pièces réussies, les compositions irréprochables : *Secourez la vivandière !* scène à la fois mouvementée et touchante; *la Dernière charrette; Abordez franchement l'ennemi à la baïonnette !* Ou encore cette autre lithographie, également d'un héroïsme familier : un représentant du peuple passe à cheval devant un bataillon de volontaires de 1792, et on lit à haute voix cet ordre du jour mirifique : *Le bataillon de la Loire-Inférieure s'étant bien comporté devant l'ennemi, il sera accordé à chaque homme une paire de sabots !* Et de fait ils en ont besoin les pauvres diables; ils se sont enveloppé les pieds tant bien que mal de chaussures improvisées, sans nom, haillons ficelés, tresses entortillées qui le plus souvent laissent passer des orteils de héros.

1836 marque l'apogée. Ici, c'est le commencement d'une série d'immortels chefs-d'œuvre. Je ne parle pas seulement d'un nouveau trait de bravoure comique des armées républicaines, une autre embuscade dans un marécage, sous une pluie battante, avec cette réflexion toute naturelle du commandant : *L'ennemi ne se doute pas que nous sommes là : il est sept heures; nous le surprendrons demain à quatre heures du matin.* Les habits qui collent aux torses, les panaches détrempés, tout l'aspect lamentable de cette troupe percée jusqu'aux os forme un contraste étonnant avec son invincible bonne humeur.

Puis c'est le sentiment contraire, aboutissant au même résultat, et traduit avec une admirable éloquence. Cette fois, ce sont les braves de Napoléon, ceux qui se battent sans rire, ceux dont aucun danger, aucune privation, aucune mort ne peut dompter la mauvaise humeur ni le courage. *Ils grognaient et le suivaient toujours!* dit la légende. Et c'est, sous une pluie noire qui tombe lourdement, sans relâche, sous des nuages de plomb, et sur un sol défoncé de boue, derrière l'Empereur et ses officiers, la troupe des grenadiers, qui s'avance sans broncher, mais non sans grogner. Non, on n'imagine pas une peinture plus expressive, plus puissante. Ce que l'on voit d'abord en tête du cortège, c'est la pluie serrée; puis Napoléon et ses officiers chevauchant enveloppés dans d'épais manteaux; puis enfin la forêt marchante des bonnets à poils, bon gré mal gré inclinés vers la terre sous la rafale. Ils le suivent en grognant, mais ils le suivent partout; ils l'ont suivi jusqu'en Russie; ils le suivirent jusqu'à Waterloo, jusqu'à la mort! Et rien, dans l'imagerie française, n'a été fait de plus saisissant que cette marche fatale, qui se déroule, sans recherche des raretés du dessin, des tours de force des raccourcis, simplement dans le sens du papier, défilant devant le spectateur serré au cœur!

Quelques pages plus belles encore nous attendent en 1837. Jusqu'où ce modeste lithographe montera-t-il? Jusqu'à quel sommet attirera-t-il notre émotion? Voilà d'abord deux épisodes émouvants par leur enchaînement : *la Veille*, et l'on voit des soldats qui, au camp, dansent un joyeux quadrille, les camarades les entourant ébahis ; *le Lendemain*, et c'est, à la même place, les danseurs d'hier, rigides, couchés sur le sol, les yeux vitreux, et il n'y aura plus d'autre danse que celle des corbeaux qui descendront tout à l'heure, en tourbillonnant, picorer ces débris d'armée.

La Revue nocturne! Il n'est pas un Français, pas un esprit un peu ouvert aux choses d'art qui puisse ignorer cette page où l'héroïque et le fantastique s'allient dans une miraculeuse couleur. *La Revue nocturne* est, comme on sait, la paraphrase d'une strophe de la pièce inspirée du poète Sedlitz :

> C'est la grande revue
> Qu'aux Champs-Élysées,
> A l'heure de minuit,
> Tient César décédé.

Un clair de lune surnaturel, sépulcral, éclaire cette étrange scène : à perte de vue les escadrons ressuscités mettant sabre au clair et chargeant. Napoléon, à peine indiqué, au centre de la composition, et pourtant le maître de tous. Cette indéfinissable lumière fait briller des sabres, des casques et des cuirasses, rangés par files qui s'élancent. Au premier plan, un magnifique colonel de cuirassiers, au regard étincelant, l'orbite profond dans le visage décharné, entraîne à sa suite sa troupe de squelettes, harnachés et géants. Ce chef, on croit qu'il pousse un grand cri muet. Quel homme! Quels hommes! Quelle armée! Les chevaux ont le feu qui leur sort des narines, ils dévorent l'espace, fendent la bise de nuit; pendant le temps qu'ils se sont immobilisés, leur robe est devenue touffue, et autour de leur sabot a poussé comme une crinière pattue d'un étrange effet. Les mots ne peuvent pas rendre l'impression d'horreur auguste qui se dégage de cette scène, pas plus qu'ils ne peuvent donner une idée de la transparence, de la légèreté inouïe de la lithographie originale. Rien n'est plus simple et en même temps plus grandiose; rien ne peut évoquer plus profondément l'impression des héroïsmes qui ne sont plus.

Avant *la Revue nocturne*, Raffet avait publié *le Réveil*, pièce inspirée par une autre strophe du même poème, où l'on voyait les morts réveillés par la charge diabolique d'un tambour de la garde. C'était encore une scène puissante, une évocation macabre. Les vieux soldats, couchés depuis des années dans le suprême sommeil, se dégageaient stupéfaits des plis de leurs linceuls, et apparaissaient dans leurs uniformes surannés. Partout, au loin, on les voyait surgir ainsi, à l'appel connu qui les convoquait « à la grande revue ». Ce n'était pas, comme dans *la Revue nocturne*, un grand bruissement d'ombres et des commandements éperdus que l'oreille croyait percevoir : c'était cet impitoyable roulement du tambour, résonnant dans le silence morne des cimetières. *Le Réveil* est certes une pièce admirable; peut-être le dessin en est-il plus osé, et les morts présentent de formidables raccourcis, dans leurs proportions quasi minuscules. Le mouvement du tambour est à lui seul un chef-d'œuvre, mouvement entraînant de baguettes frappant désespérément, follement. Quelques amateurs, séduits par ces qualités brillantes, mettent *le Réveil* sur le même rang que *la Revue*, le préfèrent même peut-être. Pour nous *la Revue* demeure la pièce maîtresse de Raffet : dans l'autre, l'art est étonnant de virtuosité; mais dans celle-ci, c'est à peine si l'art est perceptible tant l'émotion est entraînante, tant la simplicité vous saisit, tant la couleur est magistrale.

L'œuvre de Raffet est considérable, et l'on pense bien qu'elle ne se limite pas à ces seuls albums, pas plus que ces albums ne sont les seuls à contenir les morceaux durables. Cette œuvre contient de tout : des caricatures et des affiches, des titres de romans et des costumes militaires français et étrangers; des souvenirs de voyage; et même jusqu'à des planches bouffonnes, à la Charlet, non exemptes de vulgarité. Les caricatures ne rentrent pas ici dans notre examen; elles sont âpres, cinglantes. Raffet ne pouvait donner la note drôle; dans ses essais de bouffonnerie il est dur, ou simplement plat : la gaieté grosse n'est pas son fait. Dès qu'il s'y retrouve une pointe, si légère qu'elle soit, de bravoure, de force à supporter les dures épreuves de la guerre, cela reprend à l'instant une tournure héroïque. Témoin cette scène familière de Napoléon visitant les bivouacs, et un de ses vieux braves lui faisant hommage en ces termes, avec une familiarité respectueuse,... d'une superbe pomme de terre qui mijote au feu de l'escouade : *Mon Empereur, c'est la plus cuite!*

Raffet a été un illustrateur fort apprécié de son temps, un peu passé de mode à présent que l'illustration a pris une envergure singulièrement ambitieuse, et que les procédés mécaniques ont porté des coups définitifs à la petite vignette gravée sur acier. Pour être gravés, le maître a composé quantité de microscopiques dessins où la petitesse des figures n'empêche en rien leurs amples mouvements. Exemples : les petites compositions pour l'*Histoire de la Révolution*, pour l'*Histoire de France*, pour l'*Histoire de Napoléon I*^{er}, par Norvins, publications éditées pour la plupart par Furne, qui fut ami de Raffet. Les plus caractéristiques sont peut-être celles de l'*Histoire de Napoléon I*^{er}. Il est dommage qu'elles aient été traduites par un graveur de profession, et non par Raffet lui-même. Si le maître avait eu l'idée d'abandonner un peu le crayon gras pour le burin, ce seraient des pièces inestimables. Comme cela elles ne sont que curieuses.

Raffet a imaginé un petit Napoléon replet, tassé sur lui-même, et malgré cela fataliste et dominateur, qui est tout à fait étonnant.

Nous n'entrons pas non plus dans de longs détails sur les recueils consacrés aux souvenirs de voyage. D'abord, ils n'entrent qu'accessoirement dans notre cadre. Puis, peut-être, avons-nous des appréciations ethnographiques différentes de celles du temps de Raffet. A ce moment, on ne jugeait pas les étrangers par eux-mêmes et en eux-mêmes; on les voyait toujours avec des yeux français.

Il a fallu tout un gros volume à M. Giacomelli pour simplement cataloguer l'œuvre de Raffet. On pense bien que nous ne pouvons, d'après cela, même indiquer le titre des recueils de croquis, de types, d'uniformes, de portraits. Dans ces miscellanées émergent principalement : une *Collection de costumes militaires de l'armée et de la marine*, dont chaque planche est un petit tableau, joliment composé; et des *Croquis au lavis lithographique*, par le procédé d'Auguste Bry (autre ami et biographe de Raffet), qui sont remarquables de facilité, de couleur, de mouvement.

Mais il faut bien s'arrêter encore, avec plus de détail, à certaines séries dignes de leur célébrité. Peu à peu Raffet avait abandonné la légende impériale pour enregistrer, au jour le jour, les campagnes de son propre temps. C'est ainsi que nous l'avons vu assister au siège et à la prise de la citadelle d'Anvers. D'où un recueil intitulé : *Dessins faits d'après nature au siège de la citadelle d'Anvers*. Parmi ces dessins, pleins de sincérité et d'effet, on peut citer la *Prise de la lunette Saint-Laurent* par les grenadiers du 65e de ligne, remarquable par l'entente du clair-obscur.

Puis ce sont les très beaux recueils consacrés aux conquêtes algériennes : la *Retraite de Constantine*, en dix sujets, et la *Prise de Constantine*, en douze. Ce sont encore de superbes monuments de notre peinture militaire. Dans le premier de ces recueils on admire la *Marche sur Constantine*. L'armée quitte Raz-Oued-Zenati, le 10 novembre 1836. La couleur de cette scène est étonnante : il souffle une sorte de rafale qui n'empêche pas les reflets d'un soleil pâli de miroiter sur les schakos et les armes ; c'est d'un effet singulier, et pourtant d'une justesse rare.

Quant à la *Prise de Constantine*, elle contient des scènes telles que : *le Capitaine de génie Le Blant*, blessé à mort dans une rue de Constantine (13 octobre 1837), et surtout le *Combat dans une rue de Constantine*, qui est pittoresque et animé au degré suprême ; c'est une enfilade de toits, de barricades, la guerre acharnée de fenêtre à fenêtre, pavé à pavé : *on y est*, comme disent les sincères. La *Fuite des Arabes de Constantine* nous offre le navrant et cruel spectacle d'hommes, de femmes, de vieillards, d'enfants, dégringolant les rocs, se brisant les côtes, désespérés, affolés, tombant par grappes. Hélas ! on s'arrête à ces choses, et l'on se dit qu'après tout, quelle que soit la supériorité proclamée des civilisés, il n'est rien de révoltant, humainement, comme ces expéditions contre des peuplades qui ne demandaient qu'à vivre en paix.... Et l'analyse reprenant ses droits sur l'émotion, l'on se dit que c'est l'artiste lui-même qui avec son admirable et vivant talent nous a suggéré ce retour.

Les campagnes algériennes ont donné à Raffet la matière d'une de ses plus belles lithographies, le *Combat d'Oued-Alleg* (31 décembre 1839, planche datée de 1840). « Le colonel Changarnier, ayant formé les deux bataillons du 2º léger en colonne par division, les lance au pas de course sur l'infanterie régulière arabe. Le maréchal Vallée, à la tête du 1ᵉʳ chasseurs, appuya le mouvement. L'ennemi culbuté ne trouva de salut que derrière la Chiffa. » Tel est le thème. Raffet a ouvré là-dessus un magnifique développement ; il a fait se mouvoir, sur le terrain ondulant, les colonnes en larges lignes, le sac au dos, et l'on sent en même temps, grâce à son merveilleux dessin, les à-coups inévitables dans chaque rang, et l'irrésistible mouvement en avant de l'ensemble. Cette lithographie, également au nombre de celles qui doivent durer, a inspiré à M. Paul Mantz l'excellente page qui suit. Elle a le mérite de présenter, du talent de Raffet, une appréciation générale sur laquelle il nous semble qu'il n'y ait guère à revenir :

« Nous plaçons hardiment le *Combat d'Oued-Alleg*

à côté des plus belles peintures de batailles qu'on ait jamais faites en France. Le procédé des écoles traditionnelles, déplorable en ce point comme en tant d'autres, consiste, on le sait, à grouper au premier plan un certain nombre de soldats qui s'égorgent ou meurent en ouvrant de grands yeux effarés, un général qui déploie sur un tambour une carte de géographie, ou un chirurgien sentimental qui panse un blessé, toutes choses de l'intérêt le plus palpitant et qui, pendant bien des années encore extasieront les cœurs naïfs ; au fond, une épaisse fumée et un certain nombre de baïonnettes étincelantes représentant les armées aux prises ; si bien que ces batailles académiques où l'on voit tout, excepté la bataille elle-même, ressemblent un peu à ces tragédies de l'ancien régime où les actions les plus importantes s'accomplissent dans la coulisse ou pendant les entr'actes..... Raffet eut toujours en dédain cette méthode. Il s'était dit que dans ces grands conflits où les nations se ruent les unes contre les autres pour un principe, pour une ambition, pour un malentendu, les épisodes se perdent et disparaissent dans l'action des masses ; les individus sont noyés dans le flot vivant des masses bouillonnantes. Il savait aussi que l'effet ne peut être réel sur le spectateur qu'autant que l'homme conserve dans le paysage sa valeur, sa proportion relative, et il n'a jamais manqué à cette loi. »

Que pouvons-nous encore citer dans le vaste recueil

de Raffet, qui vaille *la Revue nocturne* ou le *Combat d'Oued-Alleg?* Rien, ce semble. Pourtant, au gré des admirateurs du peintre, nous aurons été bref dans le choix de nos exemples. Ils nous reprocheraient, par exemple, de n'avoir point mentionné une lithographie non moins célèbre de leur temps : *Prêts à partir pour la Ville éternelle.* (Civita-Vecchia, 28 avril 1849.) Cette planche, ainsi que les autres de la même époque, consacrée à la campagne d'Italie, nous montre des figures de plus grande dimension que de coutume sans que le caractère s'en affaiblisse ni que l'énergie s'en délaye. Elles sont plus *finies,* plus imposantes, moins entraînantes peut-être. Et pourtant la planche que nous venons de citer nous présente de magnifiques types de soldats, l'arme au pied, la mâle figure empreinte d'une expression de résolution, la quintessence du militaire français dans ce qu'il a de sérieux, de réfléchi et d'intrépide. Mais nous avons vu de si rares beautés que c'est à peine s'il nous reste assez d'admiration pour cette grande page.

On remarquera que nous nous sommes à chaque instant servi pour Raffet du mot de peintre, que nous avons qualifié sans cesse de peintures ses lithographies. Est-ce inadvertance de notre part ? En aucune façon. Certainement Raffet n'a guère recouru qu'au procédé lithographique, dans toute sa longue et laborieuse carrière. Ses dessins et ses aquarelles sont assez nombreux, remarquables d'ailleurs, mais n'ayant fréquemment d'autre destination que de servir de matériaux pour les compositions lithographiques. Quant à ses peintures à l'huile elles sont fort rares et se bornent à quelques études de grognards et de volontaires ; mais de tableau proprement dit, nous n'en connaissons pas. Et cependant Raffet doit être considéré comme un de nos plus glorieux peintres militaires. C'est que, nous devons le répéter, en art, le choix des moyens n'est rien, et qu'on est aussi bien un grand peintre avec un bout de charbon sur un chiffon de papier de quelques pouces, que sur une toile de vingt mètres, avec toutes les couleurs du prisme.

XV

Le dernier du trio : Bellangé.

Notre étude sur les peintres qui célébrèrent après sa chute la gloire impériale serait incomplète si nous ne consacrions pas quelques lignes à un excellent homme, un artiste consciencieux et convaincu : Hippolyte Bellangé. On a coutume de l'associer à Charlet et à Raffet, et ce n'est que justice, car il a eu les mêmes admirations qu'eux, il a ressenti les mêmes enthousiasmes, et les a traduits à sa manière, dans des pages parfois brillantes.

On ne récusera pas le témoignage d'un des critiques les plus profonds et les plus érudits du milieu de ce siècle. Nous avons nommé Théophile Thoré, qui écrivait, dans son Salon de 1845 : « M. Bellangé, M. Charlet et M. Raffet sont les trois artistes qui entendent le mieux la reproduction des troupiers de l'Empire, ce type presque perdu aujourd'hui, et ils seront certainement, après Gros, les historiens de cette époque guerroyante. »

« Ce type presque perdu aujourd'hui ! » Cela était écrit en 1845. Que dirons-nous donc aujourd'hui, sinon qu'il est perdu tout à fait, et qu'il est utile d'en recueillir les traces? C'est une besogne pleine d'intérêt, et il y a plaisir à l'accomplir quand un brave artiste comme Bellangé nous en fournit les éléments.

Bellangé était né en 1800, à Paris. Il a donc suivi sa voie presque parallèlement à celle de Raffet, et dans le sillon tracé par Charlet, leur aîné. Comme Raffet, sa vocation a été précoce. A seize ans, Bellangé, comme Charlet et Raffet, entrait dans l'atelier de Gros. Il avait pour camarades Bonnington, Lami, Roqueplan, Paul Delaroche. Il fut attiré du côté de l'élément peintre, tandis que ses deux émules obéissaient plutôt à leur destinée de dessinateurs. Aussi, les expositions virent-elles ses œuvres plus nombreuses, et les récompenses, qui vont plutôt aux broyeurs de couleurs qu'aux simples fidèles du blanc et noir, furent-elles attribuées à Bellangé au moment même où Charlet et Raffet luttaient encore pour faire connaître leurs noms.

En 1824, il obtient une médaille de deuxième classe ; en 1834, son tableau de *Napoléon au retour de l'île d'Elbe* lui vaut la croix de la Légion d'honneur. Il expose de façon assez assidue : en

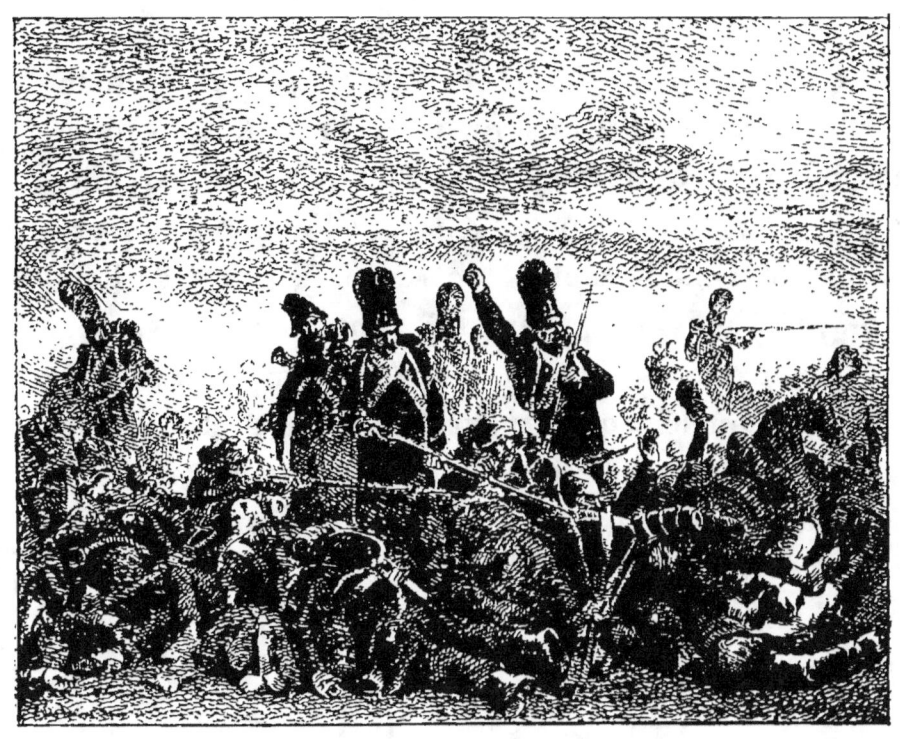

BELLANGÉ. — LA GARDE MEURT!

1835, c'est la *Bataille de Fleurus*, qui est à Versailles ; en 1837, c'est *Wagram*, que l'on peut voir dans les mêmes galeries. Entre temps il ne dédaignait point de cultiver la lithographie, et il fournissait son contingent à la production de jovialités martiales dont la foule était alors friande.

Puis, Bellangé quitte soudain Paris; c'est-à-dire la brèche, le combat de tous les jours où les forces se trempent, où le talent s'épure et s'accentue. Il accepte la place de conservateur du musée de Rouen. Nous ne prétendons pas que la pensée d'un homme s'atrophie pour s'être retirée dans des milieux plus calmes. Nous avons vu de grands artistes et de grands écrivains qui ont produit, loin d'ici, des œuvres durables. Il n'en faudrait pour exemple que l'admirable romancier Gustave Flaubert, qui précisément dans la même contrée produisit ses chefs-d'œuvre. Mais ces exemples sont rares; et il faut reconnaître que si nous la comparons à celle de Bellangé, on sent que l'œuvre de Charlet et de Raffet a été sans cesse enfantée dans la fournaise. Nous ne nous arrêterons pas aux causes qui ont pu faire accepter à Bellangé de continuer à lutter loin du centre même de la lutte. Quel homme, quel artiste est maître absolu de sa destinée? Il semble au contraire que l'on n'en devra que davantage apprécier Bellangé pour avoir montré tant de persévérance et d'assiduité dans un milieu où l'émulation était forcément moins vive.

Les œuvres les plus remarquées aux expositions sont la *Bataille de l'Alma*, en 1855; *les Deux Amis*, en 1861. Cette toile représente deux compagnons d'armes, dont on découvre, sur le champ de bataille, les cadavres étroitement enlacés. Les types nous paraissent aujourd'hui un peu vieillis et d'une allure légèrement banale : le fourrier qui enregistre la lugubre trouvaille et note les identités; le vieil adjudant qui considère avec émotion le spectacle touchant de ces deux jeunesses brisées ensemble; le vieux zouave, enfin, qui fume sa pipe, impassible, comme un témoin bronzé de bien d'autres douleurs; tout cela n'est plus neuf. Qui sait si cela n'est pas appelé pourtant à rajeunir? Il arrive un moment où les œuvres semblent en proie à une singulière oscillation : l'on ne saurait déterminer au juste si elles sont déjà trop loin, ou encore trop près de nous, pour qu'on en puisse déterminer la valeur véritable. C'est le travail du temps qui seul affirme le style et détermine la place.

En 1865, Bellangé avait exposé les *Cuirassiers de Waterloo*, autre tableau qui ne passa pas inaperçu. En général, il faut l'avouer, sa peinture, ingénieuse et vive, paraît un peu mince. Ce qu'on ne saurait refuser au peintre, c'est l'art de faire mouvoir les masses.

Quant à ses lithographies, elles sont inférieures à celles de Charlet et de Raffet : moins franches de veine que les premières, moins fières et moins accentuées que les secondes. Le sentiment d'ailleurs revêt une forme qui semble tant soit peu exagérée, et toute la manière de Bellangé nous paraît tenir dans cette image, où il a représenté un soldat-laboureur montrant, épinglée sur la cheminée de sa cahute, à un personnage en soutane, une image de l'empereur, de l'*Autre* : *Tenez, Monsieur le curé, pour moi, le v'là, le Père éternel !* C'est ainsi que peu à peu l'enthousiasme prit des allures démesurées, et que de la légende on arriva bientôt à l'idolâtrie.

En 1866, Bellangé exposa un dernier tableau, *La Garde meurt !* La même année, le laborieux artiste expirait entre les bras d'un fils, qui a conservé sa mémoire et le culte de sa réputation avec un zèle pieux. Il faut dire, sans détour, que cette fois le dernier tableau d'Hippolyte Bellangé était sa meilleure œuvre. *La Garde meurt !* est un très beau tableau, où il semble qu'on ne puisse trouver à reprendre aucune des insuffisances ordinaires du peintre. Couleur vigoureuse, dessin expressif, composition simple et émouvante, tout s'y trouve.

La Garde meurt ! inspira à Francis Wey, dans sa biographie du peintre, une fort belle page qui vaut la peine d'être reproduite, et qui, dans les dernières lignes, rachète par une vue singulièrement juste ce que certaines épithètes peuvent avoir d'un peu entraîné au cours de l'éloge :

« Quand un homme va quitter le monde, il arrive souvent que sa dernière parole répond à la première impression ou à la pensée dominante de sa vie : le mot *armée* se mêla au dernier souffle de Napoléon. Si on avait à symboliser la carrière d'Hippolyte Bellangé dans sa signification la plus haute, il faudrait la résumer dans un infatigable appel au sentiment de l'indépendance nationale, perpétuellement réveillé par l'épopée funèbre des défenseurs de la patrie contre l'invasion étrangère.

« Il est un de ces poètes qui, du désastre de Waterloo, nous ont refait un triomphe et aussi un enseignement propre à réintégrer l'honneur français dans bien des consciences. Waterloo fut le patriotique désespoir de son adolescence, l'inspiration de son âge mûr et le dernier mot de sa carrière.

« Il se fit donc traîner dans son atelier, où il ne montait déjà plus. Il pria son fils de lui fournir une palette, et prenant une toile pour y jeter l'exaltation de ses rêves, sans même esquisser ou tracer au fusain, il commença à peindre avec fermeté, avec lucidité le premier des trois grenadiers de la garde groupés sur un amas de morts, qui occupent le centre de son dessin, de son plus beau tableau comme inspiration et comme exécution : *la Garde meurt!* Cet enthousiasme, cette énergie fiévreuse le soutinrent huit ou dix jours; le dernier soir, ce tableau était fini.

« Nous ne parlerons pas, après tout le monde, ni de l'expression résolue, désespérée, sublime, de ces trois grenadiers survivants, ni de l'énergique simplicité de la composition, ni des vapeurs ensanglantées que projettent les nuages trempés dans le crépuscule, sur ce chaos restitué par une palette flamboyante. Mais, dans le choix de cette toile, on ne pouvait s'empêcher de trouver quelque chose d'emblématique et de frappant.

« Ils étaient trois aussi, naguère, à chanter cette ode funèbre de l'héroïsme vaincu. Ils étaient trois à continuer, sous les regards des générations nouvelles, cette grande bataille de Waterloo, et, par cette leçon, à les tenir averties. Comme les grenadiers du mont Saint-Jean, leurs symboles, Raffet, Charlet, Bellangé, ont voulu rester sur le champ de bataille et, l'un après l'autre, ils y sont tombés.

« Lorsqu'enfin, exhalant dans sa suprême puissance l'inspiration commune à leur triple génie, le dernier des trois lança ce cri retentissant : *La Garde meurt!...*, c'était une génération qui allait finir avec Hippolyte Bellangé qui s'envolait. »

XVI

Un tour au musée de Versailles. — La peinture militaire rétrospective. — Eugène Delacroix.

De longues discussions eurent lieu sous le règne de Louis-Philippe, relativement à la destination à donner au palais de Versailles. Le roi tenait à ce qu'on en fît un musée historique, où les annales de la France se dérouleraient en peintures dues aux artistes les plus connus. D'autres, au contraire, proposaient que l'on affectât les bâtiments au séjour des Invalides. Ce fut le projet du roi qui l'emporta. La création du musée historique fut décidée en 1831. Mais cela n'empêche pas que les galeries de Versailles ne soient aujourd'hui devenues quelque chose comme les Invalides de la peinture. Ainsi les deux propositions ont eu un succès à peu près égal.

Il fallut peu d'années pour que le musée historique de Louis-Philippe fût constitué de toutes pièces. En 1837 on l'inaugurait en grande pompe. Des discours, naturellement, furent prononcés, et les artistes qui avaient contribué à décorer les murs du palais de Louis XIV purent croire du coup leur nom assuré de passer à la postérité la plus reculée. Hélas ! voilà cinquante ans qui se sont écoulés sur cette cérémonie, et nous avons fait assez sévèrement appel de l'opinion des contemporains. Non seulement certains noms, et ils sont nombreux, sont aujourd'hui plongés dans l'oubli définitif; mais encore nous en sommes arrivés à ne plus comprendre comment des travaux aussi importants furent confiés à des peintres qui nous paraissent si médiocres.

Notre amour-propre national n'a pas à en souffrir. Nous avons assez d'autres gloires pour sacrifier celles-là. D'ailleurs nous ne nions pas l'intérêt historique du musée de Versailles, encore que parfois cet intérêt soit un peu de convention. Mais ce que nous ne pouvons reconnaître, c'est l'intérêt artistique de plus de la moitié des toiles qui le composent. Qui n'ignore à présent les noms de Pingret, de Vinchon, de Féron, de Jollivet, de Rouget, de Brenet, d'Alaux, de Mauzaisse? Quel intérêt y aurait-il à les exhumer ici, malgré notre désir de présenter un ensemble complet? A quoi bon même tenter de redonner un semblant de vie à certaines gloires académiques, que le temps s'est déjà chargé assez cruellement de remettre à leur place? Cet examen détaillé, nous le ferions, non sans ennui, si nous nous étions proposé d'écrire une histoire critique des galeries de Versailles. Mais nous prions le lecteur de se souvenir qu'il s'agit de choisir, dans l'ensemble des tableaux de batailles, ceux qui ont une valeur d'art ou apportent un enseignement. Aussi serons-nous bref dans notre promenade : nous avons déjà d'ailleurs cité quelques-unes des œuvres les plus remarquables, de celles qui sauvent l'honneur des galeries. Nous en citerons encore d'autres avant de terminer. Mais, du musée proprement dit, nous demandons à ne présenter qu'un résumé. Autrement, nous risquerons fort de faire double emploi avec le catalogue.

Le musée de Versailles comportait une importante partie rétrospective : il s'agissait de retracer des batailles que l'on n'avait jamais vues et sur lesquelles on n'avait absolument que des documents écrits. Représenter les hauts faits de Charlemagne, de Charles-

EUG. DELACROIX. — PRISE DE CONSTANTINOPLE PAR LES CROISÉS

Martel, ou les passes d'armes des croisés, cela nous paraît l'entreprise la plus chimérique et la plus dépourvue d'intérêt. Nous l'avons peut-être fait comprendre au cours de ce travail, nous ne comprenons guère la peinture de batailles que comme un renseignement immédiat, comme une sorte d'*actualité* racontée, encore toute chaude des émotions éprouvées par le pays qui vient de faire la guerre. Alors cela apporte un enseignement, cela exprime une émotion juste, et conserve pour les temps à venir une réelle valeur d'histoire. Mais s'échauffer l'imagination sur des choses dont on ne peut avoir une idée, faire de gaieté de cœur une reconstitution forcément fausse de tout point, en vérité cela devrait rebuter tout artiste un peu bien doué. Mieux vaut mille fois, alors, s'abandonner aux purs caprices de son imagination pour faire œuvre d'absolue fantaisie. Peindre son temps ou peindre son rêve, il ne devrait pas y avoir d'autre alternative pour un vrai peintre.

Entendons-nous bien. Qu'un jour il entre dans l'idée d'un grand artiste comme Eugène Delacroix de prendre pour prétexte à mouvements impétueux, à scènes superbement bariolées, un de ces thèmes dits historiques, soit la *Bataille de Taillebourg*, soit les *Croisés entrant à Constantinople*[1], rien de mieux ;

---

1. La gravure de ce sujet, que nous reproduisons dans ce chapitre, est exécutée d'après la planche faisant partie du remarquable ouvrage : *Les Galeries historiques de Versailles*, par M. Ch. Gavard.

nous n'avons pas à lui en demander compte. C'est, tout d'un coup, un éclair qui a traversé son esprit ; il a vu rétrospectivement une magnifique scène : des armures qui s'entre-choquent et étincellent, des chevaux qui se cabrent, des hommes qui sont précipités dans la rivière, des corps qui se tordent sous les cottes de mailles, de furieux coups de masse d'armes assénés [1]. Ou bien encore, au milieu du désordre affolé d'une ville prise, des vainqueurs empanachés qui foulent des vaincus aux pieds de leurs chevaux, des vieillards qui protestent et maudissent, des femmes fléchies sur leurs genoux et à demi-mortes de frayeur. Ici l'artiste n'a pas échappé au dilemme ; s'il n'a pas représenté son temps, il a du moins représenté son rêve. Eugène Delacroix n'a jamais fait autre chose ; et le jour où ce rêve a pris la forme de peintures de batailles, il a fait les deux œuvres que nous venons de rappeler et qui éclatent au milieu des médiocrités environnantes, comme deux chefs-d'œuvre de couleur et de passion. Et puis il y a toujours l'excuse du génie.

Mais qu'on vienne prendre trente peintres qui n'ont

1. Quelques années après l'exposition de cette toile, Delacroix, faisant un croquis dans une allée du parc de Berryer, à Angerville, fut abordé par un invité qui ne le connaissait pas. Comme on parlait peinture, celui-ci lui dit : « Il faut que je vous avoue que je n'aime pas Delacroix. Tenez, il y a de lui, à Versailles, un certain *Pont de Taillebourg*. Eh bien ! on ne voit seulement pas le pont. » Delacroix alors, se retournant, lui dit d'un ton tranquille et doux : « Voici ce qui m'est arrivé : le gouvernement m'avait en effet commandé le *Pont de Taillebourg*, et les dimensions m'avaient été remises par l'architecte. Or, mon tableau s'est trouvé trop grand, et on a coupé le pont. » (*L'Œuvre de Delacroix*, par MM. Robaut et Chesneau.)

point de génie, mais simplement du talent, et qu'on leur dise : « Vous, Monsieur Signol ; vous, Monsieur Schnetz ; vous, Monsieur Larrivière, vous allez nous raconter la bataille d'Ascalon, que vous n'avez jamais vue, ou bien la mort de saint Louis, ou bien la procession des croisés autour de Jérusalem, — peut-être même, pour comble, sans même avoir la moindre notion du ciel, du climat, de la nature de la Palestine ; » eh bien ! c'est là qu'est l'absurdité, et c'est l'idée qui condamnait d'avance le musée historique à la générale médiocrité.

Aussi qu'arrive-t-il ? C'est que ce sont les seuls tempéraments originaux, ou les grands artistes (ceux qui peuvent tout faire passer), qui évitent l'écueil imposé. Si vous prenez, par exemple, les salles du rez-de-chaussée, à Versailles, celles qui sont consacrées précisément aux Croisades, au milieu de l'universel ennui qui s'en dégage, au milieu de la monotonie et de la froideur, c'était le *Constantinople* de Delacroix, qui s'emparait des yeux et attirait toute l'émotion, quand ce chef-d'œuvre n'était pas encore au Louvre. Mais bien mieux, quelle est la meilleure toile parmi celles qui restent ? C'est encore, et notre aveu sera inattendu, la *Bataille de las Navas de Tolosa* (1212), par Horace Vernet ! La composition en est enfantine : d'un côté les croisés, de l'autre les Turcs, et cela se donne de bons coups à qui mieux mieux. Mais enfin cela est mouvementé : ce sont des hommes qui s'entre-tuent ; ce sont peut-être des hussards et des dragons

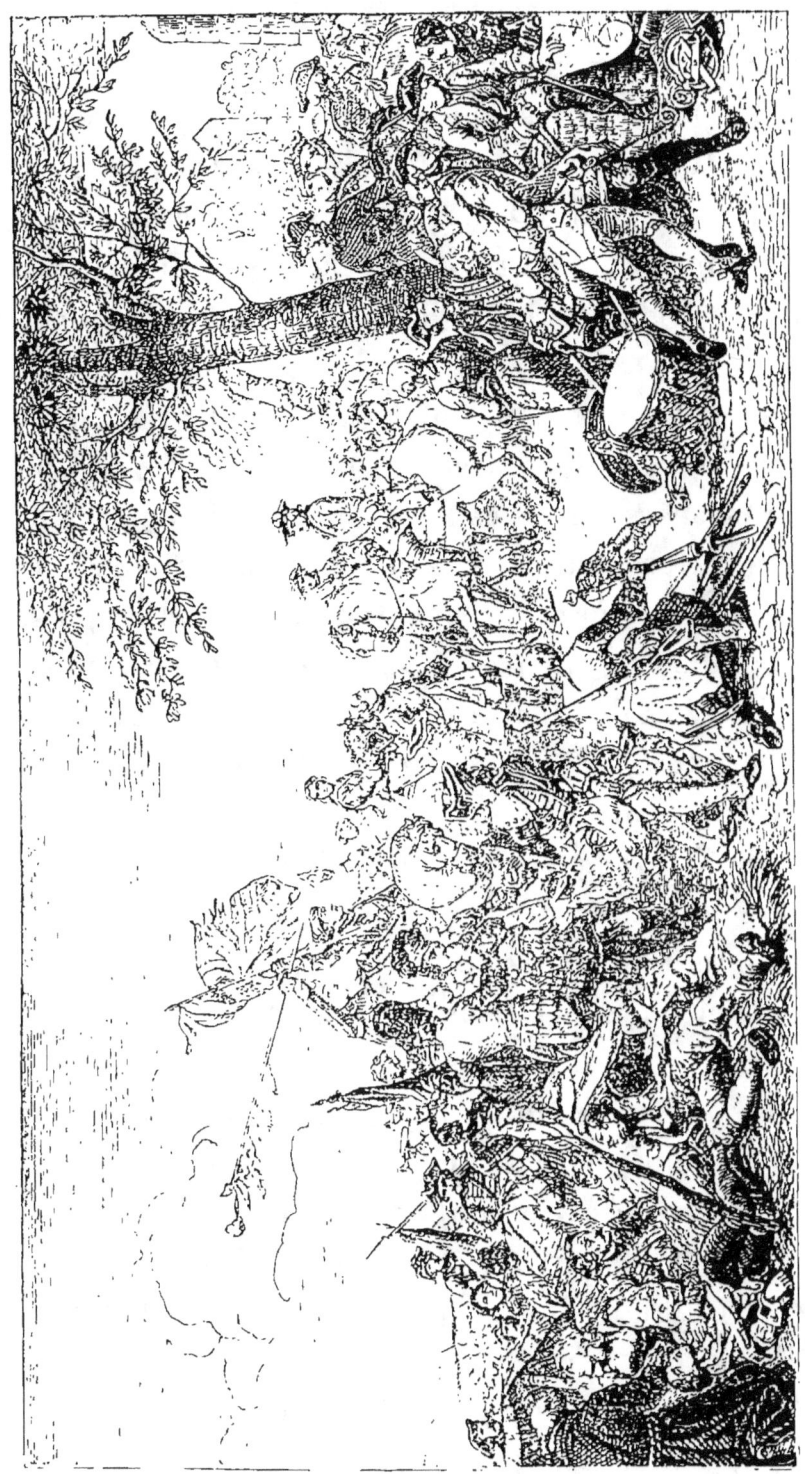

HORACE VERNET. — BATAILLE DE FONTENOY

de 1830 déguisés, mais enfin cela vit, tandis que les autres peintures se figent dans d'impossibles reconstitutions. C'est que Vernet a pris l'autre bout du dilemme : incapable de rêver, et, par suite, de peindre son rêve, il s'est contenté, en le travestissant, de peindre son temps.

Ces reconstitutions, en un mot, ne sont et ne peuvent être que des mascarades. Quand on n'a pas pu sauver à travers les âges des documents positifs, il faut le regretter, mais ne pas se livrer au jeu puéril de vouloir en fabriquer à des siècles de distance. Et puis, ce qui condamne encore ces sortes de fabrications, c'est qu'en dépit de tous les efforts, elles sentent furieusement leur temps. Supposez un Charlemagne peint par un contemporain de David, un autre par un contemporain d'Horace Vernet, un troisième enfin par un artiste de notre temps : ils auront tous les trois une physionomie, une allure, un caractère différents, qui ne seront que ceux des trois époques de leur édition : c'est trop et ce n'est pas assez.

Mais ne nous acharnons pas plus longtemps à ces Croisades manquées. D'autres critiques de même nature pourront être faites abondamment dans les autres salles de batailles du rez-de-chaussée. Nous verrons des peintres bien doués, comme Alfred Johannot, immobiliser leur verve dans des morceaux comme la *Bataille de Bratelen;* des académiciens, comme Paul Delaroche, demeurer académiques en faisant traverser à Charlemagne les Alpes défendues par les Lombards.

Nous nous arrêterons un instant devant la *Mort de Gaston de Foix, à Ravenne*, par Ary Scheffer. Du moins est-ce là une composition large et dramatique, peu peinte, mais d'un sentiment plus saisissant que le reste. Quelque chose comme une vignette considérablement agrandie du *Journal pour tous*. Auguste Couder également nous intéressera avec la *Prise de Lérida*, un peu lourde, un peu noire, mais mouvementée, amusante et remuante ; du même, la *Prise de Philipsbourg* et la *Prise de Louisbourg*, gaies et claires.

Tout ce que nous avons dit de Parrocel, de Van der Meulen, de Lebrun, de Martin, de David, etc., etc., nous autorise à nous rendre sans plus de détails dans la grande galerie des Batailles, au premier étage ; et c'est ici qu'il faudra faire notre deuil. Nous y trouverons Gérard avec son attristant *Austerlitz*, Horace Vernet avec un *Wagram* extrêmement médiocre : un Napoléon quelconque, un état-major qui ne sait pas ce qu'il veut, une action nulle, un paysage peu significatif, une peinture terne et plate. Du même, un *Friedland* qui est à peu près la même chose que le précédent ; seulement il y a un soleil couchant qui sert d'auréole à l'empereur ; pensée ingénieuse, mais pas d'une étonnante profondeur. *Iéna*, et c'est l'empereur qui passe devant les troupes ; temps gris et peinture lourde. Plus loin, c'est *Fontenoy* et *Bouvines*, de Vernet toujours. Pour *Bouvines*, c'est bien loin ; pour *Fontenoy*, nous pouvions nous contenter d'une adorable gouache de Blaremberghe à laquelle Vernet a fait de nombreux emprunts, aussi demanderons-nous à apprécier Vernet tout à l'heure, quand il sera plus lui-même.

Quoi encore, dans cette vaste galerie ? De Bouchot, la *Bataille de Zurich*. Accordons en passant une mention à ce bon peintre, élève de Gros, et qui mourut trop jeune (1800-1842) pour donner toute sa mesure. Sa meilleure œuvre est le *Dix-huit Brumaire*, qui atteint vraiment l'énergie et l'éloquence. Mais *Zurich* est encore une des toiles les plus remarquables de la galerie des Batailles. C'est une page intelligente et bien composée ; le paysage est réellement intéressant, ce qui n'arrive pas toujours pour les œuvres de ce genre ; enfin, l'action se devine suffisamment pour le public, sans que les stratégistes aient à se plaindre.

On peut mentionner encore une grande toile de Philippoteaux : *Rivoli*, dont la scène est une gorge resserrée. C'est une peinture nette, panoramique, et qui a du moins le mérite de la clarté. Enfin, parmi les batailles « rétrospectives », à part l'admirable *Taillebourg* que nous avons déjà nommée, il nous semble qu'une des moins faibles est celle de Devéria : *le Combat de la Marsaille* (gagné par Catinat, 1693) ; c'est spirituel et vif comme une grande illustration ; le coloris a une certaine chaleur papillotante, et les divers

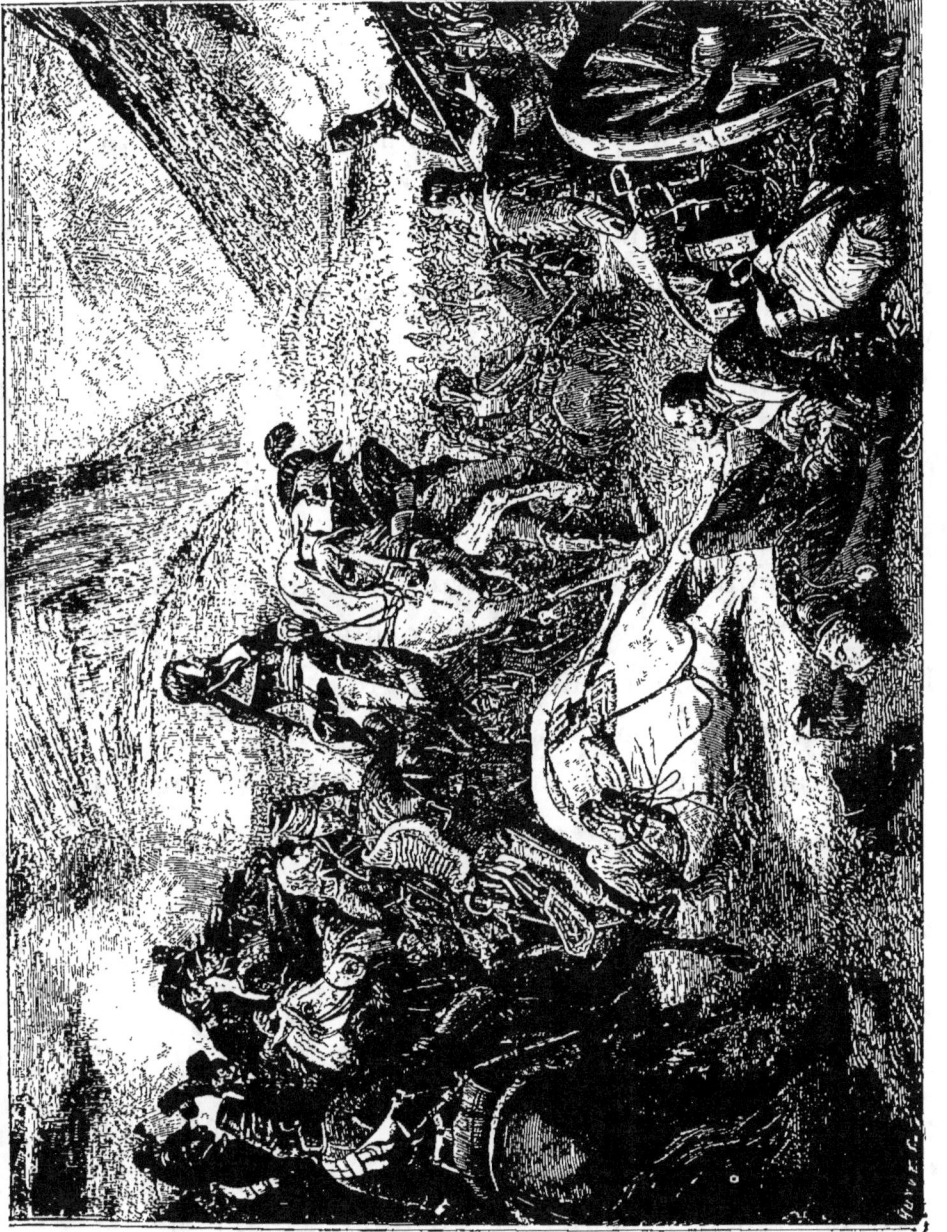

PHILIPPOTEAUX. — BONAPARTE A RIVOLI

épisodes sont bien enlevés : le vieux maréchal avec sa canne de commandement, les soldats blessés, le chirurgien au premier plan, l'engagement au fond, la variété et l'aisance des costumes ; cela ressemble un peu à une bonne page d'Alexandre Dumas.

Il y a encore bien d'autres choses qu'une promenade et le catalogue du musée vous indiqueront au gré de vos goûts, sans compter les petits appartements de Marie-Antoinette. Mais nous croyons avoir suffisamment indiqué, au point de vue de la peinture militaire, le caractère des galeries de Versailles. Dans les autres salles, on trouve quantité de toiles moins importantes, de Philippoteaux, Victor Adam, Bellangé, etc., etc. Une page spéciale sera réservée plus loin à Eugène Lami et à son œuvre militaire. Et le principal est dit.

Il nous reste à voir maintenant le vrai triomphateur de Versailles, un des peintres les plus célèbres de notre siècle, le tant décrié Horace Vernet.

XVII

Horace Vernet.

« M. Horace Vernet est un militaire qui fait de la peinture. Je hais cet art improvisé au roulement du tambour, ces toiles badigeonnées au galop, cette peinture fabriquée à coups de pistolet, comme je hais l'armée, la force armée et tout ce qui traîne des armes bruyantes dans un lieu pacifique. Cette immense popularité, qui ne durera d'ailleurs pas plus longtemps que la guerre, et qui diminuera à mesure que les peuples se feront d'autres joies, est pour moi une oppression...

« Je hais Horace Vernet parce qu'il est *né coiffé* et que l'art est pour lui chose claire et facile. — Mais il vous raconte votre gloire, c'est la grande affaire. — Eh ! qu'importe au voyageur enthousiaste, à l'esprit cosmopolite qui préfère le beau à la gloire ? »

Nous avons voulu, dès le début, donner la note la plus violente des attaques auxquelles Vernet et sa peinture furent en butte de son vivant. Il y eut un temps où l'on se serait fait huer si l'on avait osé dire, dans un cercle d'artistes ou d'écrivains, qu'Horace Vernet pouvait avoir des qualités de peintre. C'était le plus sûr moyen de se faire ranger au nombre des philistins et des bourgeois. Aujourd'hui, il n'y a plus ni bourgeois ni philistins ; le goût artistique s'est répandu dans les classes moyennes, les opinions se produisent avec plus de liberté, l'analyse a moins de parti pris, et les écrivains qui ne sont qu'écrivains ne suffisent pas à faire et à défaire la réputation des artistes. On exige un examen plus approfondi, une discussion plus sérieuse des œuvres ; on ne se paye pas de mots, et on fait quelquefois appel des tirades les plus éloquentes ou les plus spirituelles. Celle de Baudelaire était éloquente et très admirable de philosophique parti pris ; celles d'Edmond About, un autre ennemi acharné de

Vernet, furent spirituelles ; et pourtant elles n'ont pas mis le peintre complètement à bas. La preuve, c'est que l'on fait aujourd'hui la part des défauts et des qualités d'Horace Vernet, quand la critique de son temps ne voulut voir que ses défauts. Edmond About, d'ailleurs, était un médiocre connaisseur en peinture ; il avait des emballements charmants, il troussait à merveille des couplets ironiques, il se montrait maître écrivain jusqu'au bout des lignes, et puis c'était tout. Ses jugements n'ont pas été acceptés : nous ne consentons pas plus à dire à présent que Baudry était le plus grand peintre de ce temps, qu'Horace Vernet le plus détestable. En un mot, le procès d'Horace Vernet est en ce moment en train d'être revisé, et il se pourrait bien qu'il le gagnât en partie auprès des juges à venir.

Ses défauts ! mais ils sautent aux yeux, et il n'est pas besoin d'être grand clerc pour les apercevoir au premier abord. Nous ne les dissimulerons pas tout à l'heure, et nous n'avons pas, croyons-nous, accablé d'éloges les quelques œuvres de lui que nous avons eu déjà l'occasion de nommer. Mais avant, soyons généreux et parlons un peu, si vous voulez, de quelques-unes de ses qualités.

Il en est une, tout d'abord, que l'on méconnaît trop généralement, d'une importance considérable et que les critiques du milieu de ce siècle auraient bien dû apprécier. On oublie qu'en pleine époque davidienne,

Horace Vernet osa faire entendre un langage de simplicité et de vie; qu'il osa, à sa façon, tenter une réaction réaliste contre les clichés classiques, les gestes conventionnels, les raideurs grecques ou ro-

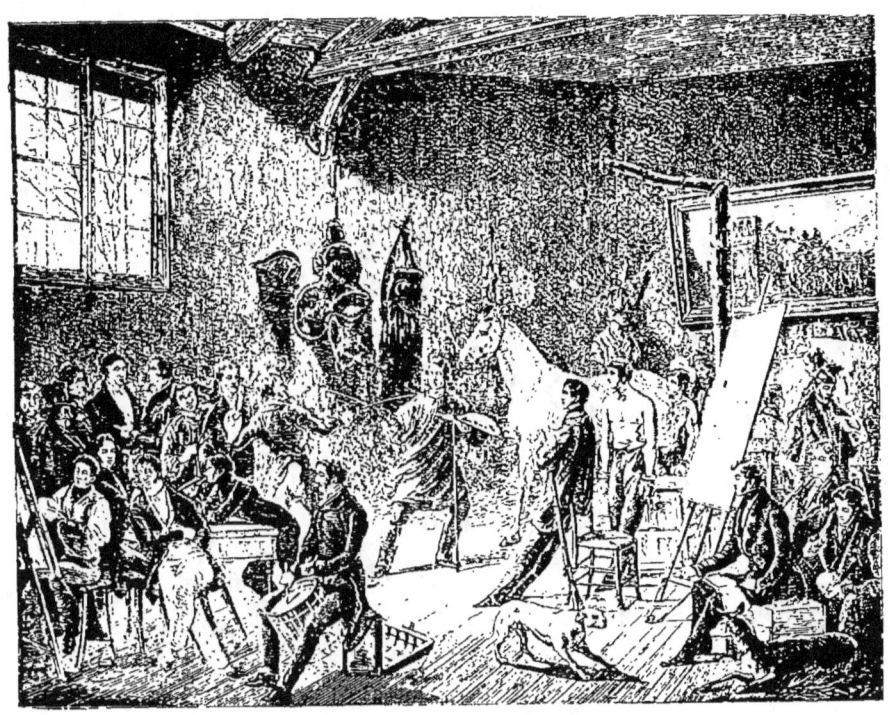

L'ATELIER D'HORACE VERNET

maines; qu'il dessina des personnages vivants au moment où le grand art ne consistait qu'à colorier des bas-reliefs. Cela, semble-t-il, n'est pas à dédaigner et l'on pourrait en avoir à Vernet quelque reconnaissance. Les romantiques auraient dû reconnaître en lui un auxiliaire singulièrement efficace, et un précurseur, à sa manière bien entendu, car Vernet n'était pas un homme à s'embarrasser des systèmes. Quoi ! peindre des soldats qui n'étaient pas des modèles déguisés ! Vernet avait horreur du modèle ; et dès l'époque même de ses études, il préférait aller achever ses académies, de mémoire, en tournant le dos à l'homme que copiaient ses camarades. Quoi ! préférer la pantomime exacte, fût-elle triviale, au geste de théâtre, à l'attitude convenue et classée comme noble ! Vernet avait la mémoire prodigieuse non seulement du détail, comme nous le verrons, mais de la grande silhouette, de l'homme qui marche sans se douter qu'on fasse attention à lui.

Il semble que, sans autre examen, ce ne soient pas des tendances méprisables, si instinctives qu'elles aient pu être chez notre peintre. On dit qu'il a agi ainsi naturellement, en vertu d'une organisation particulière, que ce n'était qu'une forme spéciale de sa prodigieuse facilité. Ah ! la facilité, voilà la grande ennemie d'Horace Vernet : il a dix fois trop produit, sans choix, sans discernement. Son tempérament le poussait à accumuler les œuvres les plus disparates : on y trouve de tout, les choses médiocres y côtoient les mauvaises aussi bien que les excellentes. Mais est-ce une raison pour que les excellentes nous échappent ou pour que nous persistions à les nier ? Ce serait faire preuve de mauvaise foi. Cette facilité était tellement impérieuse, chez Horace Vernet, qu'il n'eût jamais pu l'éviter, ni échapper à ses conséquences. Elle suppose d'ailleurs plus de préparation et de travail qu'elle n'en a l'air. Le bonhomme Charlet, avec sa grande finesse, a merveilleusement défini le peintre à ce point de vue : « On se figure, disait-il, qu'il est toujours à faire de l'escrime d'une main, de la peinture de l'autre : on donne du cor par ci, on joue de la savate par là. Bast ! il sait très bien s'enfermer pour écrire ses lettres, et c'est quand il y a du monde qu'il met ses enveloppes. » Cela est juste de tout point. On pense qu'Horace Vernet est doué d'une facilité excessive, et cela est vrai ; mais on ajoute que, semblable aux méridionaux qui ne peuvent penser que dès qu'ils parlent, il ne peut voir que quand il commence à peindre, et ce n'est plus cela : il y a dans son cerveau une gestation particulière. Il était doué d'une extraordinaire mémoire, d'une tête particulièrement organisée, dans laquelle les matériaux, une fois vus, s'emmagasinaient et s'agençaient simultanément. Que l'on puisse envier ces qualités, cela se comprend ; qu'on les dénigre, cela n'est pas juste. Géricault, qui était lié avec Vernet, admirait, lui, la prodigieuse mémoire de son camarade, ce « meuble à tiroirs », comme il disait, sans être pour cela aveugle à des défauts déjà trop saisissables. C'est ainsi qu'il lui écrivait, à l'époque où Horace avait à peine dépassé la trentaine : « Je disais, il y a quelques jours, à mon père, qu'il ne manquait qu'une chose à votre talent : c'était d'être trempé à l'école anglaise, et je vous le répète parce que je sais que vous avez estimé le peu que vous avez vu d'eux. L'exposition qui vient de s'ouvrir m'a confirmé encore qu'ici seulement on connaît ou l'on sent la couleur et l'effet... Il ne faut point rougir de retourner à l'école. » Retourner à l'école ! mais c'était demander l'impossible à Vernet qui n'y était pour ainsi dire jamais allé. Quant à ce que Géricault entendait par « se tremper à l'école anglaise », c'était en réalité calculer profondément les moindres éléments d'une œuvre, s'absorber dans la lente élaboration d'un « effet ». On croit que la couleur est une chose instinctive ; c'est, peut-être, de toutes les parties de l'art, celle qui exige la plus subtile observation, la plus pénible recherche, en dépit des apparences. En un mot, Géricault demandait à un *productif* de se faire un *méditatif*. Encore une fois, c'est cette productivité qui a été la grande auxiliatrice et la grande ennemie de Vernet. Il est, dans son genre, au moins un aussi bon peintre que son aïeul Joseph, le charmant arrangeur de marines du siècle dernier, et à coup sûr un meilleur peintre que son père Carle. Le bon Carle en avait bien d'ailleurs l'intuition, puisqu'une de ses dernières paroles, à son lit de mort, fut la phrase connue, qu'il s'appliquait à lui-même : « Fils de roi, père de roi, jamais roi ! » Eh bien ! malgré cela, l'œuvre d'Horace a été cent fois plus vivement critiquée que celle des deux autres Vernet. On le mettrait peut-être sur le même rang qu'eux, s'il avait cent fois moins produit,

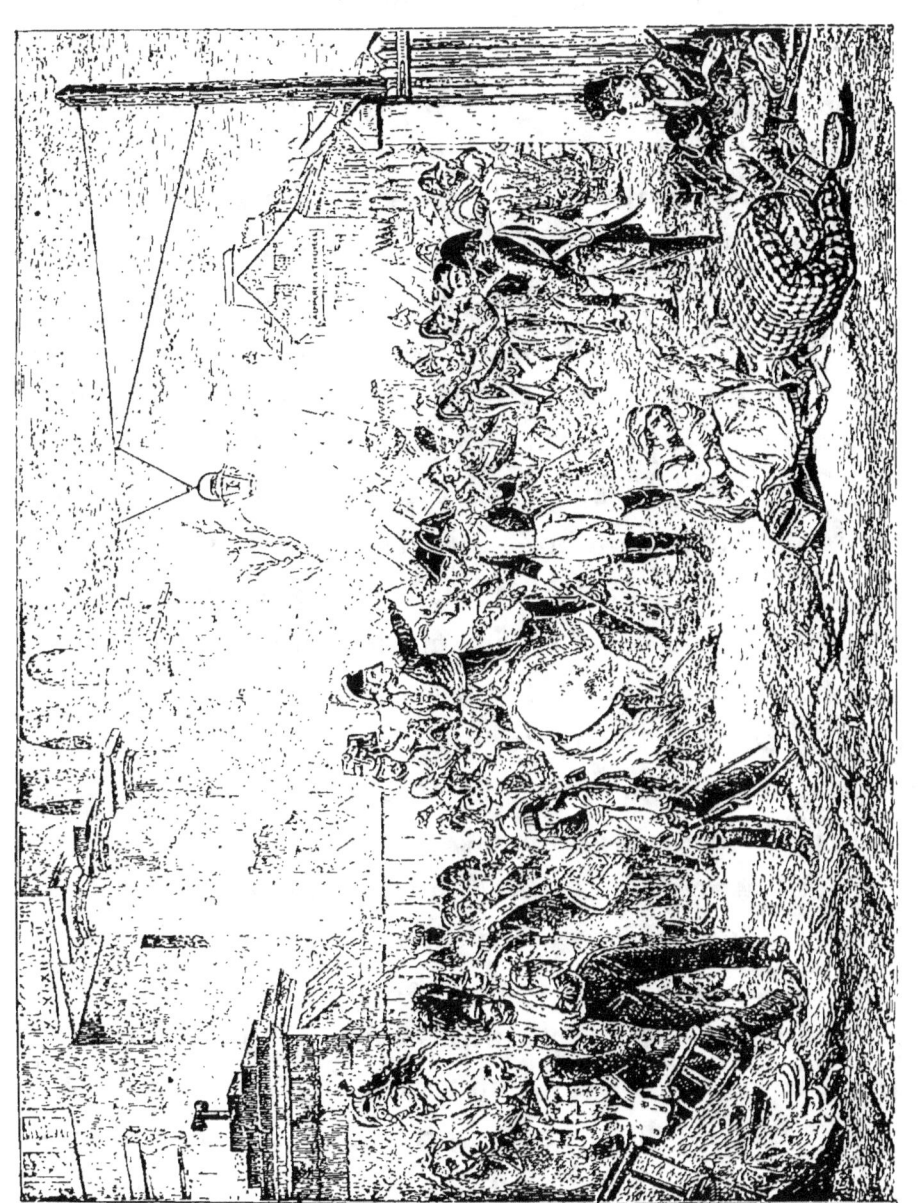

HORACE VERNET. — LA BARRIÈRE·CLICHY

sans même qu'à cette diminution correspondît une amélioration de la qualité.

Et puis, il faut bien le dire, à part Baudelaire, qui ne fulminait que par pure conviction philosophique, ses adversaires ont eu souvent un peu d'arrière-pensée politique ou un peu de prévention personnelle. Sa personne a été plus d'une fois visée à travers ses œuvres. C'est une singulière physionomie, et terriblement difficile à fixer que la sienne. Il est « ondoyant et divers » au suprême degré ; il apporte dans la vie, dans les relations et dans sa manière de mener sa barque les mêmes qualités que dans sa peinture : tout cela est fait *de chic;* il n'a pas plus de conviction en politique qu'en art; et on pardonne cela difficilement. Comme tous ces grands assimilateurs qui se multiplient, font flèche de tout bois et feu des quatre pieds, il nous échappe sans cesse ; de là le nombre respectable de ses ennemis. Enfin... c'est un homme heureux, et cela non plus ne se pardonne guère. Voyez : Baudelaire, en toute franchise, en a fait l'aveu : « Je le hais parce qu'il est né coiffé. »

En effet, quand on examine sa vie, si tant est qu'on ait le temps d'examiner un perpétuel galop, on est frappé de ce bonheur qui lui arrive en toute occasion. En 1789, il naît d'une famille illustre artistiquement[1], et son nom lui ouvrira déjà toutes les portes. Pendant

---

1. Son grand-père maternel était le célèbre dessinateur et graveur Moreau le jeune ; son oncle, l'architecte Chalgrin.

la Révolution, pour n'être point pris entre deux feux, son père abandonne le logement qu'il avait au Louvre, son enfant dans les bras. Un coup de fusil vient effleurer la main de Carle et passe à quelques millimètres du petit Horace. Un peu plus grand, à l'âge des gamineries, en jouant au soldat, Horace fait éclater un petit canon bourré de poudre jusqu'à la gueule : tout autre aurait été estropié. Quelle vocation de peintre militaire !

Il fait d'assez médiocres études dans l'atelier de Vincent, aujourd'hui aussi oublié que possible. A vingt-trois ans, il peint le portrait du roi de Westphalie, Jérôme Bonaparte, et il obtient du coup une première médaille. Le voilà déjà posé comme peintre à l'âge où la plupart ont à peine débuté. En même temps, son nom arrive au grand public grâce à des feuilles volantes, caricatures d'incroyables et de merveilleuses, renouvelées des célèbres séries de son père, où il se fait, avec une verve fort spirituelle, journaliste du crayon.

Encore une fois, tout le sert, jusqu'aux événements politiques, dans n'importe quelles circonstances. Le gouvernement impérial, en 1814, le décore pour s'être signalé dans la défense de Paris. Arrive la Restauration, et Horace Vernet n'en demeure pas moins, dans le début, un bonapartiste ardent. Tout autre se verrait inquiété, entravé, ruiné peut-être, et voici que son opposition même se tourne à son avantage. Ici, vraiment, l'aventure est trop amusante pour ne pas appeler un peu l'attention du lecteur.

En 1822, on apprend qu'Horace Vernet est refusé au Salon, malgré l'importance des œuvres qu'il avait envoyées, peut-être même *à cause*. Parmi ses envois, il n'y a rien moins que la *Bataille de Jemmapes* et la *Barrière de Clichy*, qui est à présent au Louvre. Et pourquoi cette mesure de rigueur ? Tout simplement à cause des cocardes tricolores qui abondent dans ses toiles ! On pense si l'indignation est grande parmi les opposants. On se raconte que l'administration a mis, comme condition à l'admission des toiles, le remplacement des cocardes suspectes par des cocardes blanches, ce qui serait une singulière façon de donner un croc-en-jambe à la vérité historique et au bon sens. En supposant que ce soit une de ces légendes, de ces exagérations bouffonnes, comme il s'en produit toujours dans les événements à sensation, il n'en est pas moins vrai que l'exclusion est due à ce que l'artiste a représenté deux faits de guerre qui ne sont pas à la glorification du régime actuel. Il n'en faut pas plus pour rendre extrêmement populaire un artiste déjà fort connu. Horace Vernet ne néglige pas cette excellente aubaine. Si le mot de « réclame » n'était pas en usage encore, la chose existait certainement, et Vernet en joue, en cette occasion, d'une manière tout à fait habile.

Il organisa aussitôt une exposition particulière de ses

œuvres dans son atelier, et le « Tout-Paris » frondeur et curieux s'y rendit en foule. C'est un excellent moyen de publicité, encore de nos jours, qu'une exposition particulière bien annoncée. Pour peu qu'une pointe de

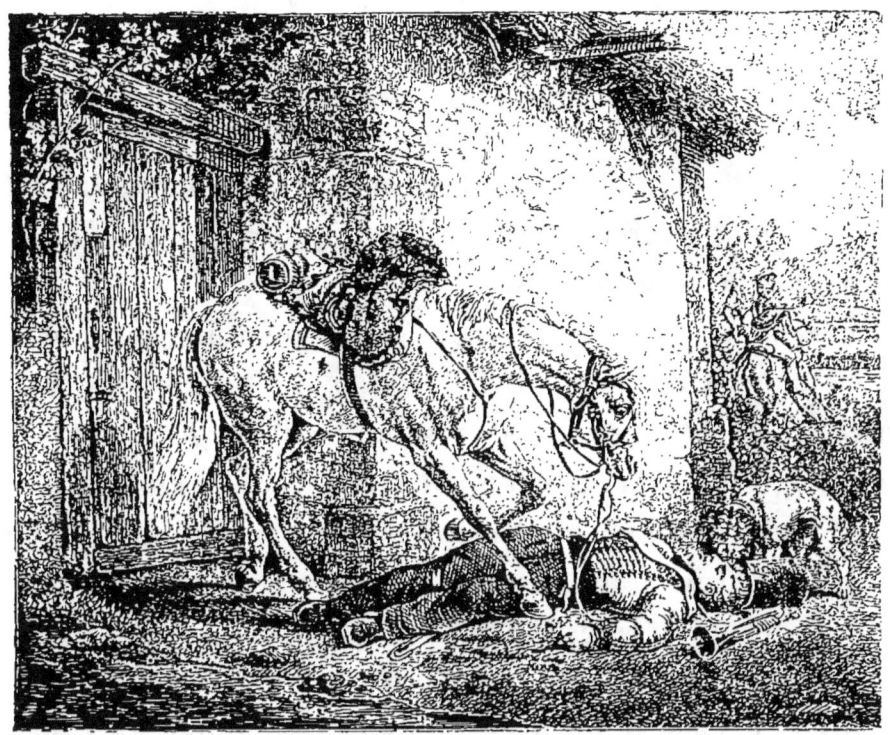

HORACE VERNET. — LE CHEVAL DU TROMPETTE

politique s'y mêle, c'est un triomphe assuré, et l'on accorde tout au moins du génie au peintre qui, en temps ordinaire, et au milieu d'une exposition générale, passerait peut-être inaperçu. Horace Vernet exposa une cinquantaine de tableaux dont l'extraordinaire réunion nous fait aujourd'hui sourire. Il y avait d'abord la *Bataille de Jemmapes* et la *Barrière de Clichy,* les deux pièces incriminées. Cette célèbre *Barrière de Clichy* est une aimable petite toile, assez joliment composée, pleine de renseignements sur les uniformes du temps, sur un quartier aujourd'hui transformé, sur tout l'ensemble de l'esprit militaire à cette époque. C'est, de plus, pour les curieux de ces choses, une réunion de portraits contemporains; on y voit entre autres, un académicien, E. Dupaty; Jaubert, un orientaliste ; Alexandre Delaborde ; Charlet, enfin, qui amorce un fusil.

Puis on se pressait aussi devant une toile qui eut un vif succès de curiosité, *l'Atelier d'Horace Vernet.* Notre illustration reproduit cette amusante page d'actualité, où la badauderie du temps se donna une ample carrière. Songez donc : LE voir lui-même, dans son milieu habituel, entouré de ses camarades familiers, s'amusant à faire des armes, la palette à la main ! Et puis on se disait les noms des personnages : on se montrait Amédée de Beauplan, avec un cahier de musique sur les genoux; Eugène Lami, jouant de la trompette ; un médecin connu examinant une tête de mort; un diplomate s'exerçant à faire des *ra* et des *fla;* et puis c'était Robert-Fleury travaillant à une toile au milieu de ce brouhaha; des officiers supérieurs et un dandy, et le colonel Langlois, propagateur des panoramas en France. Jugez si elle devait remporter un succès, cette peinture, à tout prendre facile et médiocre;

mais qui tombait juste pour amuser les Athéniens de Paris.

On n'avait que l'embarras du choix, à l'exposition d'Horace Vernet. Des marines appartenant au duc d'Orléans, qui honorait Vernet de son amitié ; des tableaux de « sentiment » et des tableaux d'histoire (!), des scènes de genre, des portraits, des batailles, des illustrations de livres. Rien que les titres dénotent des facultés singulièrement variées, à moins que ce ne soit un absolu manque de goût : *Odalisque tenant un sablier*, — *Madeleine pénitente*, — *Le Soldat de Waterloo*, — *Le Soldat laboureur*, — *Défense d'Huningue*, — *Une Embuscade de guérillas*, — *Vue de Boulogne-sur-Mer*, — *Scène de fanatisme espagnol*, — *Le Massacre des Mamelucks*, — *Un Capucin en méditation devant un poignard*, — *Soleil couchant sur la mer*, — *Portraits de M. Chauvelin, député; de MM. Madier Montjau père et fils*, — *La Mort de Poniatowski*, — *Le duc d'Orléans passant la revue des hussards*, — *Le Camoëns sauvant ses manuscrits du naufrage*, — *Portrait de M. Gabriel Delessert en costume de chasseur*, — *La Folle de Bedlam*, — *M. Dupin, avocat*, — *La Jeune Druidesse*, etc., etc., etc.

Quelle singulière indication que cette liste sommaire, si tant est que l'on doive juger d'un artiste par le choix de ses sujets. De ces tableaux, il en était sans doute de bons, il en était aussi de détestables. En général les toiles militaires étaient d'un joli mouvement, d'une observation superficielle qui suffit à la moyenne des spectateurs qui n'aime pas à peiner devant une œuvre d'art. On ne se demandait pas, par exemple, ce que vient faire, dans la *Barrière de Clichy* cette jeune femme qui, au premier plan, a tranquillement installé son matelas et sa chèvre, et berce son poupon comme sur un simple banc des Tuileries. L'engouement n'a pas de ces minuties de critique.

Le succès fut considérable. La louange atteignit des hyperboles. Deux membres de l'Académie française rédigèrent une notice détaillée enjolivée d'une préface, où on lisait, entre autres choses, ces lignes qu'il faut pieusement encadrer comme exemple de ce qu'un grand succès peut provoquer de sottises : « Dans un ordre plus élevé et tout à fait nouveau, disaient les deux écrivains, Horace Vernet annonce à la fois la *facilité de pinceau de Sébastien Bourdon*, et *la fougue et le coloris de Rubens*, cette étude anatomique du *plus noble des animaux*, étude qui distingue son père, et cette touche délicate, cette observation de la nature physique qui caractérisent son aïeul. Déjà plusieurs morceaux d'un talent supérieur avaient laissé deviner son aptitude à saisir les émotions de la vie militaire, les scènes tumultueuses des camps, les convulsions de la nature, en un mot tout ce qui élève l'âme et tout ce qui l'agite. »

Les académiciens qui s'étaient mis à deux pour com=
parer l'amusant et superficiel artiste à Sébastien Bour-

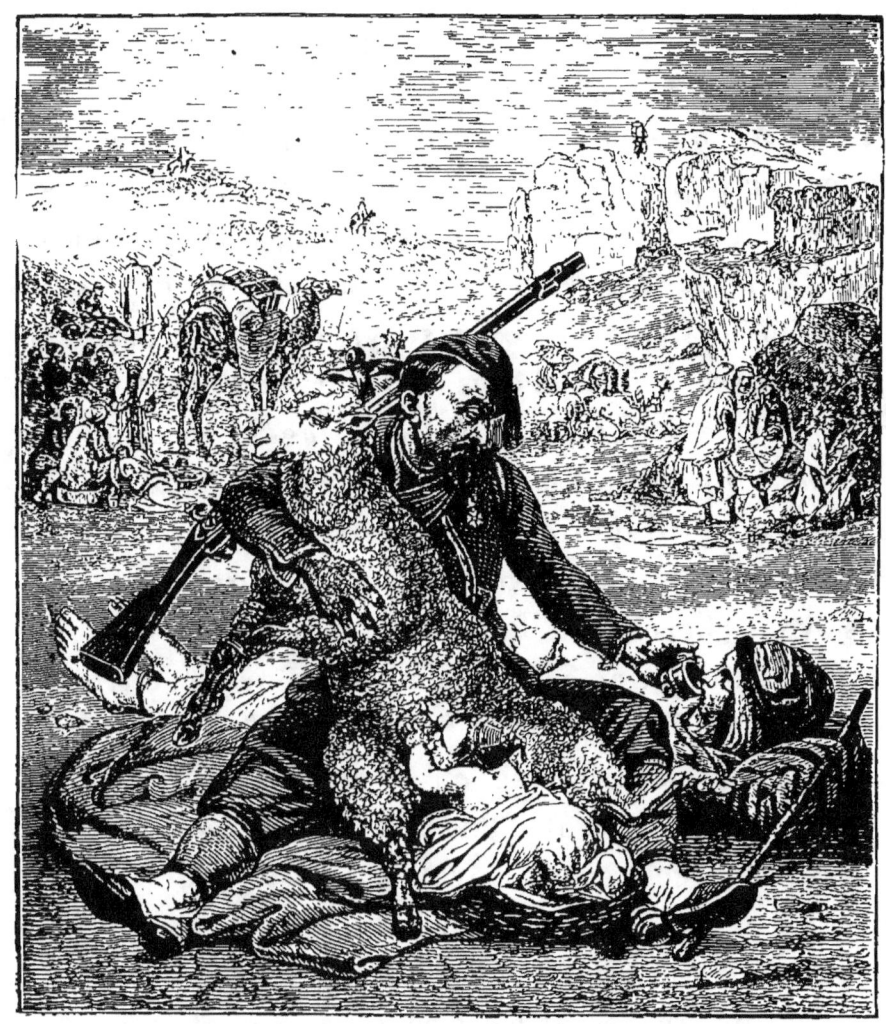

HORACE VERNET. — L'ENFANT ADOPTÉ

don, ce qui était inattendu, et à Rubens, ce qui était
effroyablement bouffon, s'appelaient Jouy et Jay. Ils
n'ont pas laissé un grand nom dans notre histoire

littéraire. Mais, grand Dieu ! les préfaces qui paraissent aujourd'hui en tête de nos catalogues d'expositions ou de ventes, signées de noms pour le moment connus, deviendront-elles aussi ridicules, aux yeux de nos descendants ? C'est à faire frémir.

Puisque nous en sommes sur le chapitre des éloges académiques, il faut encore reproduire le plus abasourdissant de tous : celui que prononça quelques années plus tard, à l'Institut, le secrétaire perpétuel de l'Académie des beaux-arts, M. Beulé. L'orateur disait, entre autres choses, qu'Horace Vernet avait « fait preuve d'une *force d'esprit singulière* et d'un *bon sens qui n'appartient qu'aux hommes d'élite* ». On ne sait guère ce qu'il faut entendre par « force d'esprit », sinon ce tempérament d'instinct productif que nous avons cherché à définir, et par « bon sens » sinon le style continuellement familier, prosaïque et terre-à-terre dont nous avons vu qu'il fallait lui faire un certain mérite, vu l'époque où il apparut. Mais, où M. Beulé devenait tout à fait réjouissant, c'est quand il louait Horace Vernet d'avoir été « toujours *serré dans son exécution*, et DIFFICILE SUR LE CHOIX DES SUJETS » ! Il ne manquait plus que de le mettre « au rang de Gros », et c'est ce que le secrétaire perpétuel des Beaux-Arts ne manqua pas de faire.

Serré dans son exécution ! Mais c'était bien le moindre souci de Vernet. Il était doué d'une étonnante mémoire de l'ensemble et du détail à la fois. Le geste, il le retenait, il le jetait sur la toile avec une sûreté étonnante. Quant à serrer son exécution, il s'en préoccupait si peu qu'on ne l'a jamais vu reprendre une figure, et que, pour exprimer son idée, il se contentait toujours du premier langage venu. Difficile sur le choix des sujets! Mais nous avons vu à l'instant un échantillon de ses sujets d'élection, c'est-à-dire un peu tout ce qui peut passer par la tête d'un homme et d'un peintre.

Théophile Silvestre, qui ne s'est pas montré fort bienveillant pour Vernet, mais qui du moins a su lui reconnaître certaines qualités et ne pas lui ménager juste les défauts qu'il a en propre, s'est amusé à faire une liste de quelques-uns de ses ouvrages en les rapprochant de la manière suivante, avec quelque malignité : *Judith et Holopherne,* — *Lancier plumant un poulet,* — *Abraham et Agar,* — *Dragon fourrageur,* — *La Madeleine au Désert,* — *Réconciliation de pochards,* — *Le Christ au roseau,* — *Bal champêtre de tourlourous,* — *Les Adieux de Fontainebleau,* — *La Fornarina,* — *L'Invalide à la jambe de bois,* — *La belle Édith au col de cygne,* — *Portrait du pape Grégoire XVI,* — *Hussard lutinant la fille de l'auberge de la Grâce de Dieu,* — *Intronisation de Léon X,* — *Soldats jouant à la drogue,* — *Raphaël et Michel-Ange au Vatican,* — *Le Rendez-vous de Jeanjean qui s'effraye en chemin des affiches du docteur Albert,* — *Louis XIV et La Vallière...*

Arrêtons-nous; c'est assez, sans doute pour faire ressortir ce qu'il y a d'étrange dans l'éloge de Beulé. La fable de *l'Ours et l'Amateur de jardins* semble faite exprès pour de tels loüangeurs. Revenons à l'exposition de 1822. Après le succès considérable de cette exhibition, et sa couleur nettement politique (le choix même des portraits que nous avons énumérés est assez significatif), le gouvernement des Bourbons ne crut pas devoir molester Vernet davantage, et chercha au contraire à se faire de lui un partisan. On le combla de faveurs : on le fit officier de la Légion d'honneur, on lui demanda le portrait du duc d'Angoulême qu'il fit avec autant d'entrain et de conviction que celui du duc d'Orléans ou de M. Dupin. Enfin, en 1826, Horace Vernet était de l'Institut, où il allait s'asseoir à côté de son père, dans le fauteuil de David ! Quels beaux cris aurait poussés l'auteur des *Sabines* ou d'*Horace*, lui qui trouvait déjà que le pauvre Gros avait trop sacrifié aux bottes et aux dolmans ! Ce n'est pas que la douleur romaine de David nous eût autrement affligés; mais quel plaisant contraste que celui d'Horace Vernet, succédant précisément au peintre dont il avait certes contribué à démolir les théories et à défigurer le style.

Ce n'était pas assez. En 1828, Horace Vernet était fait directeur de l'École de Rome, et pour le coup les classiques auraient pu pousser des gémissements. Du moins Vernet s'acquitta-t-il de ces fonctions avec une bonne grâce et une courtoisie qui le firent grandement aimer des élèves. C'est de cette époque que datent *Judith et Holopherne* et *Raphaël au Vatican*, que l'on peut voir au Louvre et qui sont certainement ses deux plus lamentables erreurs. Heureusement pour nous, ces deux toiles ne rentrent en rien dans notre sujet !

De la direction d'Horace Vernet, nous ne retenons qu'une chose : c'est que l'opposition lui avait singulièrement réussi. Mais il n'était pas homme à faire de l'opposition en pure perte, et il ne se donnait pas plus la peine d'avoir des convictions en politique qu'en peinture. Ce n'est pas nous qui l'en blâmerons, aujourd'hui que les querelles des *libéraux* et des *ultra* nous laissent assez froid, et surtout parce que nous estimons qu'un artiste doit se placer au-dessus et en dehors de ces intrigues. Ce qu'on pourrait reprocher au contraire à Vernet c'est d'avoir fait trop de politique et d'en avoir trop joué pour arriver à une prodigieuse situation que son talent seul ne lui eût peut-être pas acquise. C'est encore une des causes des nombreuses attaques qui l'assaillirent au cours de sa carrière, et plus d'un journaliste tenta de percer certaines toiles d'un trait acéré, uniquement pour atteindre, derrière, l'ami successif de tous les gouvernements. Un critique, pourtant des plus modérés, et qui pèche plutôt par excès de bienveillance, Charles Blanc, a présenté, dans une notice sur Vernet, ce tableau très serré et très concis des fluctuations d'Horace Vernet[1]. « Du temps de la Restauration, dit-il, il cumulait le bénéfice de la popularité et les commandes de la liste civile; on le vit peindre sur le même chevalet les *Adieux de Fontainebleau* et le portrait équestre de Charles X. Après avoir dessiné le portrait de Mavrocordato, dont il vendait la lithographie au profit des Grecs, il peignit le pacha d'Égypte, leur ennemi et le nôtre à Navarin. Après avoir embrassé avec ardeur la cause de la Pologne, et représenté Poniatowski mourant pour la France dans les flots de l'Elster, il allait se mettre au service du czar et célébrait sur la toile la prise de Varsovie et l'extermination de la Pologne. Sous Louis-Philippe, il était, à ce qu'il semble, le plus dévoué des orléanistes; sous la République, il peignait, à quelques mois de distance, le portrait du général Cavaignac et celui du prince-président; enfin, sous l'Empire nouveau, il s'est retrouvé, après tant d'évolutions, le peintre officiel; sans compter qu'il ne connut pas toujours le respect qu'on doit aux vaincus, ayant eu le double malheur de ne pas comprendre certaines idées généreuses, et d'essayer de les flétrir du bout de son pinceau. »

A la rigueur, cela prouverait simplement qu'Horace Vernet était peintre avant tout. Sans doute, il aurait pu briser ses pinceaux le jour où son ami,

---

1. Charles Blanc, *Histoire des peintres de toutes les écoles*. H. Laurens, éditeur.

le duc d'Orléans, a remplacé son protecteur Charles X. Mais alors, il avait une bien meilleure occasion encore de les briser quand Louis-Philippe a été renversé; et une cent fois supérieure lorsque le prince-président s'est arrogé la dignité d'empereur. Tout cela ne prouve pas grand'chose; après tout, et nous ne songerions pas à épiloguer sur les avatars politiques de cet aimable homme et de ce peintre versatile, s'il n'avait jamais produit que des chefs-d'œuvre.

Quand eut lieu la révolution de 1830, Horace Vernet se souvint fort à propos qu'il avait arboré la cocarde tricolore et qu'il avait été intimement lié avec le duc d'Orléans. Après avoir cumulé pendant quelque temps les fonctions de directeur de l'École de Rome et d'ambassadeur près le Saint-Siège, après avoir occupé brillamment ce double poste qui n'était pas exempt de difficultés et de dangers, il revint en France en 1835, mieux que jamais en cour.

Le musée de Versailles était alors en pleine voie d'organisation. L'on charge Vernet d'importants travaux. Puis toujours sautillant, cette fois il se brouille avec le roi. Pour tout autre ce serait la disgrâce; pour lui c'est une ambassade. Horace Vernet s'en va en Russie, avec rien moins que la mission de concilier à la nouvelle dynastie la bienveillance de Nicolas, qui était un peu récalcitrant. Ce « diable d'homme », ainsi que l'ont appelé ses contemporains, conquiert du premier coup la faveur de l'empereur qui l'accable de prévenances, le comble de faveurs, lui donne un grade élevé dans ses armées, grade purement honorifique bien entendu, l'emmène avec lui dans ses voyages à travers les steppes. On fait un sort à ses bons mots, on admire sa facilité, et Horace Vernet revient en France, après avoir dissipé les préventions de « l'autocrate du Nord », et juste à point pour se jeter en pleurant dans les bras de Louis-Philippe, à l'occasion de la récente et tragique mort du duc d'Orléans. De pareilles bonnes fortunes n'arrivent qu'à lui !

Durant son voyage en Russie, Horace Vernet avait encore plus écrit que peint. On a publié sa correspondance, qui atteint un volume respectable, et n'est guère qu'un très gai babil, qu'un amusant et assez vide verbiage. Dans une de ces lettres, auxquelles nous renvoyons les curieux, Horace se déclare *fanatico-garde-national*. Ce jour là, il s'est compris et dépeint admirablement. Il n'y a pour le faire vraiment vibrer que le sentiment un peu banal, mais il l'interprète avec un talent unique. C'est une tête de linotte admirablement réussie, avec une grosse moustache et des allures militaires, bien qu'il n'ait jamais servi ailleurs qu'en Russie, comme colonel honoraire. Il y tient, à son grade, le drôle de petit homme ! Ses élèves ne lui font jamais plus de plaisir que quand ils l'appellent « mon colonel ! » et qu'ils font le salut militaire ; ce trait est authentique. S'ils l'appelaient *Maître*, il éclaterait de rire... intérieurement. Horace Vernet, voyez-vous, et on ne saurait trop le répéter, c'est comme homme, un insaisissable ; comme peintre, un

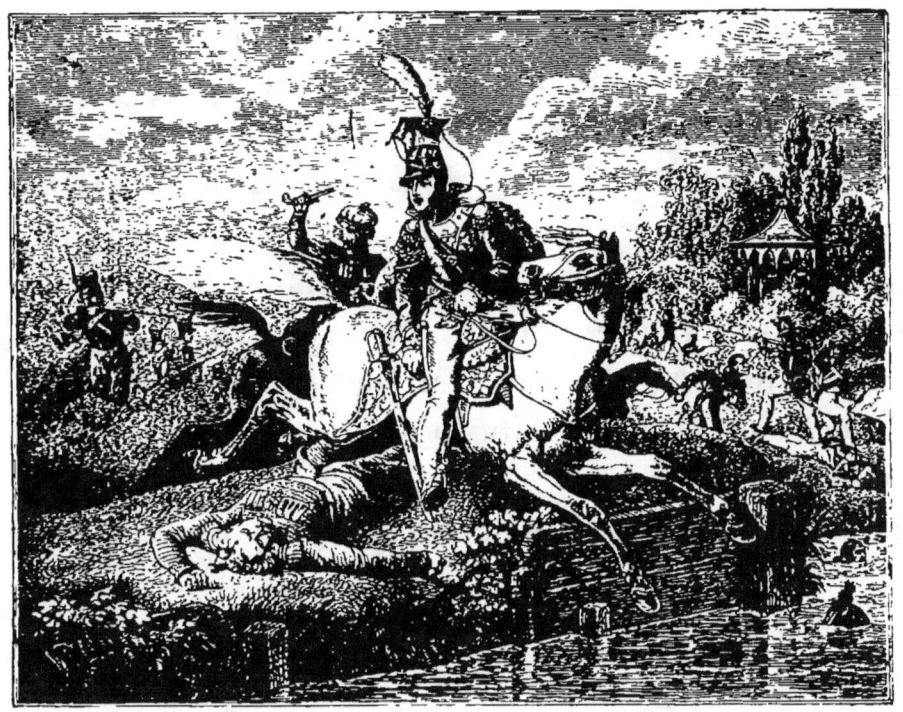

HORACE VERNET. — PONIATOWSKI

inconscient. Mais ce n'est pas à dire que cet inconscient ne rencontre pas souvent la note qui empoigne. « Empoigner en amusant » pourrait être sa devise. Français avec tous les défauts et quelques-unes des qualités de la race. L'homme des foules, le voilà !

Prenons au hasard, car suivre un ordre méthodique avec lui ne serait possible qu'à la condition d'entreprendre un gros volume. Voici la salle de Constantine ; elle renferme bien d'autres choses que Constantine même : *le Siège de Constantine*, *l'Assaut de Constantine*, *le Col de Mouzaïa*, *l'Attaque de la citadelle d'Anvers*, *la Prise de Saint-Jean d'Ulloa*, etc., etc. Tout cela est prosaïque, précis, identitaire comme un procès-verbal. Non point le procès-verbal à la Van der Meulen. Vernet cherche la vérité dans les types de troupiers, et non dans le climat ou les accidents de terrain. Sous ce rapport même, ses tableaux sont singulièrement défectueux. Nous venons de nommer cinq ou six tableaux, dont l'action se passe en des milieux différents. La mer, les rochers, les plaines, le désert, tout cela est traité du même pinceau facile, et tissé de la même étoffe facile, mince et brillante. D'où une absolue banalité d'aspect. L'animation, il faut la chercher dans les épisodes, dans les détails amusants des groupes, remarquablement observés. Les types sont fixés pour l'histoire par un remarquable photographe : le chasseur, le zouave, le soldat de la ligne, l'*arabico*, le sergent, le caporal, l'ajudant, ont tous leur individualité, leur accent personnel, aussi faciles à reconnaître que s'ils vous présentaient leurs livrets.

Parmi ces œuvres de mérite inégal, et contenant elles-mêmes maintes parties d'inégale valeur, l'*Assaut de Constantine* demeurera un morceau plein de couleur et d'entrain, une page des plus brillantes et digne de rester parmi les monuments de la peinture de batailles. Déjà, le sévère Th. Silvestre, avec une véritable impartialité, reconnaissait ainsi les mérites de certains fragments d'œuvres de Vernet. « Le geste des personnages est vif, mais petit. Les bataillons qui montent à l'assaut de Constantine, le tambour qui bat la charge, le général de Lamoricière, le carré Changarnier en avant de Samah, le chirurgien qui panse les blessés de l'Isly, les artilleurs qui poussent à la roue des batteries de l'Alma, voilà des morceaux pleins de verve. »

Et Silvestre appréciait ainsi d'une façon générale la manière de composer de l'artiste : « Les compositions de M. Vernet sont toujours nettes, faciles ; mais elles comprennent une infinité d'épisodes qui se contrarient les uns les autres, attirent le regard de tous les côtés à la fois et fatiguent l'attention. » L'attention du critique, peut-être, mais non l'attention du public, qui se moque de nos préjugés de délicats. Le public, d'ordinaire, ne peut pas embrasser un ensemble, saisir une pensée générale ; il s'accroche à un petit détail ; si ce détail est réussi, si l'épisode, si banal qu'il soit, atteint la vraisemblance et l'accent familier, il n'en faut pas plus pour décider de l'immense succès d'un immense tableau. Les critiques peuvent venir après, démontrer par des raisons d'art et même de bon sens, que l'œuvre est décousue, que beaucoup de ses parties sont vides ou tourmentées, le succès est mis en train, et rien ne pourra l'arrêter.

Quoi qu'on en puisse penser, ce ne sont pas des qualités à dédaigner que cette éloquence familière, que cette prise sur la masse au moyen du détail justement vu, prosaïquement rendu. Nous pouvons haïr ces minuties quand nous avons, au prix de longues et parfois douloureuses études, acquis la conviction qu'en art les plus grands sont ceux qui atteignent la plus haute éloquence par les moyens les plus simplifiés; mais qui, dans la foule des passants, s'intéressera aux indications dont nous nous contentons, et qui même font notre joie? Si nous continuons à parcourir le travail de Th. Silvestre, nous y trouvons cette remarque saisissante : « Celui qui voit abrège, a dit Montesquieu. M. Vernet ne semble voir les choses que pour les allonger. » Et le critique dit fort justement que les petits maîtres hollandais, malgré leur prodigieux fini, malgré les détails dont leurs toiles abondent, en éliminent toujours, en véritables artistes qu'ils sont, tandis que Vernet en ajoute plutôt. Il ne nous fait pas grâce d'un bouton ni d'une boucle, d'un pli de capote, ni d'un pompon. Horace Vernet a trop voulu en dire et n'a pas su se résigner aux sacrifices nécessaires pour faire une véritable œuvre d'art. « Comme chez certains journalistes, dit Th. Silvestre, la promptitude, la prolixité ont tué chez lui à la fois l'idée et l'expression. » C'est en dire un peu trop : accordons que l'idée soit la plupart du temps banale; mais l'expression est toujours exacte et correspond à un fait. Qui peut être sûr que l'on ne recherchera pas, au siècle prochain, dans nos journaux surtout les faits divers ?

Ce n'est qu'un immense fait divers que cette fa-

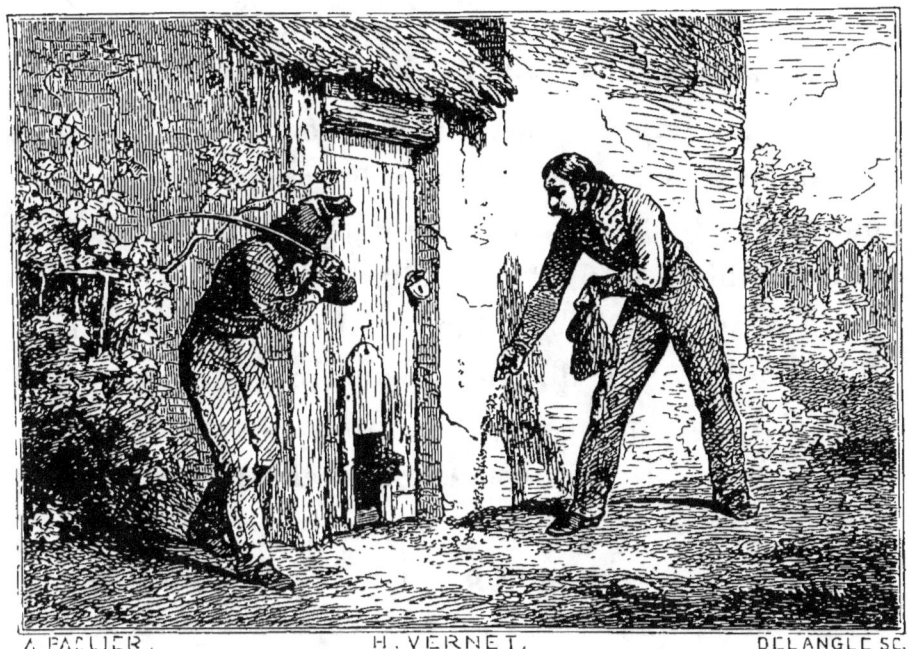

HORACE VERNET. — PETITS ! PETITS !

meuse *Prise de la Smalah* d'Abd-el-Kader qui fut exposée au Salon de 1845, ou plutôt une suite de faits divers cousus l'un à l'autre; pourtant c'est une œuvre curieuse que cette gigantesque toile, sorte de *panorama en long*. Nous n'avons pas les mêmes raisons pour en faire des gorges chaudes que les contemporains; nous l'apprécions à sa valeur, et il nous est impossible de juger par-dessous la jambe une œuvre qui a pris *trois ans* de la vie d'Horace Vernet. Trois ans, ce serait fort peu de chose pour les grands artistes qui mûrissent leurs œuvres; mais vous figurez-vous Vernet attelé trois ans à une seule toile? Il fallait qu'elle fût aussi longue que la *Smala*.

C'est absolument du panorama : le ciel est exécuté suivant les procédés du genre, le terrain aussi. Ce n'est pas un tableau, mais une série de tableaux qui ne s'enchaînent guère que par la tonalité générale. Nous avons tenté, devant la toile même, d'en faire le dénombrement, et peut-être notre analyse a-t-elle été encore mise en défaut. Quoi qu'il en soit, voici les tableaux différents que nous avons comptés dans la *Smalah*, en commençant par la droite du spectateur :

1er tableau : Déménagement des tentes, avec l'épisode de la négresse folle de peur, qui s'amuse à transpercer des pastèques en riant d'un rire d'idiote ;

2e tableau : Les femmes d'Abd-el-Kader portées en palanquins balancés par l'allure rythmique des chameaux ;

3e tableau : Un troupeau de bœufs renversant des femmes arabes ; au premier plan, le fameux juif qui s'enfuit avec sa cassette ; inutile de rééditer les anecdotes banales ;

4e tableau : Le jeune Arabe blessé et sa mère qui le soutient et l'encourage ; charge de chasseurs ; tente d'un vieux marabout qui va bientôt être bouleversée de fond en comble par cette trombe à cheval qui arrive ;

5⁰ tableau : Les femmes qui se jettent à genoux en suppliantes, autour de l'état-major du duc d'Aumale ; le duc lui-même qui ne paraît pas très ému de ces touchantes supplications ;

6⁰ tableau : Femmes et biches fuyant une autre charge de chasseurs. Les biches qui passent devant une tente sont assez mal détachées, au point de vue peintre. Elles paraissent pour ainsi dire collées sur la toile de cette tente.

7⁰ tableau : La charge de chasseurs annoncée ;

8⁰ tableau : La lutte d'un Arabe contre deux officiers supérieurs. Un des deux voit juste à temps le coup dont l'Arabe va foudroyer son camarade, et fort à propos il le canarde à bout portant.

9⁰ tableau : Mêlée d'Arabes et de chasseurs.

On voit par cette analyse, probablement incomplète, que Vernet ne s'était pas autrement soucié de la composition. Il prenait les choses comme elles se présentaient. C'est ici qu'il convient de faire ressortir les heureuses qualités de dessinateur de cet homme : il prend, disons-nous, les choses comme elles viennent, mais sans en éviter la moindre difficulté, ou pour mieux dire, les difficultés n'existent pas pour lui. Une troupe de chasseurs charge à fond de train sur le spectateur : Vernet la voit, la retient et la dessine imperturbablement ; il y a là-dedans quantité de raccourcis d'une grande difficulté ; il n'y prend même pas garde : cela vient comme ça. Son habileté est telle qu'elle nous donne alors l'illusion de la banalité. Mais c'est que l'ensemble est noyé dans un métier mince, fluide, monotone. Quel dommage que tant de précieuses qualités se perdent ainsi par leur propre abondance !

Horace Vernet est aussi irresponsable des beautés qui éclatent dans son œuvre, que des défauts qui nous rebutent. Et encore par « beautés », il nous faut plutôt entendre certaines inconsciences heureuses, provenant d'une prodigieuse aisance ; cela est attrapé, pour ainsi dire, au hasard du pinceau, comme les clients de Paul Niquet attrapaient parfois un bon morceau au « hasard de la fourchette ». Qu'importe, cela est surprenant : et si dans la *Smalah* il y avait la matière de dix excellents tableaux, dans Horace Vernet il y avait les qualités de dix excellents peintres. Seulement, par une loi qui échappe aux mathématiques, il se trouve que dix bons peintres réunis en forment un très inégal.

Sa méthode de travail est elle-même toute une révélation. Un des biographes bienveillants d'Horace Vernet, M. A. Durande, nous apprend qu'il peignait (comme il écrivait d'ailleurs, voir ses autographes) sans retouches et sans repentirs d'aucune sorte. Et de fait, cela se voit bien. Pour une composition, fût-elle aussi vaste que la *Smalah* (vingt-trois mètres de long !), il faisait un simple dessin de petite dimension, le mettait au carreau, puis peignait, sans dessous, commençant

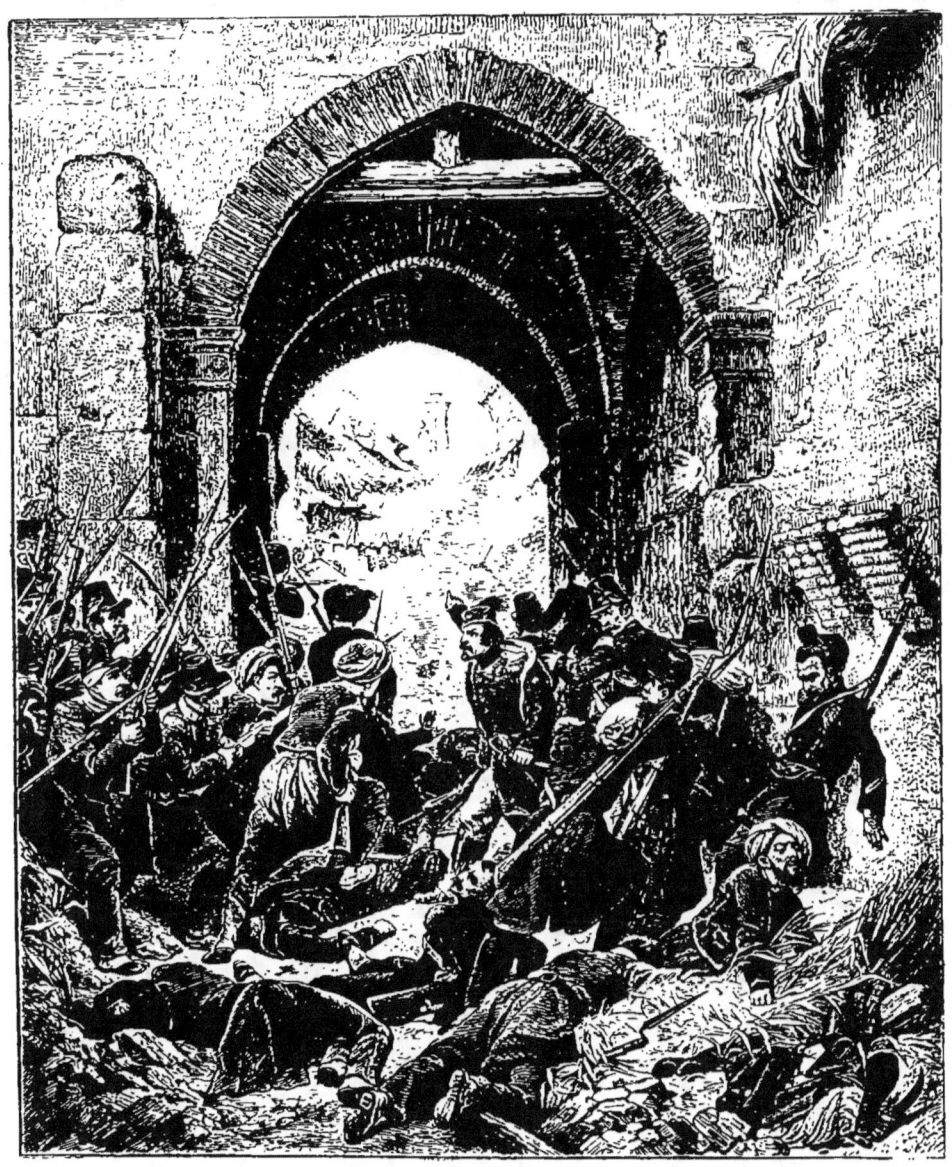

HORACE VERNET. — ATTAQUE DE LA PORTE DE CONSTANTINE

« soit par le milieu, soit par un coin », jusqu'à ce que

le tableau fût fini! En vérité, cela est admirable; et malgré les détails charmants, malgré les virtuosités qu'on rencontre jusque dans ses plus mauvais tableaux de batailles, on a de violentes envies, comme Baudelaire, de haïr un homme pour qui l'art est chose si aisée. Faut-il citer un dernier trait, qui couronne tout le reste? Le ciel de la *Smalah*, ce ciel d'un bleu si banal et si monotone, fut peint *en un seul jour*, AVEC HUIT DE SES ÉLÈVES. Le bleu était étalé AVEC DES LAMES DE SABRE! Non, on ne peut s'empêcher d'éclater de rire quand on lit ces choses sérieusement écrites par un biographe respectueux et bien intentionné!

En 1852, Horace Vernet se sentait un peu vieilli et découragé. Sa production, dont la fameuse *Smalah* avait marqué l'apogée, commença à diminuer. Pourtant, en 1855, il put assister à un véritable triomphe. L'exposition universelle lui fournit une occasion de montrer un ensemble de ses œuvres les plus connues, et de récolter, non pas de nouvelles distinctions, à part une médaille d'honneur (il mettait ses plaques, croix, médailles, à plein un grand coffre), mais du moins une recrudescence de tapage. Il eut des défenseurs dans la presse, mais surtout des critiques amers; quant au public, il se rua, admiratif.

C'est de cette année-là que datent les fameuses attaques d'Edmond About. Le spirituel écrivain disait entre autres choses que certains tableaux d'Horace Vernet étaient remarquables par « des empâtements où les soldats pouvaient accrocher leur casquette ». C'est à croire qu'About ne savait pas ce que c'est qu'un empâtement, ou alors qu'il n'avait jamais regardé de près un des tableaux qu'il critiquait : la peinture de Vernet pèche justement par excès contraire ; elle est, la plupart du temps, lisse et mince, raclée suivant les méthodes de l'ancienne école.

Quoi qu'il en soit, la tirade est jolie à reproduire pour sa vivacité : « Si le gouvernement le chargeait, disait About, de peindre à fresque la rue de Rivoli dans toute sa longueur, il méditerait quelque temps, puis, sans faire ni dessin, ni esquisse, ni croquis, il commencerait son tableau à la place de la Concorde et le terminerait sans accident au coin de la rue Saint-Antoine. » Remarquons en passant qu'About ne se doutait pas du nombre incalculable d'esquisses, de dessins et de croquis que Vernet avait simplement dans sa tête. « Aucun pompon ne lui est étranger, continuait l'écrivain en passant au caractère général de l'œuvre ; et il sait son troupier à un bouton de guêtre près. Avec une visière de shako, il vous reconstruirait un soldat, comme Cuvier, avec un osselet, reconstruisait un mégathérium. C'est là le secret de sa popularité militaire. Ce qui séduit les hommes de guerre, c'est de ne voir dans tous ses tableaux que des manœuvres possibles, logiques, calculées, et qui assurent le gain de la bataille. Le gros public, beaucoup moins compétent, admire surtout, dans les batailles de M. Vernet, deux qualités éminemment françaises, le mouvement et la clarté. J'entends un mouvement sans passion et une clarté sans éclat. »

Cette critique, de parti pris hostile, laisse pourtant percer certains aveux d'éloge involontaire. Ce n'est pas peu de chose que de séduire à la fois et les hommes spéciaux et le public ignorant; ce ne sont pas des qualités méprisables que le mouvement et la clarté, même quand il ne s'y mêle pas un peu de ce grand je ne sais quoi qui nous révèle seul les maîtres des sommets. Nous reconnaîtrons donc que Vernet ne s'est pas élevé jusqu'à ces artistes glorieux, jusqu'aux sublimes accents d'un Géricault ou d'un Gros. Il a vendu, si vous voulez nous passer une image bien triviale, de la marchandise commune, mais admirablement conditionnée. Non, il ne connaît pas la grande, la sublime éloquence; mais il raconte toujours avec esprit et connaît à fond l'art de tenir son auditoire en haleine. Ah! si on le compare à l'admirable Gros, par exemple, on sera tout porté à ratifier ce sévère jugement de Théophile Silvestre : « M. Vernet n'est pas, tant s'en faut, le peintre épique des armées. Il rapetisse depuis quarante ans la physionomie du soldat, il rabaisse son caractère, le tourne au plaisant. Des guerriers de Masséna, de Ney et de Jourdan, il a fait le *loustic* de cabaret, le trimeur des compagnies de discipline, le bouffon de chambrée, le troubadour de la permission de dix heures... »

Eh bien! non, il ne nous est pas possible de sanctionner une exécution aussi définitive. Non, le soldat de Vernet n'est pas toujours banal, facétieux et loustic. Il n'est pas épique, loin de là. Il n'a pas l'envergure surhumaine des héros d'Eylau ou d'Aboukir; il n'a pas la majesté douloureuse du *Cuirassier blessé*. Mais il est fort vivant, agissant, jouant son rôle avec une conviction et un naturel parfaits. Au besoin, il se bat très crânement, et sa bonne humeur n'est abattue par aucune privation, par aucune épreuve. De ce que Vernet a peint quelques tourlourous trop facétieux (moins pourtant que ceux de Charlet ou Bellangé), il ne faut pas induire qu'il n'a peint que des farceurs. Dans son œuvre, toute l'armée d'un demi-siècle défile, intrépide, alerte. Grands faits d'armes, ou infiniment petits épisodes, cela possède dès maintenant une réelle valeur documentaire, et quoi qu'en aient pu dire les contemporains, une relative valeur d'art. Horace Vernet est mort il y a tantôt vingt-six ans. Il n'est pas encore à sa place; mais il se relèvera de bien des attaques trop vives. Peut-être le temps rognera-t-il un peu ses *Smalahs*; mais il en conservera curieusement les morceaux.

XVIII

Période de transition. — Eugène Lami. — Meissonier. — Ad. Yvon. — Philippoteaux. — Langlois et les Panoramas. — Armand Dumaresq. — Alexandre Protais. — Pils.

Eugène Lami, un des artistes les plus variés et les plus spirituels de ce siècle, ne saurait passer pour un peintre de batailles, dans le sens exclusif du mot. Il a touché à trop de choses pour qu'on le puisse cantonner dans un genre spécial : scènes mondaines, scènes de genre, illustrations de Musset, peut-être les plus voisines du texte qu'on ait jamais faites, scènes sportives, voyages, pages humoristiques, Eugène Lami a traité tout cela avec un égal bonheur. Cependant, il y a une partie de son œuvre consacrée à notre genre, et qu'il serait dommage de ne pas faire ressortir, car elle contient des morceaux qui peuvent compter parmi les plus brillants.

Dans une très jolie notice publiée par la revue *les Lettres et les Arts*, sous la signature de notre confrère M. Gaston Jollivet, nous trouvons de curieux détails sur les débuts d'Eugène Lami. Le peintre est né avec le siècle ; de très bonne heure sa vocation se manifesta, et elle ne fut point contrariée. Il eut la vraie fortune d'avoir pour maîtres deux des illustres artistes que nous avons précédemment étudiés : Horace Vernet et Gros. « Horace Vernet accueillit avec sa brusque bonté la mère du jeune débutant (Lami avait alors une quinzaine d'années), qui venait demander sa protection pour son fils. M. Lami père avait perdu, au retour de la Restauration, un petit emploi qui le faisait vivre, et il fallait que l'enfant gagnât sa vie. La mère avait apporté quelques croquis, une demi-douzaine d'ébauches. Elle disait, tremblante, à Horace Vernet : « Voyez, Monsieur, et jugez ; ne

« serait-ce pas dommage de ne point utiliser ces dis-
« positions ? » Et tout de suite, Horace Vernet, après avoir jeté les yeux sur ces essais d'enfant, prenait familièrement le petit Eugène par les épaules, et lui disait : « Restez ici, mon ami, je vous occuperai. »

« Dès le lendemain, Lami, installé dans l'atelier d'Horace Vernet, y trouvait son pain assuré. Même, pour l'aider à se racheter de la conscription et à payer son remplaçant, les Vernet lui prêtèrent leur nom pour mettre en tête de cette suite de costumes militaires où Lami, avec une science déjà prodigieuse, passe en revue tous les uniformes de la Révolution, de l'Empire et de la Restauration. La collaboration des Vernet se borna, je crois, au mameluck de Carle, mais cela suffit pour assurer le succès du livre et pour donner à Lami sa liberté. Le jeune apprenti travailla si bien qu'un beau jour Horace Vernet lui dit : « Main-
« tenant, mon ami, vous pouvez déjà vendre quelques-
« uns de vos dessins et vous tirer d'affaire ; il ne vous
« reste qu'à vous perfectionner. Voici un mot pour mon
« ami Gros. Je l'ai prévenu. Il vous accepte pour élève. »

« Le cœur battit bien fort au petit Eugène à la nouvelle que l'auteur des *Pestiférés de Jaffa* voudrait bien s'occuper de lui. »

C'est chez Gros que Lami connut Géricault et se lia intimement avec le grand artiste. Il fut bientôt avantageusement connu. Le duc d'Orléans le choisissait comme maître de dessin de son fils, grâce aux succès qu'il avait déjà remportés comme peintre de batailles. Dès 1824, le *Combat du Puerto de Miravete*, aujourd'hui à Versailles, avait été fort remarqué, ainsi que le *Combat de Tramaced*.

Lami fit comme la plupart des artistes de son temps : il se passionna pour l'art anglais et il traversa la Manche pour le mieux étudier. Il n'est pas un connaisseur d'estampes qui n'ait admiré les charmantes lithographies coloriées qu'il rapporta de ce voyage entrepris avec le célèbre humoriste Henri Monnier. Rien que cela vaut une étude spéciale qui ne saurait rentrer dans notre cadre.

A son retour de Londres commence toute une carrière de peintre mondain que nous sommes également obligé de passer sous silence et pour laquelle nous renvoyons à la notice que nous avons citée. Indépendamment des scènes mondaines, et des illustrations sans nombre qui sortaient de son spirituel pinceau de peintre et d'aquarelliste, Lami produisit à cette époque, c'est-à-dire sous la monarchie de Juillet, d'importants tableaux militaires, tels que *Cassano, Maëstricht, Hondschootte, Claye, Wattignies*. Les deux tableaux de *Wattignies* et de *Hondschootte* doivent être certainement rangés parmi les meilleures peintures du musée de Versailles. Détail assez curieux, la *Bataille d'Hondschootte* n'est pas de Lami tout seul : elle fut exécutée en collaboration avec Jules Dupré qui fit le paysage.

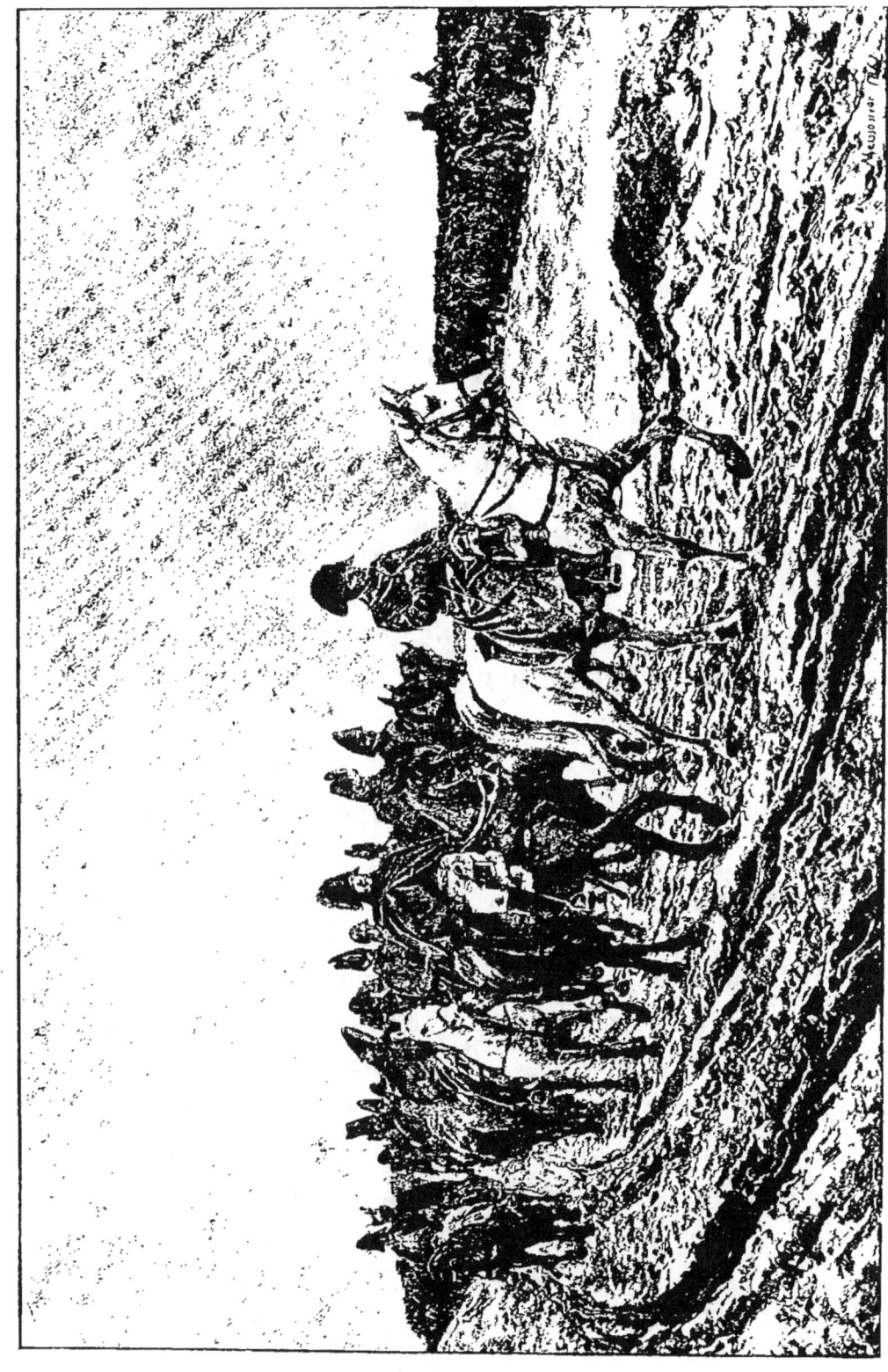

Cette toile se distingue entre celles qui l'entourent par de véritables qualités de peintre, ce qui ne se rencontre pas toujours dans les œuvres exposées à Versailles. Il y règne à la fois l'animation et l'indécision nécessaires : l'animation qui entraîne et émeut le spectateur, l'indécision voulue qui augmente encore le naturel de l'action, et évite cette invraisemblance d'une bataille où tous les personnages semblent autant de mannequins. Puis, chose dont les peintres « stratégistes » n'ont pas toujours compris la nécessité, l'auteur d'*Hondschoote* a donné beaucoup de ciel : cela rend alors beaucoup plus vraisemblable la vaste étendue de panorama où se déroule l'action, et cette action elle-même en acquiert plus de grandeur.

Wattignies présente les mêmes qualités avec plus d'animation encore. Sous un ciel bleu sombre, que des nuages de fumée assombrissent davantage, quelques plis de terrain, deux ou trois masures, une énorme ruée d'uniformes blancs contre deux poignées de soldats de la République, et voilà les seuls éléments de cette remarquable toile, où tous les coups de pinceau pétillent d'esprit, où les moindres épisodes attachent et entraînent sans que l'artiste abdique un seul instant ses qualités de peintre tout pur, pour le moins noble métier d'illustrateur et d'amuseur.

Parmi les autres tableaux militaires d'Eugène Lami, il faut citer : *la Revue*, épisode de l'histoire de Napoléon Ier. L'empereur accorde à Mlle de Saint-Simon la grâce de son père; la jeune fille s'est jetée à genoux devant le cheval de Napoléon pendant une revue du corps d'armée du maréchal Ney. Puis, *l'Interprète*, épisode de la campagne de Russie ; *Napoléon à Montereau*, où l'on voit l'empereur redevenu momentanément simple officier d'artillerie, et pointant lui-même une pièce de canon ; *le Duc de Nemours à la citadelle d'Anvers; la Garnison hollandaise mettant bas les armes devant les Français, sur les glacis de la citadelle d'Anvers*, etc., etc.

Mais quand on aura mentionné ces toiles qui suffiraient presque pour constituer le bagage d'un peintre de la moyenne, on n'aura pas tout dit sur l'œuvre militaire d'Eugène Lami. Il faudra également réserver une mention spéciale à ses lithographies et gravures. Nous avons parlé des costumes militaires. Ajoutons toute une série de « Croquades » lithographiques, qui renseignera très exactement sur l'esprit et la tenue des armées du premier quart de ce siècle. Enfin et surtout une ravissante suite en couleurs, intitulée : *Souvenirs du camp de Lunéville*. Elle contient les scènes les plus variées et les plus finement touchées : *la Messe au camp; le Bivouac sur la lisière d'un bois;* une *Colonne de carabiniers passant un gué;* une *Alerte*, dans une rue de petite ville de province, page des plus réussies, où l'on ne peut voir sans sourire les officiers débouchant en désordre par les carrefours, d'autres paraissant effarés à leur fenêtre « dans le simple appareil » d'un brave qui vient d'être arraché à sa sieste ; une *Suspension d'armes ;* une *Conversion par escadrons*, où les cavaliers manœuvrent le plus alertement du monde. Bref, tout un ensemble de petits tableaux exacts et précis où les dimensions réduites ne nuisent en rien à l'intérêt très vif des sujets et à la largeur du style.

Nous parlons de précision et de dimensions réduites, et aussitôt nous ne pouvons nous empêcher de penser à un autre très remarquable artiste, qui a atteint la plus grande célébrité qu'un peintre puisse rêver. Nous avons nommé M. Meissonier, qui, lui non plus, ne saurait être considéré exclusivement comme un peintre militaire, et qui pourtant a exécuté en ce genre des pages qui compteront au nombre des plus marquantes. L'œuvre militaire de M. Meissonier [1] comprend deux divisions bien distinctes : les tableaux rétrospectifs, où il a surtout tenté de reconstituer la figure et l'entourage de Napoléon Ier, et les tableaux d'actualité, où il a noté les combats de son propre temps.

Il serait presque oiseux de faire une description de la plus célèbre des toiles consacrées à Napoléon : ce « 1814 », où le peintre a non seulement fait revivre avec une étonnante connaissance du détail la physio-

---

1. Les tableaux de M. Meissonier ont presque tous été reproduits par M. Lecadre, éditeur d'estampes, rue de la Rochefoucauld, 56, à Paris.

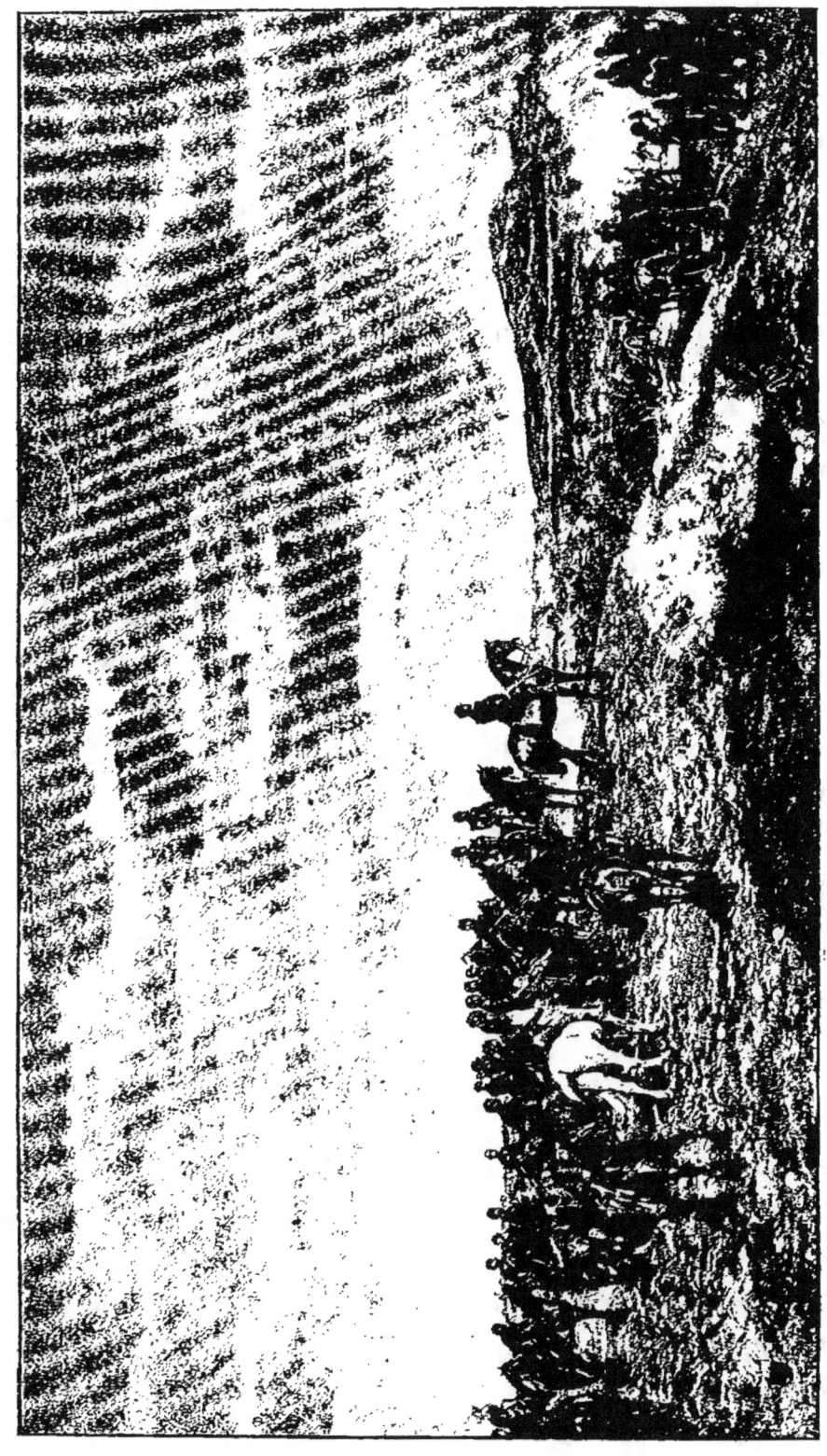

MEISSONIER. — SOLFERINO

nomie et l'esprit de l'armée et des états-majors d'alors, mais encore a indiqué en véritable penseur la philosophie des campagnes impériales. Il est impossible d'oublier, une fois vu, ce Napoléon en redingote grise, chevauchant par la neige, si profondément enfoncé dans sa méditation, au regard si dominateur et si assuré en apparence, tandis que le front trahit pour nous de secrètes inquiétudes.

Quant au dessin de M. Meissonier, on peut dire que rarement la précision a été poussée plus loin. Telle est cette précision qu'on a pu dire parfois qu'elle allait jusqu'à la sécheresse, et que M. Meissonier, à force de serrer de près le détail, avait pu perdre imperceptiblement de vue l'ensemble de certaines figures.

On a également critiqué la perspective dans certains de ses tableaux, fait remarquer entre autres divers personnages qui diminuent trop rapidement pour le plan où ils sont placés. Nous croyons que nous ne devons pas passer sous silence les remarques faites depuis longtemps par d'autres plus autorisés que nous, entre autres par Th. Thoré-Bürger. Mais nous aurons à peine besoin de dire qu'avec ces réserves, les toiles de batailles de M. Meissonier doivent être rangées parmi les chefs-d'œuvre de la peinture militaire. Il est peu de peintres qui aient connu et possédé les chevaux comme l'a fait M. Meissonier : l'allure, les moindres mouvements, les caractères si variés, le luisant et le ton des robes, le relief anatomique, tout cela est rendu d'une façon étonnante. Il est telle toile, comme les *Cuirassiers de* 1805, ou telle aquarelle, comme cette grande page de « 1807 », une des dernières œuvres du maître, où l'on peut faire des chevaux l'étude la plus approfondie et la plus fructueuse.

Parmi les toiles que nous appelons « d'actualité, » faute d'un meilleur nom, la plus célèbre est *Solferino*. Sans doute ce n'est pas une bataille proprement dite ; c'est plutôt un groupe de petits portraits remarquablement agencé, avec de l'action elle-même le strict minimum. Cela n'empêche pas que l'on devra également considérer *Solferino* comme une œuvre de grande valeur, et comme un document durable sur les campagnes du second Empire ; rien que la figure de Napoléon III dénote une pénétration et une aptitude peu communes à saisir une silhouette dans ce qu'elle a de vivant et de caractéristique. Avec de pareilles qualités, on pense bien que M. Meissonier ait pu être mis de beaucoup à la tête de nos peintres militaires contemporains. Un critique, je ne sais plus si c'est Silvestre ou Baudelaire, a écrit à propos d'Horace Vernet : « Il fait des Meissonier grands comme le monde. » Cela est parfaitement inexact, car alors il faudrait supposer que M. Meissonier a fait des Vernet infiniment réduits. Vous pouvez regarder n'importe quel Vernet par le bout rapetissant de la lorgnette et vous verrez si jamais cela vous donne l'impression d'un Meissonier, si médité comme composition, si délicat et si significatif comme caractère, si serré comme geste. Il vaut mieux conclure une fois de plus que ces sortes de rapprochements ne prouvent rien.

Si l'on pouvait reprendre celui-ci dans le sens opposé, et en l'appliquant à un autre artiste, on dirait que M. Yvon, une des célébrités du musée de Versailles, a fait des Horace Vernet plus grands que nature. C'est là, en effet, que l'on peut trouver des ressemblances de tempérament et une influence analogue sur le gros public. Les grandes compositions que M. Yvon a consacrées à la campagne de Crimée sont, dans leur genre, aussi populaires que la *Smalah* et l'*Assaut de Constantine*.

M. Yvon, né à Eschwiller, en 1817, était élève de Paul Delaroche. Jusqu'en 1850 il s'était surtout consacré aux portraits, à la peinture d'histoire et d'allégories. La *Bataille de Koulikoro*, en 1850 ; *le Premier consul descendant le mont Saint-Bernard*, en 1853 ; enfin et surtout *le Maréchal Ney à la retraite de Russie*, en 1855, le firent remarquer et classer parmi les peintres militaires qui étaient les plus dignes de succéder à Horace Vernet.

La *Retraite de Russie* est une très grande toile, d'un sentiment dramatique, où le peintre a particularisé, dans un groupe mouvementé, les idées que nous avons vues si heureusement synthétisées dans

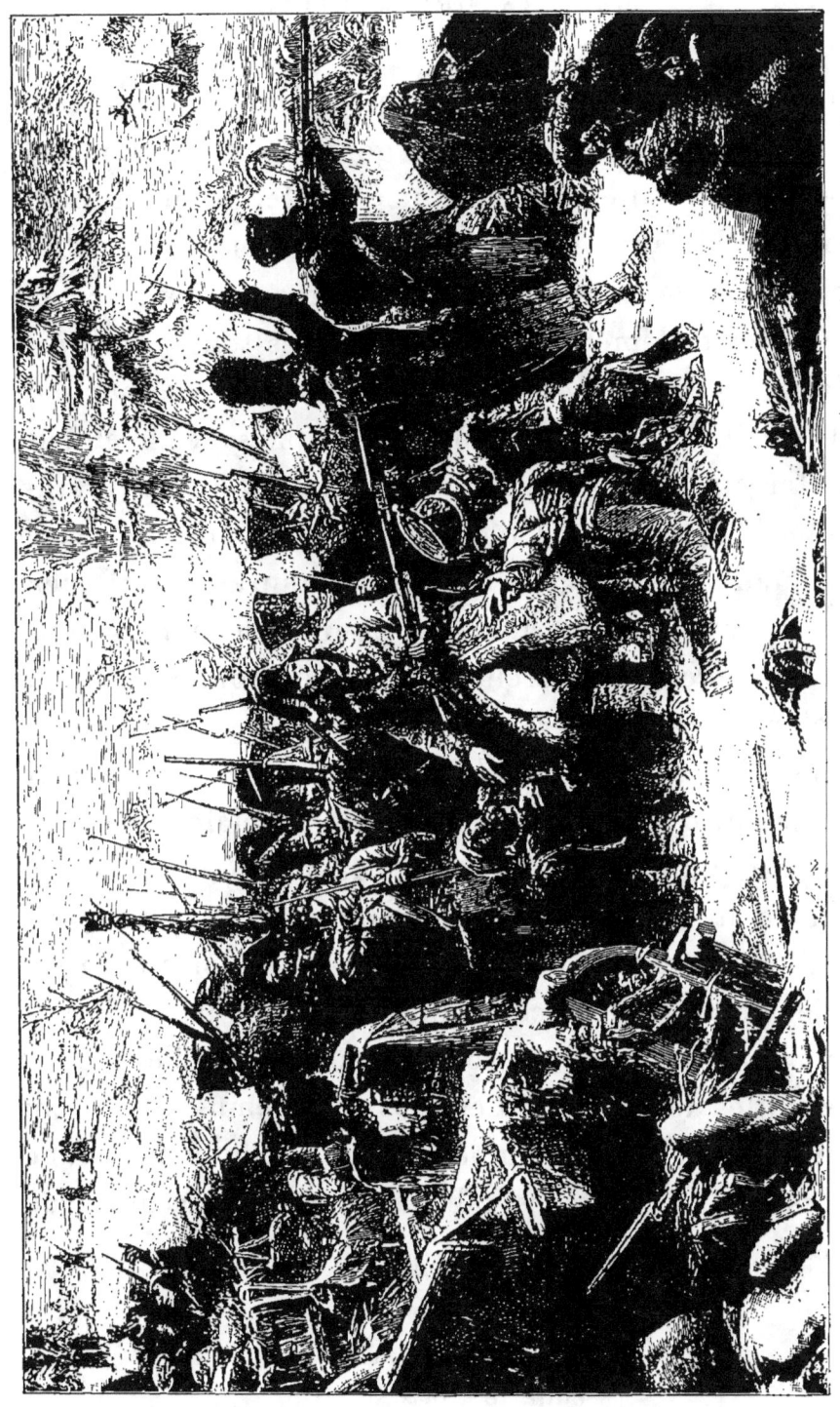

YVON. — RETRAITE DE RUSSIE

la petite toile de Charlet. C'est ce tableau qui valut à M. Yvon, de la part du gouvernement impérial, la mission d'aller étudier sur place le fort et les environs de Malakoff, afin d'en reconstituer une peinture la plus exacte possible. Le peintre rapporta de son voyage les éléments de trois grandes toiles : *la Prise de la gorge de Malakoff*, *la Prise de la Courtine*, et *la Prise du fort*. Il avait, pour le paysage, le climat, le terrain, les indications très détaillées qu'il avait notées là-bas. Pour l'action, il trouva autant de renseignements qu'il en pouvait désirer auprès des officiers qui y avaient pris part. Enfin, pour la physionomie des personnages, ils vinrent poser en personne dans son atelier. Ces trois grandes compositions seront donc considérées comme un document très précis, indépendamment d'une valeur esthétique spéciale. Elles ont correspondu au goût, nous dirons plutôt à l'engouement militaire de cette époque, et en particulier elles célèbrent un personnage dont la gloire faisait le sujet de populaires chansons. Ce personnage, c'est le zouave : c'est un peu son apothéose que l'ensemble des toiles de Malakoff. Les gens de ce temps ne peuvent certainement pas s'empêcher de fredonner, quand ils passent devant ces tableaux, ce refrain qui avait alors un succès fou :

> Voilà l'zouzou !
> Voilà l'zouzou !
> Voilà le zouave !

Aussi, prenons les deux plus réussis des tableaux de Malakoff : la *Courtine* et le *Fort;* nous verrons le zouave dans toutes les attitudes, mû par tous les sentiments capables d'être rendus en peinture : nous le verrons héroïque, furieux, plein de sang-froid, bravant la mort, méprisant les blessures, expirant, facétieux, ingénieux, terrible. Dans la *Prise de la Courtine* nous le voyons sentimental, embrassant la main du général Bosquet, blessé à mort. Dans la *Prise du fort*, nous le voyons brandissant d'énormes morceaux d'obus pour en écraser des Russes placés au-dessous de lui. Ce tableau de la *Prise du fort de Malakoff* est certainement le meilleur. Il y a des épisodes bien venus : le groupe entourant au premier plan le colonel Collineau, qui s'avance l'épée haute ; ou bien encore le vieux général russe qui épuise son indignation à tenter de rallier les fuyards. Tous ces morceaux ont été popularisés par la gravure. La manière de M. Yvon dans ces diverses toiles, de même que dans celles qu'il consacra ensuite à *Solferino* et à *Magenta*, est large et sommaire. C'est, semble-t-il, un peu de l'Horace Vernet simplifié, et aussi moins vif et moins gai comme pantomime ; mais à tout prendre, de cette peinture bien faite pour les foules qui s'embarrassent peu des subtilités en ces matières, et apprécient surtout les apparences frappantes, les grands plans, et les détails assez fortement accusés pour qu'elles puissent y accrocher leurs réflexions.

M. Yvon, après ces travaux, revint surtout à ses premiers sujets, c'est-à-dire au portrait et à la peinture d'histoire. Toutefois, il a encore, occasionnellement, exposé quelques toiles militaires, notamment un *Reischoffen*, en 1875.

Il y a des noms qu'il est impossible de passer sous silence, vu les succès obtenus. Mais on ne peut guère entrer dans une analyse minutieuse de certaines œuvres. C'est ainsi que les tableaux de M. Philippoteaux, qui ont été très assidûment suivis par les fervents de peintures militaires, ne peuvent, non plus que ses nombreuses illustrations, donner matière à de longues réflexions. Ce sont des œuvres fort consciencieuses et très habilement mouvementées, mais à tout prendre, elles sont trop conçues dans une manière qui participe à la fois d'Horace Vernet et de Bellangé, pour que nous puissions répéter à leur propos ce que nous avons dit, à un point de vue général, de ces deux artistes.

Pour une raison toute différente, nous ne voulons pas entrer dans de longs détails sur un autre peintre dont la popularité fut grande, encore que d'un caractère tout spécial, le colonel Langlois (né en 1825), organisateur des panoramas en France. Nous ne considérons guère les panoramas comme des œuvres d'art. Le moyen de consacrer de longues pages aux panoramas de Langlois après avoir étudié Callot, Van der Meulen, Blaremberghe, Gros, Raffet et même Vernet? Cela peut faire et a fait l'objet de travaux spéciaux ; mais le cadre de ce livre ne comporte pas plus l'étude des célèbres panoramas qu'il ne comporte celle de l'imagerie militaire d'Epinal, sujets d'ailleurs où l'on pourrait peut-être trouver quelque curiosité. Contentons-nous donc de rappeler les titres des panoramas Langlois qui eurent dans leur temps le plus de succès : ce fut d'abord, dans le premier emplacement, *la Bataille de Navarin*, qui fit courir tout Paris, et à laquelle succédèrent *Alger* et *la Moskowa;* puis, aux Champs-Elysées : *l'Incendie de Moscou, Malakoff, Solferino*, etc. Un dernier mot : si on trouve que nous sommes un peu trop sommaire sur le chapitre des panoramas, nous demanderons simplement quel musée a recueilli ceux qui ne servent plus.

Il nous reste d'ailleurs quelques intéressantes physionomies de peintres à esquisser avant de passer à nos deux plus célèbres contemporains, de Neuville et Detaille. Quelques artistes, aujourd'hui vivants et justement estimés, ont produit avant ceux-ci des tableaux militaires dignes d'être cités.

C'est ainsi que nous trouvons, parmi les plus variés et les plus solides, M. Armand Dumaresq, né en 1826, à Paris. Comme M. Yvon, M. Dumaresq se consacra d'abord au genre et à l'histoire. Puis, en 1855, deux tableaux militaires exposés par lui furent l'objet de l'attention générale; c'étaient : *la Mort du général Kirgener*, et *l'Embuscade du 2ᵉ zouaves*. M. Armand Dumaresq fut alors chargé d'un très important travail qui demeurera parmi les documents militaires les plus utiles et les plus complets de notre époque : c'est la collection des uniformes de la garde impériale. Ce travail se compose de cent douze aquarelles qui sont conservées à Versailles.

M. Armand Dumaresq a suivi de près quelques campagnes, notamment en Algérie et en Italie, où il accompagna le maréchal Vaillant. Ses tableaux les plus connus sont : *la Moskowa*, *Solferino* et *le Passage de l'Adda*. Depuis la guerre, M. Dumaresq n'a cessé de prendre part aux expositions; il a donné en 1872, *Saint-Quentin;* en 1873, *le Conseil de guerre au bivouac; l'Espion*, etc.

Une figure artistique un peu indécise, un peu inquiète, mais qui ne laisse pas d'être intéressante, c'est celle de Pils (1815-1875). Celui-ci n'a été peintre militaire, pour ainsi dire, qu'à son corps défendant, ce qui ne l'a pas empêché de produire dans ce genre des pages importantes.

Après avoir hésité un peu entre différentes voies, Pils se rappelle un jour qu'il était fils d'un soldat, et la campagne de Crimée échauffe sa verve au point qu'il exécute pour le Salon de 1857 un tableau qui remporte un grand succès : *le Débarquement en Crimée*. Puis viennent : *l'Exercice à feu, Zouaves dans la tranchée*, etc. Le meilleur, peut-être, du bagage moyen de Pils consiste dans certaines aquarelles, à la fois brillantes et consciencieuses ; elles sont estimées des amateurs.

Il est curieux, à ce propos, de citer un joli billet du duc d'Aumale adressé à l'artiste. Le duc s'y montre critique de peinture militaire sous un jour assez original : « Vous m'avez envoyé, écrit-il à l'artiste, un vrai chef-d'œuvre, trois troupiers en chair et en os, qui parlent, qui remuent, qui vont se battre, et qui, j'en suis sûr, rosseront Arabes et Kabyles. Il me semble que j'ai vu ces trois figures-là et que je connais leurs noms. Celui de gauche est aussi bon sujet que brave ; je l'avais fait caporal, et il a dû faire son chemin depuis. J'ai donné quelque part une pipe au clairon. Quant au troisième, c'est un *remplaçant* ; il est *pratique*, mais vaillant, et lorsqu'on l'a mis à la salle de police pour une *bordée*, on l'en fait sortir, car il se bat si bien ! »

L'œuvre capitale de Pils comme peintre militaire est la *Bataille de l'Alma*, qui est à Versailles. Il mourut un peu aigri, ayant l'ambition de faire oublier par des travaux d'une autre tenue (escalier de l'Opéra, etc.) ses succès de peintre militaire, et n'ayant pas eu la ténacité de persévérer dans le genre ou il aurait pu l'emporter. Ce qui nuit, en général, aux tableaux militaires de Pils, c'est l'allure un peu composée et académique des personnages. Ils sont trop corrects et ne vivent pas assez.

Ce qui sert, au contraire, M. Protais (né à Paris en 1826), c'est un caractère qui semble singulièrement placé dans la peinture de batailles : la tendance au sentimental, et particulièrement au sentiment mélancolique. D'ailleurs sa carrière est des plus laborieuses et des plus honorablement remplies. M. Protais fit partie de l'administration des postes pendant une dizaine d'années, puis il fit la guerre en Crimée comme soldat. Après avoir lentement tracé son sillon, M. Protais obtint enfin sa première récompense, une troisième médaille, en 1863 ; il avait exposé cette année-là : *le Matin avant l'attaque, le Soir après le combat.* On lui décerna de nouvelles médailles en 1864 et 1865. Parmi ses œuvres les plus remarquées, il faut citer : 1866, *Soldat mourant;* 1867, *Retour dans la Patrie;* 1870, *la Nuit de Solferino,* et *En marche;* 1872, *Prisonniers,* et *la Séparation;* 1876, *la Garde du Drapeau*[1]. Ce dernier tableau fait penser, pour la pose et l'ensemble de la composition, à la célèbre planche de Raffet, *Prêts à partir pour la Ville éternelle.*

Comme nous l'avons dit, M. Protais est un sentimental de la peinture militaire. Ses figures ont quelque chose de digne et d'attristé à la fois. Rien que les

---

1. Reproduction spécialement autorisée par MM. Boussod, Valadon et Cie.

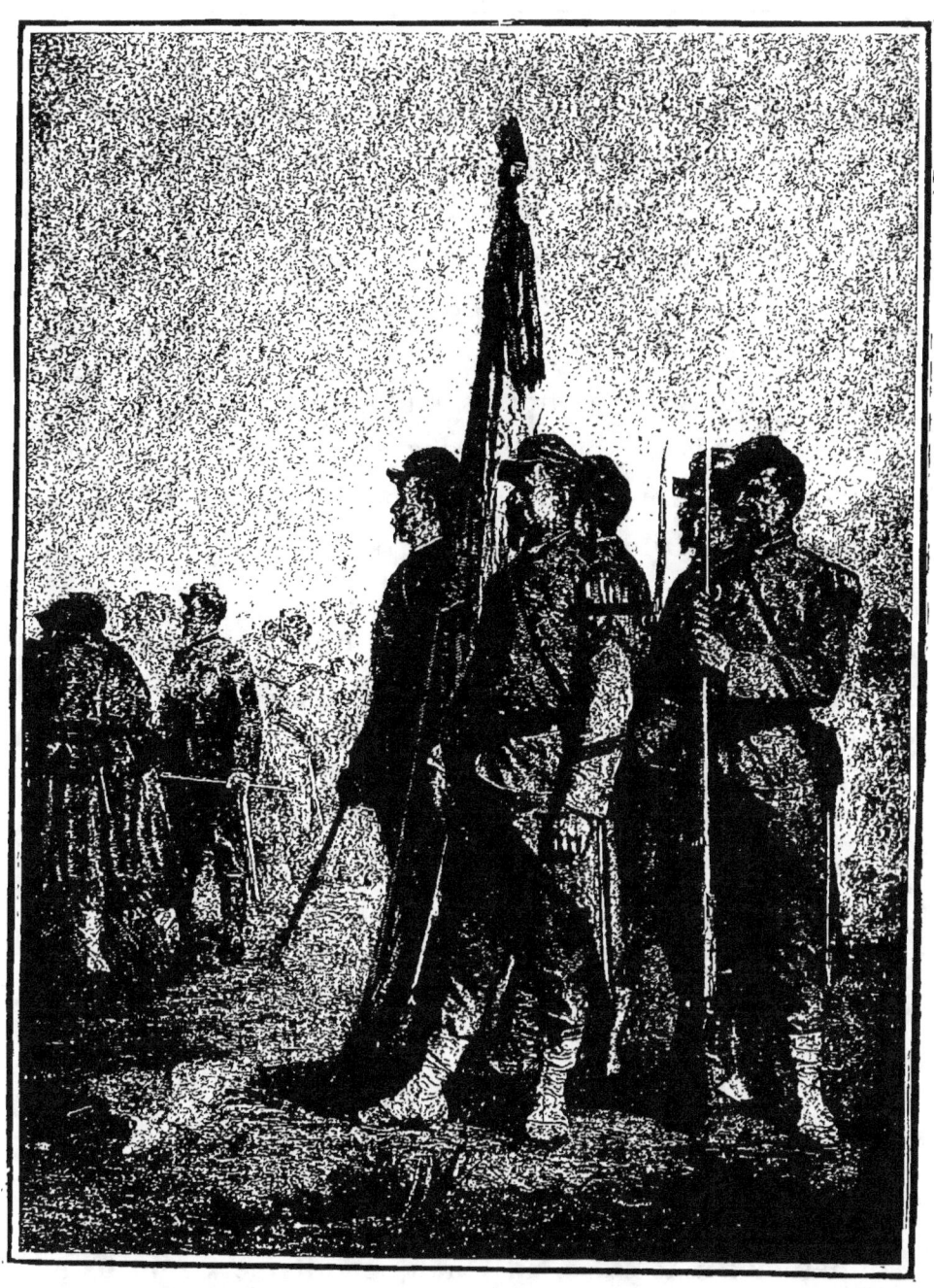

PROTAIS. — LA GARDE DU DRAPEAU

titres suffiraient à en indiquer l'esprit. Le peintre affectionne, par exemple, les nuits bleues, atténuant par leur pénétrante douceur ce que la guerre a de féroce. A cet égard, la toile du Luxembourg, *la Nuit de Waterloo*, qui représente le champ de bataille jonché à perte de vue de corps inanimés, d'armes éparses, dont une obscure clarté fait çà et là briller l'acier, est une belle œuvre et d'un très haut sentiment. M. Protais s'est fait aussi la spécialité des petits chasseurs à pied auxquels il donne une physionomie sérieuse et paisible, bien différente de l'entrain endiablé que leur communiqua de Neuville.

En résumé, ce peintre forme une espèce de trait d'union entre l'ancienne peinture militaire, le sentimentalisme à la Raffet, et les vives actualités de la nouvelle école.

XIX

La guerre de 1870 : Alphonse de Neuville.

Arriva 1870 avec son cortège d'épreuves et de désastres. Tout ce qui eut du talent et du cœur prit les armes et voulut contribuer à la défense de la patrie envahie. En masse, les peintres, les sculpteurs, changèrent l'ébauchoir ou le pinceau contre le chassepot. Jamais un mouvement semblable, aussi unanime, aussi impétueux ne s'était vu. Quelques-uns servirent brillamment, d'autres, hélas! tombèrent obscurément, comme un des plus illustres, Henri Regnault !

Certaines compagnies de la garde nationale étaient plus riches que d'autres en contingent d'artistes. Par exemple, la 7ᵉ compagnie du 19ᵉ bataillon : elle contenait, entre autres, Brion, Français, Glaize, Philippoteaux, Toulmouche, Becker, Chapu, Delaplanche, Falguière, Leroux, Bracquemond, Moulin, etc., etc. Et, au milieu de ces douleurs patriotiques et de ces efforts désespérés, l'esprit et la verve ne perdaient pas leurs droits. C'est ainsi que pour utiliser les loisirs du campement, un beau jour, les sculpteurs Falguière et Moulin donnaient l'exemple d'un nouveau genre de sculpture : la sculpture en neige ! Moulin pétrissait avec ce marbre éphémère une statue de la *République* ; Falguière, un groupe de la *Résistance*, d'une superbe allure, au dire de ceux qui l'ont vu ; d'autres pièces s'ajoutaient à ce musée improvisé qui fondit au premier dégel.

Parmi les autres corps, on pouvait compter, dans les tirailleurs de la Seine, Berne-Bellecour ; Armand Dumaresq était capitaine adjudant-major du bataillon des mobiles de l'Yonne ; Meissonier était lieutenant-colonel d'état-major de la garde nationale ; de Neuville et Detaille, enfin, étaient officiers d'ordonnance de généraux de l'armée de Paris.

On pense quelle impression durable purent produire sur ces esprits et ces yeux d'artistes les tragiques spectacles de l'invasion et de la résistance. Certains, profondément frappés, virent là s'affirmer

pour eux une vocation définitive, et depuis la guerre
ne cessèrent plus de faire des tableaux de batailles.
D'autres sur le moment, ou dans les deux ou trois
années qui suivirent, mirent toute leur âme dans
des compositions qui devaient commémorer ces malheurs. C'est de là qu'est sorti, par exemple, le
Gloria victis de Mercié. C'est ainsi que l'on vit
Puvis de Chavannes interrompre sa rêverie sereine
pour symboliser, dans deux figures de femme en
voiles de deuil, l'une portant un fusil, l'autre suivant de l'œil un pigeon voyageur, la Résistance et
l'Espoir. De même encore, Meissonier jeta sur un
petit panneau l'esquisse d'une composition attristée,
où l'on voyait la douleur des mères se mêler à l'héroïsme ou à la mort des fils, résistants ou abattus,
et, planant sur ce carnage, le drapeau qu'élevaient des
bras désespérés. Le peintre n'a pas terminé ce tableau : peut-être le courage lui a-t-il manqué...

De tous les artistes cependant qui fixèrent pour
l'histoire, sur la toile, dans le marbre ou le bronze, le
récit ou l'impression des événements, celui qui a
frappé les coups les plus retentissants, celui qui a le
plus profondément ébranlé les fibres et répondu à nos
émotions de Français, fut alors Alphonse de Neuville. A cet égard ses œuvres les plus célèbres sont
de véritables dates.

Alphonse de Neuville était né en 1836, à Saint-Omer. Il était, à l'âge où les vocations semblent se dessiner, attiré par la carrière maritime; ses parents au contraire eussent souhaité qu'il fît son droit. Cependant, la famille céda, et le jeune homme, après les études de rigueur, entra à l'école préparatoire de Lorient. Ni les parents, ni le fils, n'y avaient vu clair. Ce fut le professeur de dessin de l'école navale, M. Duhousset, qui ouvrit à Neuville les yeux sur sa véritable vocation et devina en lui l'avenir d'un peintre. Cette fois, il fut infiniment moins récalcitrant, et, comme l'on pense bien qu'il n'aurait pas fait tout d'abord accepter aussi facilement cette décision nouvelle, il prit un biais, et consentit à se prêter à la volonté paternelle. Il partit pour Paris, officiellement afin de faire son droit, mais en réalité pour se livrer à son aise à sa passion naissante pour la peinture. Il employa le temps des cours à croquer avec acharnement tout ce qui se présentait à ses yeux durant ses flâneries. M. de Neuville père, par acquit de conscience, voulut avant de donner son approbation définitive, consulter quelques artistes sur les promesses que pouvaient présenter ces essais. L'accueil ne fut pas très encourageant.

Bellangé se contente de dissuader le jeune homme d'entreprendre un métier aussi difficile, aussi chanceux que la peinture. Yvon examine attentivement les dessins du jeune de Neuville, et lui répond en toute sincérité qu'il n'a pas les qualités nécessaires pour se faire une place brillante. Mais le pauvre débutant ne se décourage pas pour si peu : il a dans l'esprit un coin de ténacité et d'audace, et faute de mieux il entre à l'atelier Picot, où il fait quelques études hâtives, médiocres. Déjà, il avait choisi sa voie artistique, car un premier tableau envoyé au Salon de 1859, à l'âge de vingt-trois ans, était un tableau militaire : *le Cinquième bataillon de chasseurs à la batterie Saint-Gervais* (attaque de Malakoff). Il remporte, pour son début, une troisième médaille.

Une chose dut singulièrement le consoler de l'accueil de Bellangé et d'Yvon, et en même temps décider de toute sa destinée. Eugène Delacroix, lui, remarqua ce tableau et voulut encourager lui-même le jeune artiste. Le maître, par la même occasion, lui donna une grande et précieuse leçon : il lui fit sentir que son style était encore un peu froid et gourmé, et il l'engagea à s'attacher par-dessus tout à l'étude du mouvement, sans lequel il n'est pas de bon tableau de bataille.

Toutefois, de Neuville ne mit pas immédiatement cette leçon à profit : ses premiers tableaux étaient conçus dans une note sans doute pittoresque, mais un peu trop propre et lisse; en un mot, ils trahissaient plutôt l'élève de Picot que le protégé de Delacroix. Cela ne l'empêcha pas de remporter quelques récompenses aux expositions. En 1861, il était mis hors concours, avec son tableau des *Chasseurs de la garde à la tranchée du Mamelon-Vert*. De la même époque datent de nombreux travaux d'illustration, pour certaines publications de la maison Hachette, notamment *l'Histoire de France racontée à mes petits-enfants*, de M. Guizot. Ce n'est pas, à tout prendre, une œuvre bien remarquable ; c'est de l'illustration courante, agréable, mais sans profondeur et surtout sans caractère. Sans doute, il y a quelques pages assez animées qui peuvent annoncer le peintre de batailles ; mais la plupart de ces héros de notre histoire sont représentés sous l'aspect le plus poncif.

C'est la guerre qui devait réellement déchaîner en de Neuville tout ce qu'il possédait de vigueur et de passion insoupçonnées. Il prit du service en qualité de sous-lieutenant d'un bataillon de mobiles parisiens. Puis, un peu plus tard, quand Trochu mit à l'élection la nomination des cadres, de Neuville fut attaché, comme lieutenant de génie auxiliaire, à l'état-major du général Caillé, commandant le secteur de Belleville. C'est ainsi qu'il put assister de très près à la bataille de Champigny. Esprit vif, ardent, peintre à la perception prompte des pantomimes significatives, il vit la preuve, la plus émouvante et la plus inoubliable des preuves, de ce que dix ans auparavant Eugène Delacroix lui avait enseigné : il emmagasina dans sa tête la silhouette furieuse des hommes qui se précipitent à l'assaut, la raideur des cadavres étendus, la désolation des maisons en ruines encore fumantes.

Rien ne valait, pour un artiste aussi bien doué, la douloureuse démonstration par des faits. Ceux qui ont pu reprocher à de Neuville d'avoir parfois peint et dessiné *de chic*, n'ont vraiment pas réfléchi que l'artiste avait sans cesse devant les yeux le meilleur des modèles : l'ensemble de ses souvenirs. Ne savent-ils pas que de très grands artistes ont été ainsi organisés qu'ils peuvent retracer à point nommé, et à n'importe quelle distance de temps, les notes qu'ils ont prises mentalement, avec autant de certitude et de netteté que s'il s'agissait de feuilleter un calepin de croquis? C'est cette « mémoire à tiroirs », ainsi que Géricault disait d'Horace Vernet, que possédait de Neuville. Mémoire précieuse, non pas seulement des lignes et de la couleur, mais encore de l'expression dramatique.

Dès le lendemain de la guerre, la manière de l'artiste se transforma à ce point que tous ses amis s'en étonnèrent. Elle devient plus rude, plus emportée, pleine d'une *furia* particulière. La couleur en était vigoureusement sabrée; il semblait que ce fût peint avec un peu de la boue et du sang des champs de bataille. En 1872, de Neuville exposa un tableau dans cette manière, qui fit sensation : *le Bivouac devant le Bourget*. Puis, aussitôt après, en 1873, *les Dernières cartouches*[1], dont le succès fut foudroyant.

Il faut avoir assisté aux écrasements de la foule

---

1. Reproduction spécialement autorisée par MM. Boussod, Valadon et Cie.

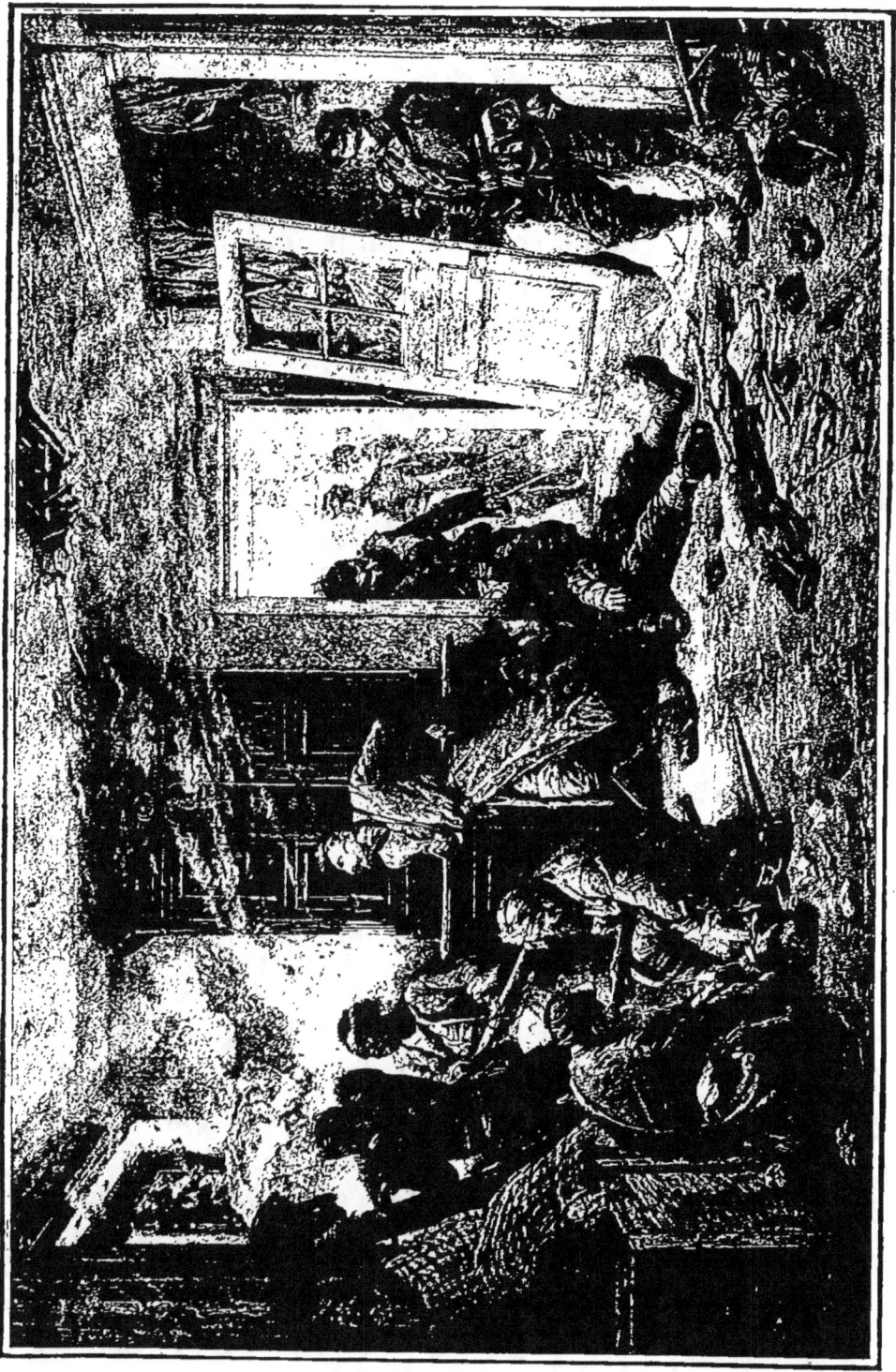

ALPHONSE DE NEUVILLE. — LES DERNIÈRES CARTOUCHES

devant cette page célèbre ; il faut avoir encore dans l'oreille les explosions d'enthousiasme, il faut enfin se rappeler sa propre émotion devant cette toile d'une allure et d'un sentiment si profondément neufs, pour se rendre compte à quel point l'artiste avait frappé juste. Il n'y eut jamais peut-être, dans toute l'histoire de l'art national, une page qui devint aussi rapidement et aussi universellement populaire. Peut-être autrefois *Jaffa* avait-il soulevé de nobles enthousiasmes, peut-être les toiles de Vernet avaient-elles été l'objet des plus vives curiosités, et avaient-elles prodigieusement « amusé » la foule. Mais ici, ce n'était pas un majestueux et épique grandissement, ce n'était non plus cette sorte de représentation, de parade héroï-comique, où excellait Horace. C'était un drame simple, poignant, qui était près, tout près de nous ; un élan d'un cœur d'artiste vers le cœur d'un peuple meurtri. Et l'on fut saisi à la gorge, on éprouva une violente, une sublime émotion devant ce récit d'un tout petit épisode de nos grandes infortunes, car ce récit contenait à la fois l'image de tous les héroïsmes de notre armée et de toutes les cruautés de la destinée envers elle.

Remarquez combien nous étions loin des grands panoramas, des invraisemblables vues à vol d'oiseau de champs de bataille où des milliers d'hommes évoluent et se massacrent. Toute l'action se passait non pas même dans une rue, mais dans une simple chambre d'une misérable maisonnette, chambre grande de quelques pieds carrés. Ce n'était pas un bataillon, ni même une compagnie, dont on pouvait noter la bravoure désespérée. C'était une pincée d'hommes, à peine de quoi former une escouade, et n'appartenant même pas à un corps commun, réunis ici par d'affreuses et ignorées tourmentes. Le zouave s'y trouvait, faisant le suprême coup de feu, avec le turco épargné par la mitraille de Wissembourg; un mobile se rencontrait égaré là, en compagnie d'un chasseur à pied. Et tous ces braves petits Français répondaient au cercle des Prussiens qui entouraient peu à peu la bicoque, répondaient aux balles qui perçaient les cloisons, réduisant peu à peu la petite troupe, répondaient au feu, à la fumée qui suffoquait, à l'exaspérante disette de munitions, par le furieux « non! » qui demeure dans la mémoire d'un peuple longtemps après que les canonnades se sont tues.

Puis, ils étaient si frappants d'expression, ces désespérés, si nature! Sans la moindre banalité, ils étaient ceux que nous avions croisés dans les débâcles ou vus partir pleins de rage pour de nouvelles et chaque jour plus inutiles boucheries. C'est ainsi que nous les avions admirés et plaints, noirs de poudre, les vêtements en lambeaux, mais le regard demeuré plein de feu et de fierté. De mauvais Français purent dire, peu de temps après la guerre, que l'outrance dans la résistance avait été coupable et folle. Folle! la volonté de sauver la patrie ou de mourir avec elle ! Coupable ! l'espérance tenace de la voir à un moment inattendu se relever et finir par retrouver un lambeau de sa gloire passée ! Les *Dernières cartouches* de Neuville furent une réponse à ce triste langage. Dans cette poignée de glorieux enragés, on pouvait voir comme une image en raccourci de l'armée française tout entière. De Neuville, par son simple petit tableau, fut un de ceux, artistes, écrivains, orateurs, qui contribuèrent le plus efficacement à nous faire relever la tête, encore en pleine occupation prussienne, en plein abattement, nos blessures à peine cicatrisées. Et c'est pour cela que nous ne nous arrêtons pas au peintre, que nous ne songeons pas en ce moment à éplucher ses qualités et ses défauts, mais que nous rendons hommage au patriote qui dégageait du sentiment général une aussi frappante formule.

Après le succès prodigieux des *Dernières cartouches*, tous les tableaux de de Neuville furent l'objet d'une avide curiosité aux salons annuels, et si jamais il n'a retrouvé un triomphe aussi formidable, du moins il ne demeura pas inférieur à lui-même, et chaque année amena son œuvre, dramatique, mouvementée, typique. Sa biographie tient en peu de lignes : c'est l'existence unie d'un producteur, d'un artiste qui ne songe qu'au travail. Au contraire même, si sa peinture s'était modifiée dans le sens de l'entrain et du bruit, depuis la guerre, sa vie au rebours s'était mo-

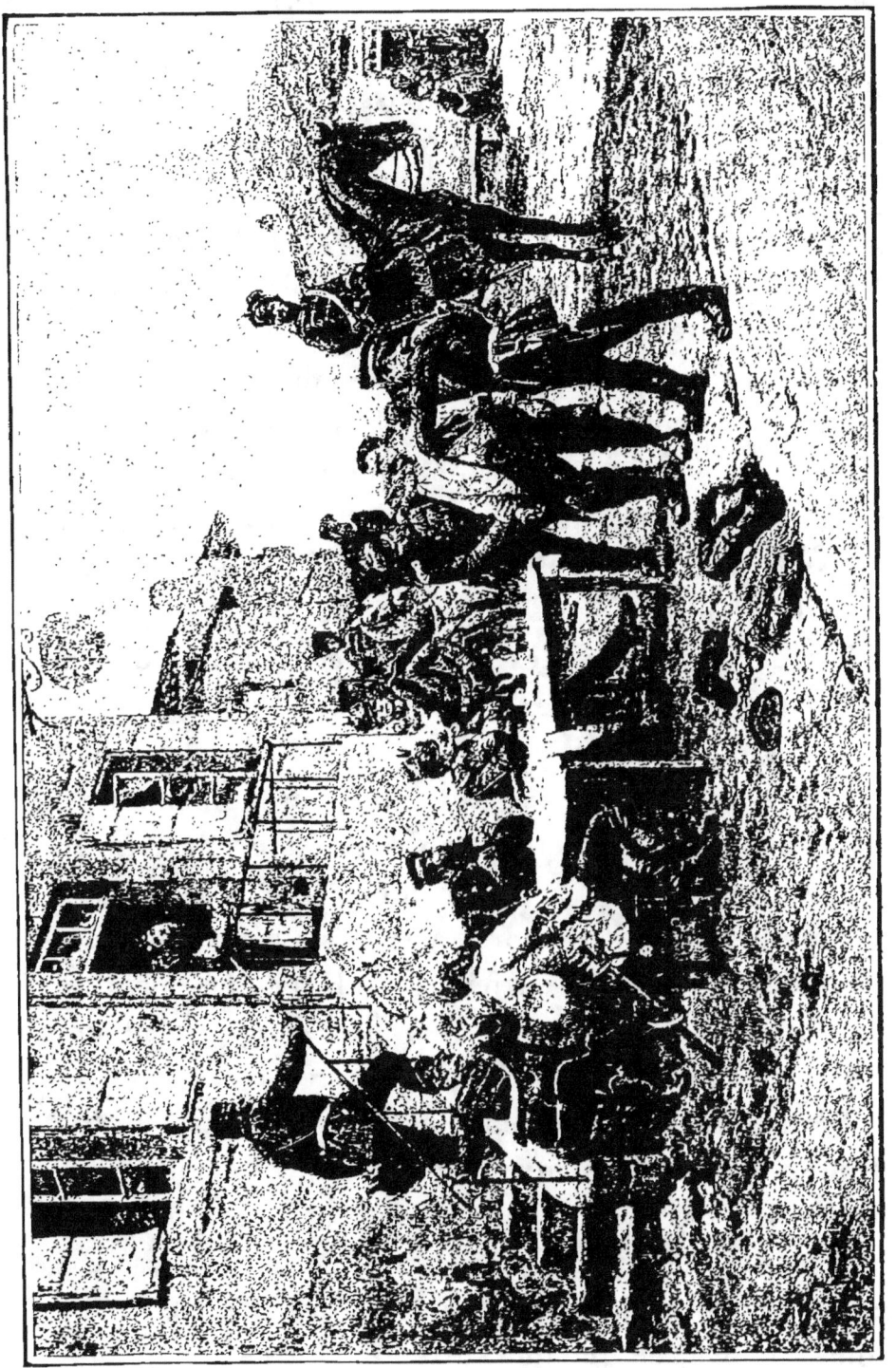

ALPHONSE DE NEUVILLE. — LE PORTEUR DE DÉPÊCHES.

difiée en paisible; c'était un assez curieux chassé-croisé entre l'homme et le peintre. Peut-être, en effet, à ses débuts, de Neuville eût-il volontiers affecté le genre un peu tapageur des peintres de batailles vieux jeu. Mais il ne lui resta plus tard de cela qu'une allure assez martiale qui ne lui nuisait pas.

Au surplus, qu'importent ces détails, le veston et le pantalon de coupe militaire qu'il put revêtir à l'atelier? C'est son œuvre surtout qui est attachante et significative. C'est aussi sa méthode de travail. Chez de Neuville, tout se résume en un mot, *l'entrain*. Avec Detaille il fit plusieurs voyages dans les régions où s'étaient déroulées les principales actions de la campagne de 1870. Pendant ces expéditions, il était sans cesse à la chasse aux croquis, et il ne se passait pas de jour sans qu'il ne crût rapporter au moins une demi-douzaine de sujets de tableaux. Naturellement, il se produisait ensuite un considérable et inconscient travail d'élimination. Alors l'artiste soulageait le trop plein de son cerveau en jetant sur le papier quantité de dessins à la plume, d'aquarelles, qui forment un très curieux complément de son œuvre.

Si maintenant nous entrons dans le détail technique, nous reconnaîtrons sans difficulté que son dessin n'a pas été toujours d'une correction absolue et que sa couleur manque de transparence. Mais, en ce qui concerne le dessin, n'y a-t-il pas des incorrections voulues, en quelque sorte nécessaires, et qui ne font qu'ajouter à l'impression de tumulte que l'artiste a voulu nous donner ? En réalité, on s'arrête fort peu à ces détails quand l'œuvre est vraiment bien composée et entraînante comme celles qui suivirent les *Dernières cartouches*. Par exemple, au salon de 1874, le *Combat sur la voie ferrée*, d'un si beau mouvement, avec les soldats qui escaladent le talus. Ou encore l'*Attaque d'une maison par le feu, à Villersexel*, une des pages les plus électrisantes de l'artiste. On trouvera, dans les études développées de M. Jules Richard ou de M. Gœtschy[1], des descriptions détaillées de ces œuvres. Nous ne voulons pas nous arrêter longuement à chacune des toiles, mais simplement rappeler les principales, car il y aurait des pages entières à écrire, rien que sur les épisodes, d'une inspiration si française, d'une observation si juste, d'une vérité si crâne. Mentionnons donc les tableaux les plus importants.

Le *Combat dans une église* est un des plus dramatiques, avec la terrible mêlée qui s'engage dans l'escalier de l'orgue. Mais *Le Bourget* et le *Cimetière de Saint-Privat* sont peut-être les œuvres capitales de de Neuville. *Le Bourget*, avec le navrant défilé des blessés que l'on fait sortir de l'église devant la lourde insolence des vainqueurs ; le *Cimetière de Saint-Privat*, où toute une armée de Prussiens se répand, l'élément français n'étant représenté que par un petit groupe de

---

1. *Les Jeunes peintres militaires*. Un vol. in-4° illustré.

prisonniers qui attendent stoïquement la mort, ou pis encore, la captivité.

Baudelaire qui, comme on le voit, s'est assez préoccupé de la peinture de batailles, ce qui prouverait qu'après tout le genre n'est pas si à dédaigner, a écrit un jour : « Un tableau militaire n'est intelligible et intéressant qu'à la condition d'être un simple épisode de la vie militaire. » A ce compte, de Neuville peut être considéré comme un modèle, car le plus souvent les sujets de ses toiles sont purement épisodiques, mais il semble que la philosophie de l'œuvre soit plus générale à mesure que le sujet est plus restreint. Il est, par exemple, impossible de mieux symboliser le dévouement et la bravoure qu'avec cette figure du *Porteur de dépêches*[1], qu'on dépouille, si calme et si hautain, devant l'insolence des officiers allemands attablés ; la résignation patriotique, qu'avec les *Otages*, ces braves gens, maire, curé et garde champêtre, que l'on conduit sur la route de Montbéliard à Strasbourg, entre quatre hommes de la *landwehr* et suivis de quelques uhlans ; la gaieté enfin, la gaieté française que ni le froid ni les privations ne peuvent abattre, qu'avec le spirituel tableau du *Concert aux avant-postes*. Chacun des types qui figurent, innombrables, dans tous ces tableaux, sont en même temps autant de portraits d'une grande valeur documentaire, et de symboles d'une réelle élévation de pensée. Symboles de notre vitalité que rien

---

1. Reproduction spécialement autorisée par MM. Boussod, Valadon et Cie.

ne peut abattre, de notre bravoure qui vient à bout des sangs-froids les plus solides, parfois à bout du nombre lui-même. Et ce qu'on ne saurait trop faire remarquer, c'est que de Neuville, en se montrant ainsi profondément Français et populaire, n'est pas une seule fois tombé dans la vulgarité. Que la postérité lui accorde ou non le titre de grand peintre, cela importe peu, car il est autre chose, et mieux.

De Neuville mourut la même année que Victor Hugo, presque le même jour. Ainsi disparaissaient en même temps le grand poète qui avait chanté l'*Année terrible*, et le remarquable artiste qui, pour la première fois dans toute l'histoire de l'art français, avait réussi à mettre une auréole à la défaite.

XX

Édouard Detaille.

Si de Neuville a peint avec une rare puissance notre armée écrasée, Detaille a peint avec une verve rare notre armée renaissante. Si l'un est le peintre incontesté de la défaite, l'autre est le peintre de l'espérance. Ce sont deux tâches aussi belles, aussi nobles l'une que l'autre.

En revanche, les deux tempéraments sont essentiellement différents, ce qui ne nous fait que mieux apprécier chacun d'eux. Autant de Neuville est fougueux, emporté et d'une violence parfois un peu vague, autant Detaille est précis, contenu, mais toujours remarquablement vivant. Parfois, sous la capote tumultueuse, dans le pantalon furieusement tourmenté, serré à la cheville par la guêtre, des petits moblots de Neuville, nous en sommes réduits à des conjectures sur la construction des personnages. Au contraire, sous tous les uniformes remarquablement présentés de Detaille, il y a toujours un homme qui vit et qui passe devant nos yeux. Le dessin de Detaille est aussi savant et serré que celui de Neuville était insouciant et heurté. Bref, ce sont, de beaucoup et dans des genres différents qui se complètent, les deux peintres militaires les plus remarquables de ce dernier quart de siècle. Il est difficile de les séparer; et, si l'on avait à faire un choix, impossible de se décider. Ils ont tous deux une part de gloire dans un ordre d'idées que nous avons déjà indiqué, mais que nous allons nous efforcer de mieux faire comprendre.

En 1868, parut au Salon une toile militaire, très spirituelle, qui représentait des tambours devisant gaiement dans l'intervalle des exercices. Ce tableau, qui était conçu dans une note très personnelle, ne rappelait la manière d'aucun des peintres alors en vogue; il était signé d'un nom inconnu. On s'interrogeait et on apprenait que l'auteur, Edouard Detaille, était un jeune élève de Meissonier, à peine âgé de vingt-deux ans. Le tableau fut acheté par la princesse Mathilde.

En 1869, nouveau succès, cette fois précédé d'une vive curiosité. Detaille exposait le *Repos pendant la manœuvre* (camp de Saint-Maur); il remporta une première médaille. C'était, dit M. Frédéric Masson dans une magistrale étude sur le peintre, publiée dans le *Paris illustré*, « des grenadiers de la garde en leur uniforme sévère, qui baignent dans une lumière claire et gaie; au lointain, le vieux château de Vincennes, et, autour des grenadiers, toute une vie, un fourmillement, une animation de la foule ». L'artiste avait remarquablement rendu le caractère de ces troupes, « cœurs d'élite dans des corps de fer, bons à montrer à la parade comme au feu ». Cette fois le nom d'Edouard Detaille était définitivement connu du public et apprécié des connaisseurs. En 1870, par une singulière coïncidence, il exposa un sujet de l'invasion de 1814; et cette œuvre obtint encore une deuxième médaille.

Il n'avait fait, pour arriver au succès, que suivre son inclination. Mais nous avons besoin d'expliquer ce mot. Detaille n'avait rencontré sur son chemin aucun des obstacles coutumiers des débuts artistiques. Sa vocation n'avait pas été entravée, et il avait eu la bonne fortune de trouver dès l'abord un maître illustre comme M. Meissonier. A cette école, en réalité fut contrarié un penchant dangereux, qui était d'obéir à sa trop grande facilité, et de se contenter de spirituels à peu près, de jolis dessins de chic, sans doute agréables d'aspect, mais qui auraient à la longue irrémédiablement gâté sa main. Sur ce point, Meissonier était un professeur des plus sévères et n'entendait pas plaisanterie. Il astreignit son élève à une dure et assidue gymnastique du dessin qui l'armait dorénavant contre toutes les difficultés et le préservait des inconvénients d'un tempérament trop heureusement doué. Nous voyons, grâce à cet enseignement, Detaille se poser, dès ses débuts, avec une grande sûreté. Dès le début également, il a choisi son genre. Toutefois il produisit alors un certain nombre de petites scènes d'Incroyables et de Merveilleuses, qui, toutes fringantes qu'elles soient, ne sauraient être considérées que comme un délassement, un caprice, et, qui sait, peut-être un vague hommage à Horace Vernet qui avait ainsi débuté.

Mais le temps de sourire était bientôt passé. La guerre était déclarée. Detaille s'engageait dans un bataillon de mobiles, puis il était attaché à l'état-major du général Appert. Il assista, au premier rang, à toutes les opérations qui eurent lieu sous les murs de Paris. Il put donc, comme de Neuville, prendre une de ces « leçons de choses » qui gravent dans l'esprit des souvenirs ineffaçables.

Parmi les œuvres directement inspirées par les événements, il faut noter une grande aquarelle, œuvre des plus importantes, que l'on a pu voir cette année à l'Exposition universelle, à la section des aquarellistes.

C'est un épisode de la bataille de Champigny. La bataille est terminée; le paysage, avec un linceul de

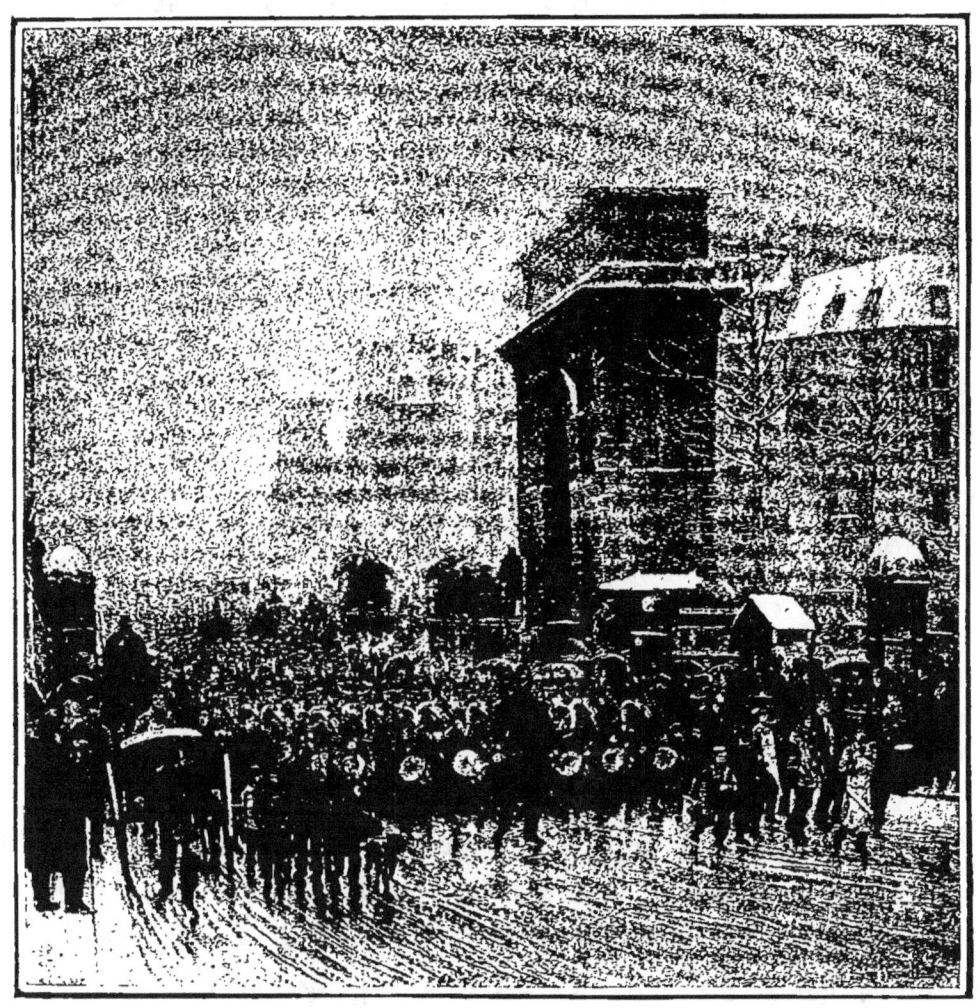

ÉD. DETAILLE. — LE RÉGIMENT QUI PASSE

neige, est plein de tristesse. Au premier plan, des artilleurs attendent, les pièces attelées, le moment de partir. Au fond, dans un chemin creux, on voit des Frères, avec le brassard blanc à croix rouge, ramassant les blessés.

« Cette aquarelle, dit M. Frédéric Masson, est froide comme était ce jour d'hiver. Il n'y a là nul de ces mouvements d'héroïsme appris ou vrai qui permettent les panaches de couleur et les gestes à la Mélingue. » Mais combien cette notion de la peinture d'un champ de bataille est saisissante et juste! Combien il faut préférer une pareille sobriété, qui ne diminue rien de l'émotion, bien au contraire, tout en gardant intacte la vérité historique! Il n'y a pas, dans la guerre, que les grands élans fébriles, les affolements vertigineux; il y a aussi les mornes et non moins éloquentes accalmies, les périodes d'immense consternation. C'est une impression de ce genre que Detaille avait fixée de façon durable dans cette aquarelle qui appartient au général Appert.

D'ailleurs, si l'on veut du drame poignant, on en trouvera dans un très beau dessin qui est en la possession, précisément, de l'écrivain que nous avons cité à l'instant. Ce dessin, intitulé : *Un coup de mitrailleuse*, nous le préférons peut-être encore à l'aquarelle de Champigny. Il représente, le long d'une route, une rangée de Bavarois, fauchés d'un seul coup du meurtrier engin, et raidis dans leur suprême convulsion. Des tirailleurs, qui arrivent sur le spectateur, s'arrêtent, déconcertés et pâlissants, devant ce spectacle. C'est simplement effrayant; et, là encore, il n'y a pourtant rien d'exagéré : un spectacle comme on a pu en voir tant, à travers les champs de bataille. Mais la manière de le présenter est tout, et rien ne saurait s'emparer plus sûrement du spectateur que cette émotion contenue jointe à cette remarquable précision de dessin.

On ne se douterait pas, qu'arrivé à ce point de maîtrise, Detaille pût être écarté du Salon annuel. C'est pourtant ce qui arriva un jour; mais n'allez pas croire que ce fût un refus comme un autre. Le peintre avait envoyé, en 1872, une toile dont le sujet était plus douloureux que tout ce qu'on peut imaginer en fait de tueries ou de deuils. Là, de nouveau, rien que de très simple, mais quelle lugubre simplicité! Il s'agissait de montrer l'envers de la guerre, les scories qu'on trouve charriées même à la suite des plus purs héroïsmes : Detaille avait représenté, pour les fixer au pilori, ces sortes de corbeaux de champ de bataille, ces brocanteurs d'une espèce honteuse qui n'éprouvent aucun scrupule à dépouiller les blessés et à voler les morts, et qui sont capables de corrompre les troupes les mieux moralisées. On voyait dans le tableau en question des marchés s'engager entre des soldats et ces bandits d'arrière-garde. La hardiesse du sujet empêcha ce tableau de figurer au Salon. On pensa, sans doute, qu'il y avait trop de cruauté alors à étaler de semblables plaies. Pourtant, peut-être était-ce une douloureuse, mais salutaire leçon d'honnêteté, qu'une pareille conception. Peut-être aussi eût-il été logique et courageux d'admettre, à côté des tableaux qui glorifiaient le devoir et le courage, celui qui stigmatisait la lâcheté et les crimes de lèse-patrie. C'est publiquement qu'il faut marquer certaines infamies au fer rouge, et c'est ce que Detaille avait voulu faire.

En 1873, il exposa *En Retraite*, qui eut cette fois, sans encombre, un plein succès; en 1874, *la Charge du 9ᵉ régiment de cuirassiers à Morsbron*. C'étaient des tableaux qui contenaient toutes les qualités de vivacité et de précision que nous avons signalées. Mais nous avons hâte d'arriver au Salon de 1875 : le Salon du *Régiment qui passe*[1] !

Sans exagération, l'on peut dire que le succès de ce tableau fut aussi considérable que celui des *Dernières cartouches*. Ce succès n'était pas d'un aloi moins élevé. Que l'on se reporte à cette date de 1875, et l'on se souviendra qu'alors une armée nouvelle sortait des restes mutilés de l'armée de 1870. Des reprises vaillantes étaient faites aux lamentables accrocs de notre drapeau. Peu à peu la confiance renaissait en notre vitalité; il y avait dans l'air moins de cet accablement morne qui avait suivi la grande convulsion; enfin on se reprenait à respirer et à espérer. Ce fut alors qu'éclata, comme une vibrante et réconfortante fanfare, ce tableau du *Régiment qui passe*. Hélas! combien on en avait

1. Reproduction spécialement autorisée par MM. Boussod, Valadon et Cⁱᵉ.

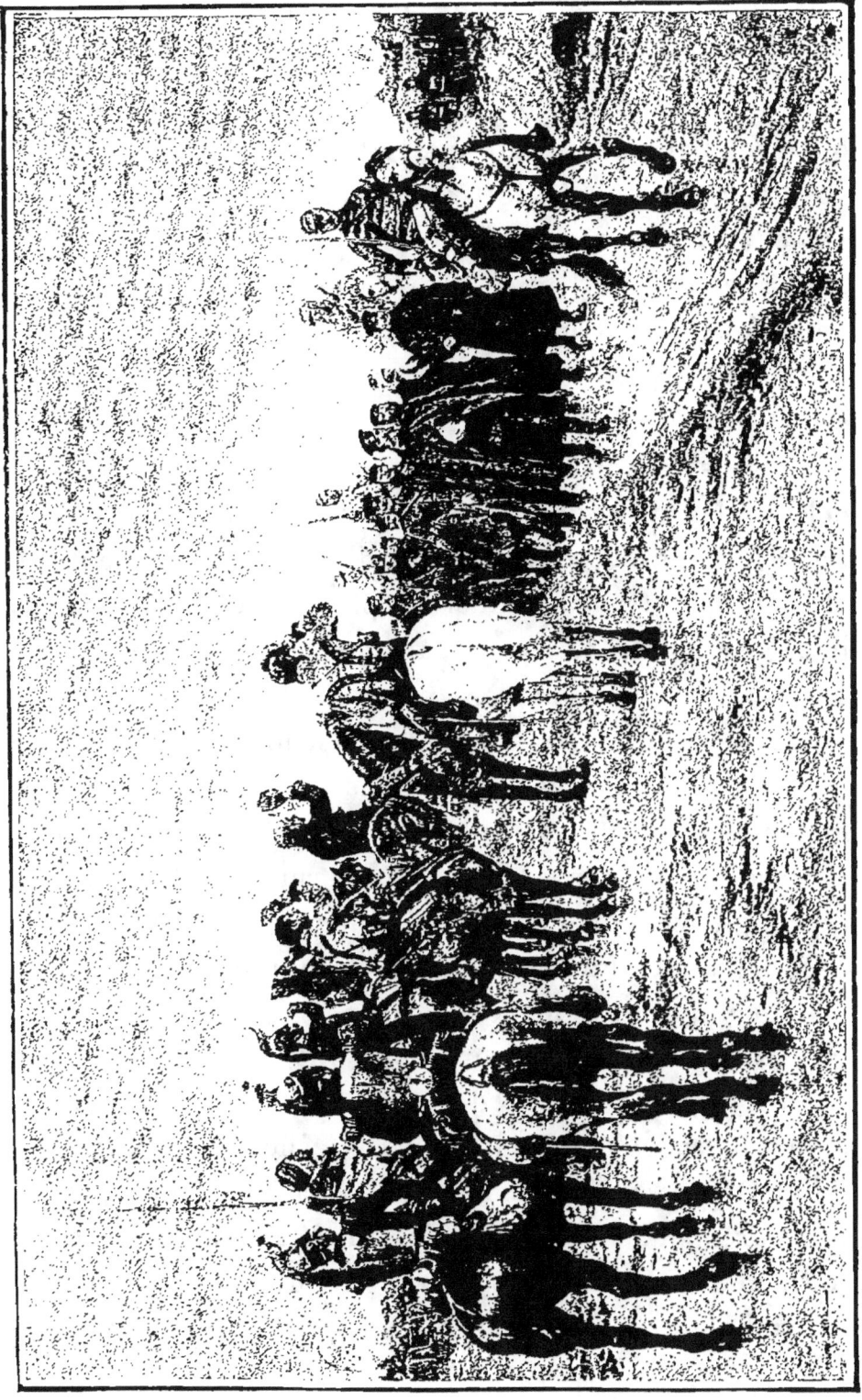

ÉD. DETAILLE. — LE SALUT AUX BLESSÉS

vu défiler et partir de ces régiments, depuis ceux qu'accompagnaient, délirants, des cris follement provocateurs de : « A Berlin ! » jusqu'aux autres, hâtivement formés de jeunes gens à peine exercés, qui s'en allaient tête basse, pour revenir décimés ! Mais cette fois, c'était un vrai, un bon régiment qui passait; un de ceux du bon temps, et le moment était enfin revenu où l'on pouvait nous montrer ce spectacle sans invraisemblance. L'artiste qui osait faire cela ne devançait que de très peu la vérité des choses. La régénération qui s'élaborait d'une manière latente et continue trouvait ainsi la plus vraie et la plus heureuse formule. Après tant de choses sombres, de tableaux désespérés, on prenait un souverain plaisir à cette chose si simple et si joyeuse, le régiment français, cadres reconstitués, marchant musique et tambours en tête, le drapeau déployé ! Tout était heureusement trouvé dans ce tableau. Le choix des types qui accompagnent le régiment en marquant le pas, depuis les hommes déjà mûrs qui font un retour mélancolique sur les choses qu'ils ont vues, jusqu'aux jeunes qui ne doutent point, jusqu'aux tout gamins, agents futurs de destinées inconnues. Le choix du cadre où se passait cette scène : le boulevard Saint-Denis, en plein cœur de ce Paris si vibrant, si nerveux, mais aussi si difficile à abattre. Enfin le ciel lui-même était choisi de manière à rendre plus frappant le symbole que l'artiste avait imaginé : c'était un de ces moments de transition entre les violentes averses, les giboulées, et les définitives éclaircies. On sentait que le vent allait bientôt balayer les nuages gris qui roulaient encore, et que, dans peu de minutes, un soleil éclatant allait fondre la neige, faire briller les armes et aviver les trois couleurs. Toutes ces circonstances, d'une réelle élévation d'esprit, jointes à l'amusante observation des physionomies, à la spirituelle précision des détails, contribuèrent à faire du *Régiment qui passe* un succès qui n'avait d'analogue que les *Dernières cartouches*. De même que de Neuville avait contribué à nous rendre la fierté, de même Detaille nous rendait, un des premiers, la précieuse espérance.

Si nous continuons maintenant l'énumération des œuvres de Detaille, après avoir ainsi essayé de donner une idée de sa tournure d'esprit et de son accent spécial, nous rappellerons qu'en 1876 il exposa *En reconnaissance;* en 1877, *le Salut aux blessés*[1] et *la Barricade de Villejuif*. En 1878, avec *Bonaparte après la bataille des Pyramides*, l'artiste se donnait une distraction : le plaisir toujours attrayant pour un peintre de batailles de reconstituer, sur des documents irrécusables, la physionomie des troupes d'antan. Ce tableau, de dimensions assez importantes, était digne de l'élève de prédilection de Meissonier.

Il n'est pas sans intérêt de rappeler que, cette an-

---

1. Reproduction spécialement autorisée par MM. Boussod, Valadon et Cie.

née-là, les peintres de batailles, pour des raisons diplomatiques, ne purent figurer à l'Exposition universelle. En 1879, Detaille achève un grand panorama de Champigny, en collaboration avec de Neuville. Puis, en 1881, *la Distribution des drapeaux*, et il faut citer à cette occasion un remarquable trait de conscience artistique. Le tableau avait été acheté par l'État, mais Detaille seul n'en était pas absolument satisfait. Comme la *Distribution* n'était pas encore payée, son auteur la réclama, et aussitôt qu'elle fut en sa possession, il la coupa impitoyablement, ne conservant que le groupe des généraux, et détruisant le reste pour recommencer aussitôt une nouvelle esquisse. Beaucoup de peintres ne seraient pas capables d'un sacrifice de ce genre.

A partir de 1880, Detaille s'était mis à voyager. Il commença par l'Angleterre, et il en rapporta des morceaux curieux, études de *highlanders* et autres, et le tableau si amusant en même temps que si exact de la musique des *horse-guards*. Puis ce fut en Autriche, en Tunisie, et enfin en Russie, que le peintre promena sa curiosité. Il reçut, dans ce pays, l'accueil le plus flatteur, et il en rapporta encore de nouvelles œuvres non moins caractéristiques que les précédentes. Quelques-unes n'ont vu le jour que plus tard, par exemple cette toile importante qui représente un régiment de cosaques en marche, et que tout le monde a pu voir cette année à l'Exposition universelle, en attendant qu'elle allât décorer le palais du Czar.

Il s'en faut que nous ayons mentionné même les principales œuvres de Detaille, exposées tant au Salon qu'au cercle de la place Vendôme. Pourtant nous ne pouvons passer sous silence des tableaux comme le *Souvenir des grandes manœuvres*, ou cette petite toile finement humoristique du cantonnier qui salue *Son ancien régiment!* Mais nous avons hâte, avant de terminer, d'arriver à une œuvre considérable, l'illustration de l'*Armée française*. C'est une précieuse et importante collection de dessins et d'aquarelles où, avec une science, une érudition très profonde, le peintre a fait revivre toute l'ancienne armée, de la fin du siècle dernier et du commencement de celui-ci, et fixé, *ne varietur*, l'exacte physionomie de l'armée actuelle. Rien ne saurait être imaginé d'un dessin plus piquant et d'une composition plus spirituelle que ces centaines de petites scènes, où chaque arme est présentée dans un milieu approprié. Voici des hussards qui défilent la parade sous l'œil attentif des officiers de semaine, et le mouvement est d'une rare justesse, l'expression fait involontairement venir le sourire aux lèvres. Voici des troupes coloniales et des services auxiliaires, les côtés peu connus de notre armée, et dans tout cela l'intérêt ne languit pas un instant. Parmi les plus remarquables, il faudrait citer encore celles où le dessinateur a évoqué, avec une saveur des plus curieuses, le caractère des troupes de 1830, de celles qui firent les campagnes d'Algérie. Mais on ne peut entrer dans le détail de tout cela. On peut, en résumé, donner, comme une très juste appréciation du talent que Detaille a mis dans ce vaste recueil, ces lignes de M. Frédéric Masson : « Il a dans l'œil comme un objectif pour photographier instantanément les êtres, en même temps qu'il possède, en l'esprit, la rare et étrange faculté de leur donner le mouvement. » Il faut ajouter que Detaille a su prouver qu'il voulait également leur donner la poésie. L'*Armée française* avait pris plusieurs années de son temps ; quand ce travail a été terminé, l'artiste a reparu au Salon, en 1888, avec la grande toile du *Rêve*, qui est maintenant au Luxembourg, et dans laquelle on voit, passant vaguement dans les airs, les apparitions des glorieuses armées d'autrefois, comme pour protéger cette jeune armée qui dort sur la dure, le long des feux du bivouac, et comme pour lui montrer qu'il ne tient qu'à elle que l'avenir soit digne du passé.

XXI

Quelques contemporains. — Tendances actuelles de la peinture militaire.

Ce dernier chapitre est de beaucoup le plus embarrassant et le plus difficile à écrire. Non qu'il soit impossible d'analyser les tendances générales de la peinture de batailles à notre époque ; cela nous essayerons de le faire. Mais on éprouve quelque gêne à juger, dans un livre, ses contemporains. D'abord, on risque bien souvent de ne pas voir son jugement confirmé, soit par une partie du public, soit par les générations qui succèdent. Puis, la plupart des artistes dont nous pourrions mentionner les œuvres les plus remarquées produisent incessamment, mais n'ont pas encore terminé leur carrière. Avec de Neuville, qui mourait laissant des pages significatives, une note absolument personnelle ; avec Detaille, qui a déjà derrière lui un bagage considérable, l'embarras était moindre. Mais en présence d'une œuvre en train, il y a quelque indiscrétion à formuler un jugement général.

Une autre raison nous contraindra encore à être plus brefs et plus réservés que ne souhaiteraient peut-être les lecteurs, toujours avides de détails sur les contemporains, détails qui sont plutôt du domaine du journal que du livre. Les toiles militaires de ces vingt dernières années sont en quantité innombrable, et rien ne fait prévoir un arrêt dans cette production spéciale. Le simple catalogue formerait sans doute un volume plus fort que celui-ci. Il se produira forcément une élimination que personne n'est à même de faire pour le moment. Nous pouvons bien dire que la faveur que rencontrent toujours aux Salons annuels les tableaux militaires est d'un bon augure pour le sentiment patriotique ; mais nous livrer à de longues considérations esthétiques à propos de toiles qui souvent n'ont qu'un intérêt passager serait superflu, et peut-être imprudent. Nous nous contenterons donc de donner quelques indications, les plus sobres possible, sur les peintres militaires favoris du public, puis nous tirerons de l'ensemble de notre travail quelques conclusions générales.

Nous citerons d'abord, parmi les artistes qui ont obtenu les succès les plus populaires, après ceux que nous avons précédemment étudiés, M. H. Dupray. L'auteur de la *Place du Marché à Saint-Denis* est né à Sedan. Il se sentait très jeune attiré par la vocation des armes. Un accident, qui l'estropia, le contraignit de n'être militaire qu'en peinture. C'était du moins une consolation pour lui (et pour son aïeul, ancien soldat de l'Empire qui avait rêvé pour lui l'épaulette) de peindre les petits pioupious dont il ne pouvait revêtir l'uniforme.

M. Dupray reçut les leçons de Léon Coignet, puis de Pils. Au Salon de 1865, il exposa son premier tableau, un *Cuirassier*. Il ne reparut à l'exposition qu'en 1870 avec un *Maréchal Ney à Waterloo*. Comme pour beaucoup d'artistes que nous avons étudiés plus haut, la guerre franco-allemande retrempa son talent et fouetta son inspiration. En 1872, *Une grand-garde aux environs de Paris* lui valait une deuxième médaille. En 1874, nouvel épisode de la guerre : *l'Amiral La Roncière le Nourry aux*

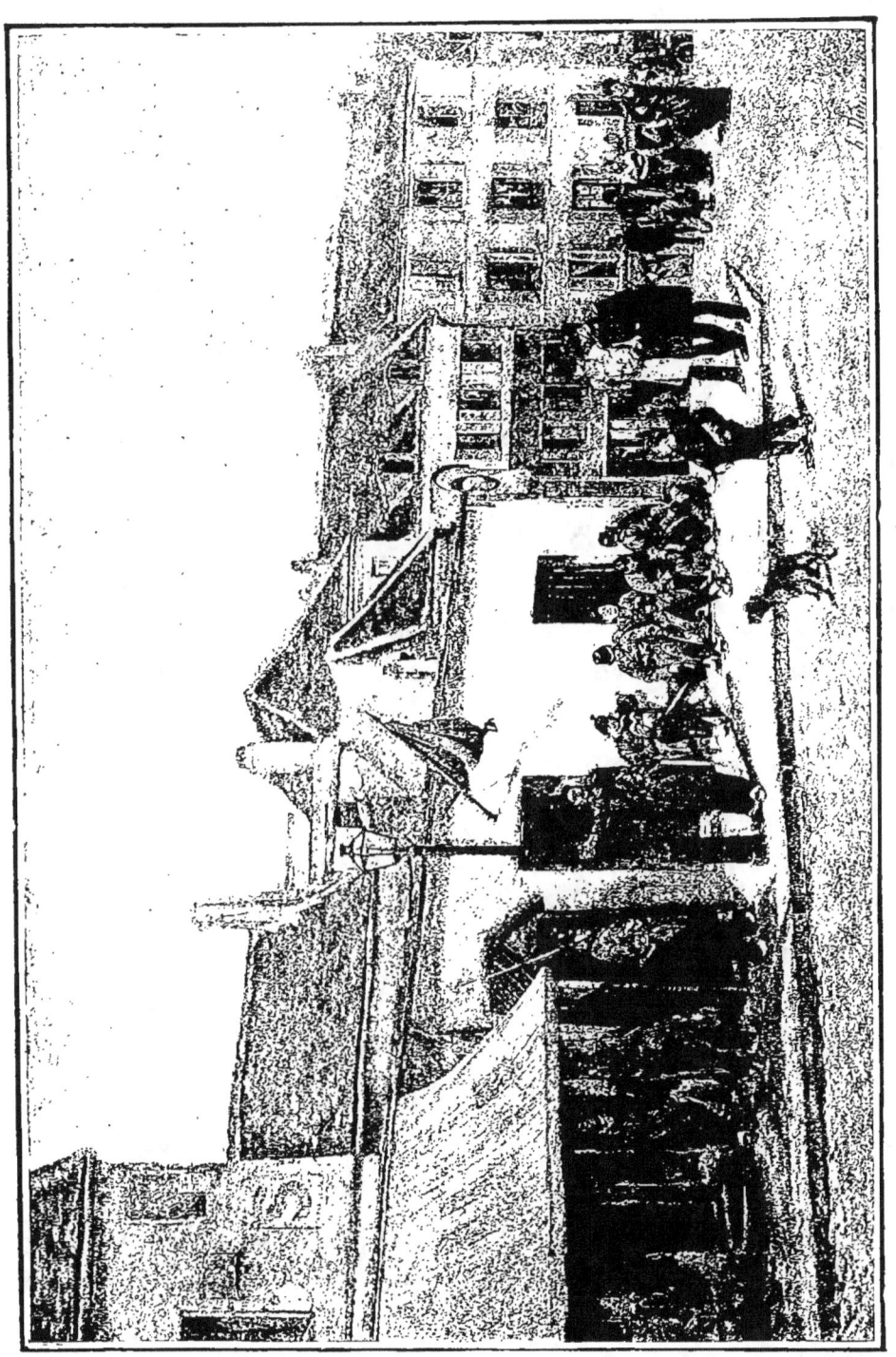

DUPRAY. — PLACE DU MARCHÉ A SAINT-DENIS

avant-postes du Bourget. Tout cela était d'une composition claire et mouvementée, d'une touche agréable; mais ce n'était pas encore la véritable note du peintre. Nous la trouvons au Salon de 1876, où M. Dupray exposa, avec des *Hussards en marche*, le tableau de la *Place du Marché* dont on voit ci-contre une reproduction[1]. Sans doute l'œuvre est d'une verve un peu grosse, et d'une gaieté sans la moindre prétention; mais sous cette rondeur, il y avait une observation juste, familière, qui séduisit la foule et devait la séduire. On retrouvait un élément qui semblait disparu, depuis les temps d'épreuve, et dans les sanglants brouillards des jours néfastes. C'était la gaieté de caserne, la jovialité du genre *loustic*. Après tout, cela n'était point d'un mauvais augure si on pouvait, sans un retour trop amer sur le passé, voir succéder aux rares échappées de sourire sardonique, de rire de malheur, un accès de bonne grosse et béate satisfaction; si, après le soldat déguenillé et claquant de faim et de fièvre, errant à travers champs et routes, on pouvait sans invraisemblance peindre à nouveau le soldat flâneur et désœuvré des garnisons, faisant le lézard au soleil, sur un banc à la porte du corps de garde, et entre deux factions, échangeant des clins d'œil joviaux avec les passants. C'est un symbole de cet apaisement réconfortant que la foule applaudit dans la toile de M. H. Dupray. Elle

---

1. Reproduction spécialement autorisée par MM. Boussod, Valadon et Cie.

s'amusa du naturel avec lequel la petite scène était arrangée ; elle reconnut ses *types* et les salua d'un bon rire de sympathie. Les hommes de corvée balayant le corps de garde (on le balaye toutes les demi-heures, et il semble qu'il ait toujours besoin de plus en plus d'être balayé); le factionnaire faisant placidement son service, la consigne étant d'examiner avec curiosité les chiens, les gamins et les passants ; le bel esprit de chambrée, shako en arrière, prenant, avec la complicité du réverbère, des poses pleines d'élégance et de nonchalante séduction ; toute l'escouade en un mot, au gré des goûts particuliers de chacun, lisant, somnolant, se rengorgeant, comptant les pavés et recommençant ; le chef du détachement enfin, causant à l'aise avec un ami en civil. Tous ces détails, sans tomber dans la vulgarité, étaient d'une vérité amusante et bon enfant ; on était content de voir ces petits soldats, maintenant bien lestés de gamelle, et ne comptant guère sur les émotions d'une alerte.

Poursuivant le cours de ses études humoristiques, M. Dupray a donné encore, dans cette note, une autre toile qui n'a pas eu un moindre succès de populaire gaieté : *Un Capitaliste*. Ce sont, on se le rappelle sans doute, deux dragons, qui, sur la place de Clichy, acceptent *généreusement*, et malgré la rivalité des deux armes, l'invitation d'un petit fantassin, leur « pays », qui ce jour-là se trouve en fonds. Le *Capitaliste* nous présentait également ce mélange pittoresque et bien observé du va-et-vient des passants, au milieu duquel se déroule cette petite comédie militaire, qui est un peu, en naïf, une scène de la comédie humaine. On nous dira que cela n'est pas du grand art, ni de l'art raffiné. A cela nous répondrons que nous n'avons jamais avancé rien de tel.

Très nombreux sont les tableaux militaires de M. Dupray, outre ceux que nous venons de rappeler ; épisodes de la guerre, charges de cavalerie, embuscades, grand'gardes, et jusqu'aux simples pochades de costumes, de types ou d'attitudes. Nous dirons, caractérisant d'un mot cette œuvre à laquelle il n'a manqué peut-être qu'un peu d'accent et de drame, que les principales qualités en sont l'esprit, fait de clarté et de bonhomie, et le mouvement qui ne manque pas de rapidité ni de justesse.

Il y a aussi du talent et de la précision, mais notablement moins de spontanéité et d'entrain dans les toiles militaires de M. Berne-Bellecour. Cela s'explique peut-être par ceci, que l'artiste ne s'est pas consacré exclusivement à la peinture de batailles, mais que pendant d'assez longues années il se livra à des travaux d'un genre fort différent. Né en 1838, à Boulogne-sur-Mer, pendant son enfance, il parcourut la France avec son père qui était artiste dramatique. Puis, la vocation picturale s'étant décidée, il vint à Paris et étudia sous la direction de Signol. Après une inter-

BERNE-BELLECOUR. — LE COUP DE CANON

ruption de ses études, il se résolut à revenir à Paris, coûte que coûte, et à vivre n'importe comment. C'est alors qu'il mena concurremment ses études à l'atelier Picot, et sa besogne, pour le pain quotidien, dans un atelier de photographie. Les camarades, qui sont rarement bienveillants, firent naguère des allusions plus ou moins piquantes à ce métier forcé, et dirent que sa peinture avait quelque peu l'aspect photographique. M. Berne-Bellecour est arrivé à force de travail à triompher de ces malignes oppositions. De 1863 à 1870 il se montra assez bon peintre de genre et de paysage. En 1863, entre autres, il exposa une étude des *Plâtreries, près de Fontainebleau*.

Il avait entrepris un voyage en Afrique avec MM. Detaille, Vibert et Leloir, lorsque la guerre allemande éclata. M. Berne-Bellecour ne tarda pas à rentrer en France et à prendre du service dans les francs-tireurs de la Seine. Sa vaillante conduite lui mérita la médaille militaire. Ce n'était pas d'ailleurs la seule récompense que lui valut son courage : il dut à sa campagne son premier grand succès. La guerre, qui l'avait trouvé peintre de genre, fit de lui un peintre militaire. Au Salon de 1872, qui comme on peut le voir d'après les notes précédentes, fut un des plus brillants à notre point de vue spécial, il avait exposé le tableau *Un coup de canon*, qui lui fit décerner une première médaille[1]. C'était une composition très simple, d'une so-

---

1. Reproduction spécialement autorisée par MM. Boussod, Valadon et Cie.

briété assez saisissante, à laquelle on ne pouvait reprocher qu'un certain excès de minutie dans le détail. « Le *Coup de canon*, écrivit, entre autres critiques, M. Paul Mantz, dans la *Gazette des Beaux-Arts*, appartient à une école habile et dangereuse qui professe que tout doit être fait et parfait et qui se montre attentive au bouton de guêtre autant qu'au visage humain. » Pourtant, toutes réserves faites quant aux autres œuvres de M. Berne-Bellecour, il nous semble que le détail avait ici un intérêt, étant donnés la simplicité du sujet et le nombre restreint des personnages. Par ce temps sec d'hiver, et avec des acteurs aussi rapprochés de nous, l'œil ne perdrait pas un geste des hommes, pas une partie de la pièce de canon, sauf ce que la fumée pourrait momentanément en cacher. Et puis, dans une petite scène de ce genre, où tout doit s'enchaîner logiquement, où tous les personnages sont utiles, depuis le mobile et le marin plus éloignés, depuis le pointeur et l'écouvillonneur, jusqu'à l'officier et au reste de la batterie, qui examinent avec une curiosité légitime la direction où le coup a porté, dans cette scène, disons-nous, tout gagne à être précisé. Procès-verbal, si l'on veut, mais qui contient un drame pour ceux qui savent l'y sentir. Et ce drame consiste justement dans ce que le peintre, avec une réelle habileté de composition, n'a pas voulu dire ; il consiste dans cet inconnu pour nous, qui se passe au loin, derrière cet épaulement de terre glacée.

Les principales œuvres de M. Berne-Bellecour, sans compter les toiles de genre, natures mortes, etc., qui ne rentrent pas dans notre cadre, sont, au Salon de 1877, *la Tranchée*; 1878, *Aux avant-postes*; 1879, *Sur le terrain*, assez joli tableau d'un duel entre militaires, sous des arbres verdoyants, au pied d'un vieux donjon devenu caserne; en 1881, *l'Attaque du château de Montbéliard*. Enfin, puisque nous avons parfois accordé l'hospitalité d'une mention à quelques panoramas, quand ils sont traités par des artistes connus, un panorama du siège de Belfort, destiné à la ville de Marseille.

M. Aimé Morot s'était adonné encore moins que le précédent à la peinture de batailles dans la première partie de sa carrière. Ce n'est que depuis très peu d'années que l'artiste a donné, dans ce genre, des toiles dignes d'être remarquées pour l'entente du drame et un mouvement entraînant.

M. Aimé Morot semble s'être tracé la tâche de célébrer les hauts faits de nos troupes de cavalerie. C'est ainsi qu'en 1886 il exposait le tableau de *Rezonville*, qui est actuellement au musée du Luxembourg, et dont nous donnons une reproduction. On ne saurait refuser à cette mêlée de cuirassiers français et de cuirassiers blancs prussiens, se sabrant furieusement pendant leur galopade affolée, une véritable verve, et certains emportements dans l'exécution qui rapproche-

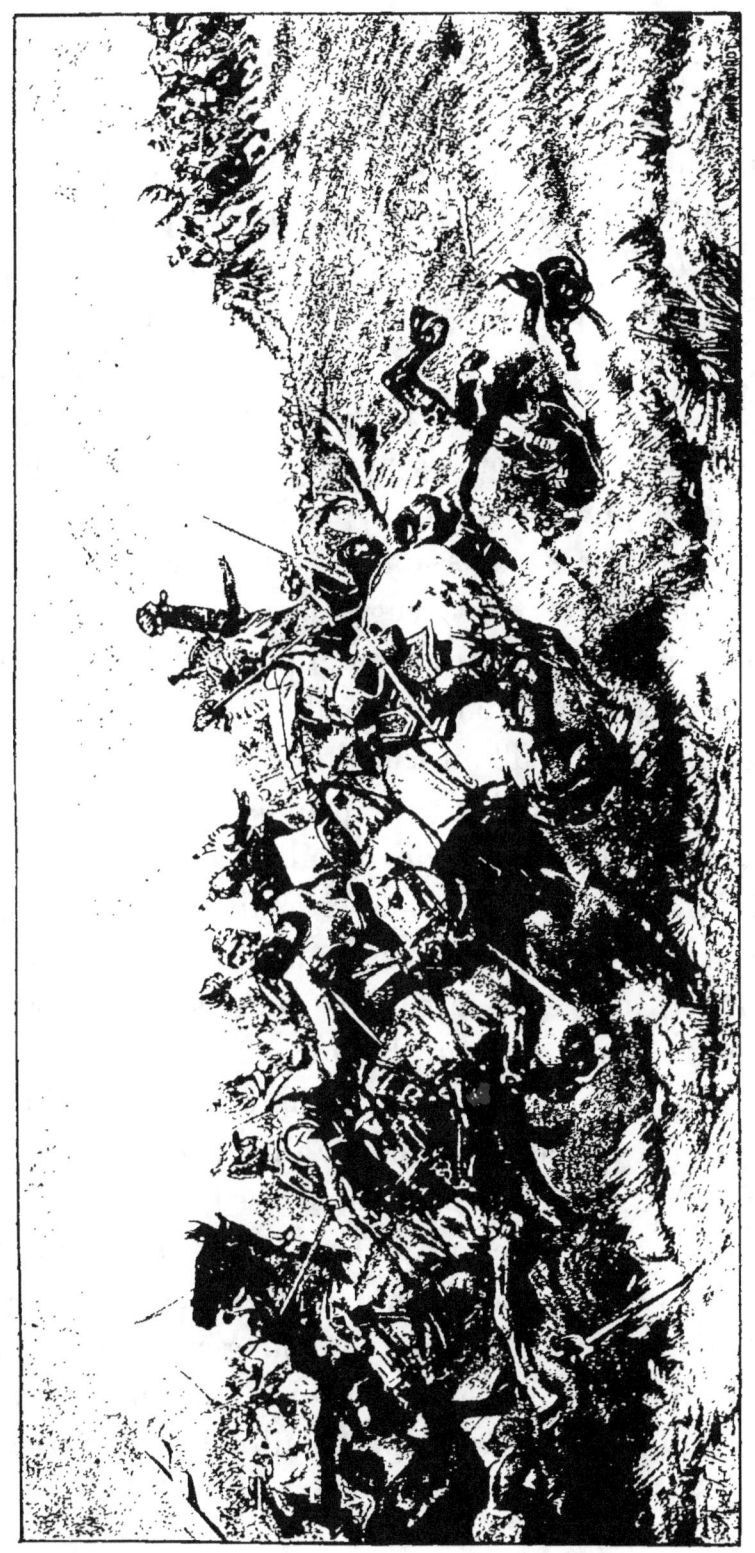

AIMÉ MOROT. — REZONVILLE

raient le tableau de quelques-uns des plus endiablés d'Alphonse de Neuville. Une autre composition militaire de M. Morot fut également remarquée au Salon suivant : *la Bataille de Reischoffen*, ou plutôt un épisode héroïque de cette bataille qui abonde en héroïsmes inouïs. C'est la mort du colonel de Lacarre, frappé par un obus au moment où il va conduire à l'ennemi les 3e et 4e escadrons de son régiment. Ce tableau était peut-être encore plus dramatique que le précédent. Il contenait des figures saisissantes ; tel ce cavalier, qui, frappé au visage, est aveuglé par le sang qui gicle entre ses mains, instinctivement portées à la blessure. Ajoutons, comme détail particulier, que la toile était destinée à la salle d'honneur du 3e cuirassiers.

Il suffira de rappeler à ce propos, comme trait de l'histoire de la peinture de batailles à notre époque, que l'on avait alors commandé à divers artistes des tableaux destinés à être placés dans les salles d'honneur des principaux régiments, illustrant les faits d'armes les plus brillants de leur histoire. De tous ceux qui furent exposés, à la suite de ces commandes, le tableau de M. Morot fut certainement le plus mouvementé.

Enfin, M. Aimé Morot a envoyé à l'exposition décennale de 1889 une autre charge de *Reischoffen*, de dimensions considérables, qui malgré quelques vides dans la composition, et une couleur généralement un peu lourde, sera peut-être classée plus tard comme une des importantes toiles de bataille de ce temps-ci.

Les artistes que nous venons de nommer ont reproduit principalement les épisodes de la guerre de 1870. Ce n'est pas à dire que ce soit la seule source à laquelle aient puisé, de notre temps, les peintres militaires. Les uns, ce sont les plus nombreux, y ont trouvé des sujets émouvants, qui ne peuvent laisser froid notre patriotisme ; les autres ont préféré fouiller les annales et reconstituer les campagnes d'antan ; un troisième groupe, enfin, est plus particulièrement intéressé par les côtés familiers, anecdotiques, de la vie militaire, des mœurs de camps et de casernes, sans faire allusion à des événements déterminés.

Nous compléterons le premier de ces groupes par la citation de quelques noms plus favoris du public. M. Delahaye a brossé assez vivement quelques pages de la guerre franco-allemande ; ainsi ont fait M. Sergent, M. Boutigny et M. Gardette. M. Georges Bertrand, dans une grande toile, *Patrie*, qui est au Luxembourg, a fait un effort pour symboliser les trépas glorieux, autant qu'inutiles, hélas ! de cette époque néfaste. M. Couturier, dont les toiles de bataille sont assez nombreuses, a trouvé un thème excellent avec le *Récit* que fait, au bivouac des cuirassiers, un soldat dont on panse les blessures, tandis qu'il conte aux camarades attentifs les dangers auxquels il vient d'échapper. Enfin nous nommerons M. Grolleron, que nous retrouvons avec son tableau de la *Popote* dans le groupe des peintres de la vie familière ; le *Convoi de blessés*, appelé aussi *Janville* 1870[1], où M. Grolleron a retracé la belle et noble attitude d'une religieuse tenant tête à l'officier prussien qui voulait molester ses chers blessés, a obtenu, au Salon, un grand succès de sentiment.

Les peintres du genre rétrospectif nous intéressent moins; nous avons dit plus haut pour quelles raisons. Nous nous contenterons donc de citer M. Moreau de Tours, qui a bien rendu un épisode émouvant de la guerre de Crimée; M. A. Bloch, qui retrace les campagnes des armées de la première République; M. Le Blant, qui, dans le camp opposé, nous intéresse à la sauvagerie des Chouans.

Si nous arrivons à notre troisième groupe, c'est là que nous trouverons le mouvement le plus significatif. Il faut le reconnaître, non sans une certaine mélancolie, les souvenirs de l'année terrible s'effacent un peu dans les esprits, et ne produisent plus, sur les générations qui arrivent, les impressions poignantes que les plus jeunes d'entre nous, qui avons vu ces choses, ressentent encore! Il faut qu'une toile retraçant un de ces épisodes douloureux soit singulièrement dramatique pour retenir longuement le public des expositions.

Mais, d'autre part, les sujets militaires n'ont pas

---

1. Cette gravure fait partie, ainsi que *Rezonville* de M. Aimé Morot et plusieurs autres œuvres reproduites dans ce volume, de l'intéressante suite: *Estampes militaires*, éditée par MM. Le Vasseur et Cie, rue de Fleurus, 33, à Paris.

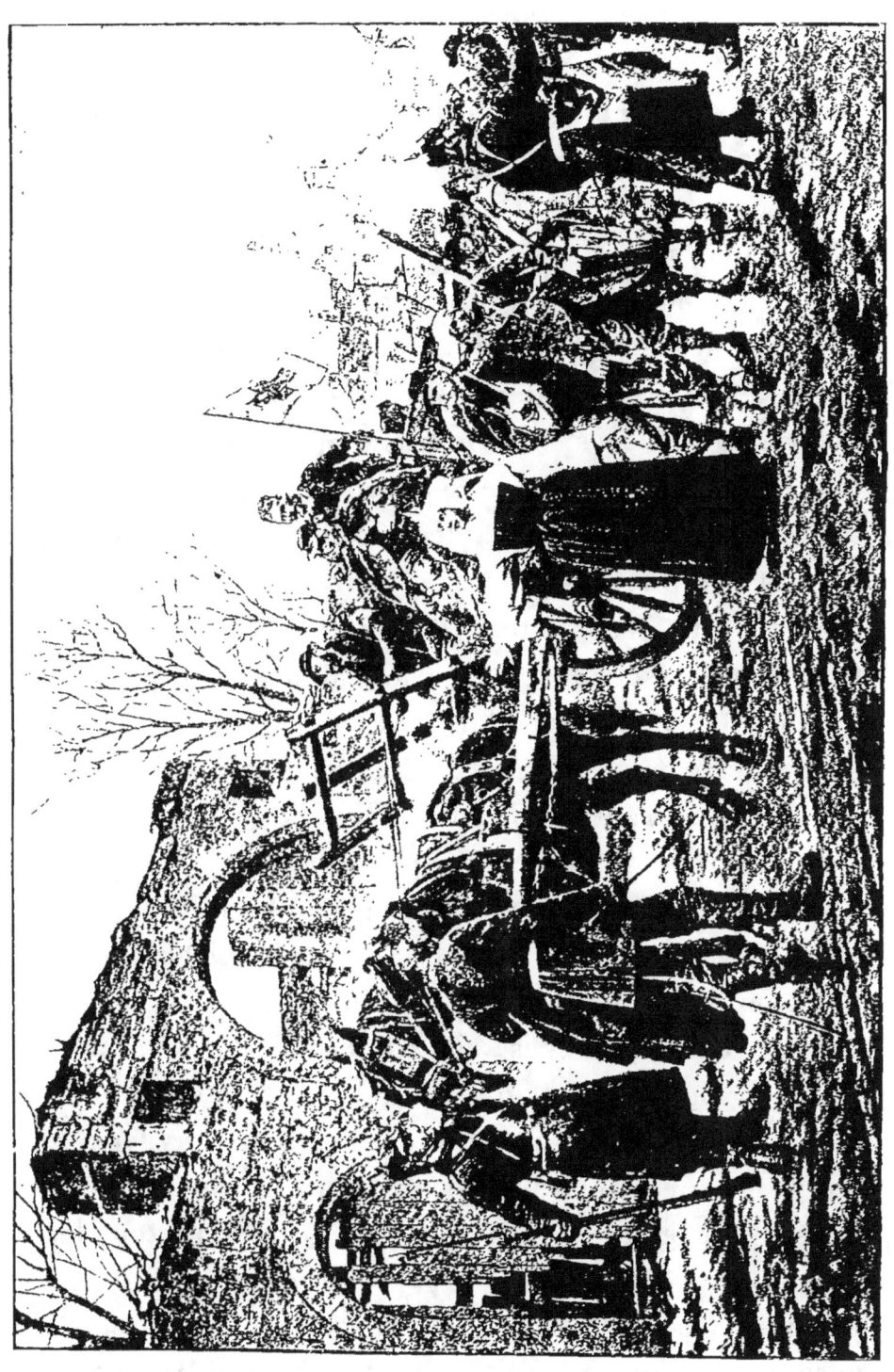

GROLLERON. — CONVOI DE BLESSÉS

cessé d'exercer, loin de là, leur attraction sur la foule. Bien au contraire, tout le monde étant appelé aujourd'hui à payer sa dette à la patrie et connaissant par expérience, ne fût-ce que pour quelques mois, l'existence en commun au campement, en manœuvres, ou à la caserne, les artistes qui reproduisent avec quelque talent les menus incidents de cette vie uniforme sont assurés du succès. La peinture militaire est donc entrée décidément dans une phase nouvelle, et elle s'attache de plus en plus à la description de la vie intime de nos troupiers. C'est à ce point que des artistes adonnés à des genres tout différents ont, à l'occasion, croqué telle scène qui les avait amusés soit pendant un volontariat, soit pendant une période de vingt-huit ou de treize jours. Ainsi M. Aublet a fait sourire en nous remémorant sur le vif la *Toilette des réservistes*.

D'un ordre infiniment plus élevé et d'une portée plus haute, le seul tableau militaire qu'ait fait M. Roll : *la Guerre, marche en avant*. Dans cette admirable page, peu comprise du public superficiel, ce grand peintre a symbolisé les tendances scientifiques de la guerre nouvelle, en même temps qu'il a laissé subsister, avec la démarche morne, automatique des soldats, avec le temps gris et humide, les fumées d'incendies lointains, l'impression d'horreur de la guerre dans tous les temps.

Après avoir cité une page de cette envergure, on éprouve quelque difficulté à revenir sans autre transi-

AUBLET. — LE LAVABO DES RÉSERVISTES

tion aux œuvres plus spéciales, aux talents plus localisés. Il serait pourtant injuste de ne pas nommer, parmi ceux qui se sont attachés aux côtés anecdotiques, amusants, de la vie militaire contemporaine, quelques artistes qui y ont déployé beaucoup d'observation, de conviction, et d'originalité. M. Jeanniot, un excellent peintre et un esprit sagace et pénétrant, a donné, dans ce genre, deux excellentes toiles, avec les *Pays*, et les *Flanqueurs*. M. Loustauneau, avec une louable persévérance, cherche à initier les profanes aux côtés les moins connus du métier : travaux du génie, pontonniers, télégraphistes, aérostiers.

M. Eugène Chaperon, élève de M. Detaille, a fait des débuts remarqués, il y a une douzaine d'années, avec un tableau intitulé *A l'Aube*. Depuis, il a su tirer bon parti des sujets familiers : *la Douche au Régiment*, qui était traitée de façon spirituelle; *la Boulangerie militaire; la Répétition*, que l'on ne pourra regarder, dans notre gravure, sans au moins sourire. M. Chaperon, à la condition de mettre un peu plus d'accent dans son dessin et de vigueur dans sa touche, sera un de nos bons peintres militaires.

Enfin, ce serait une véritable lacune si nous omettions le nom de M. Caran d'Ache, bien qu'on puisse le compter plutôt dans les caricaturistes que dans les peintres. Mais ses fantaisies et ses études de troupiers sont si réjouissantes de fantaisie, et le fond en est, en même temps, pris tellement sur le vif

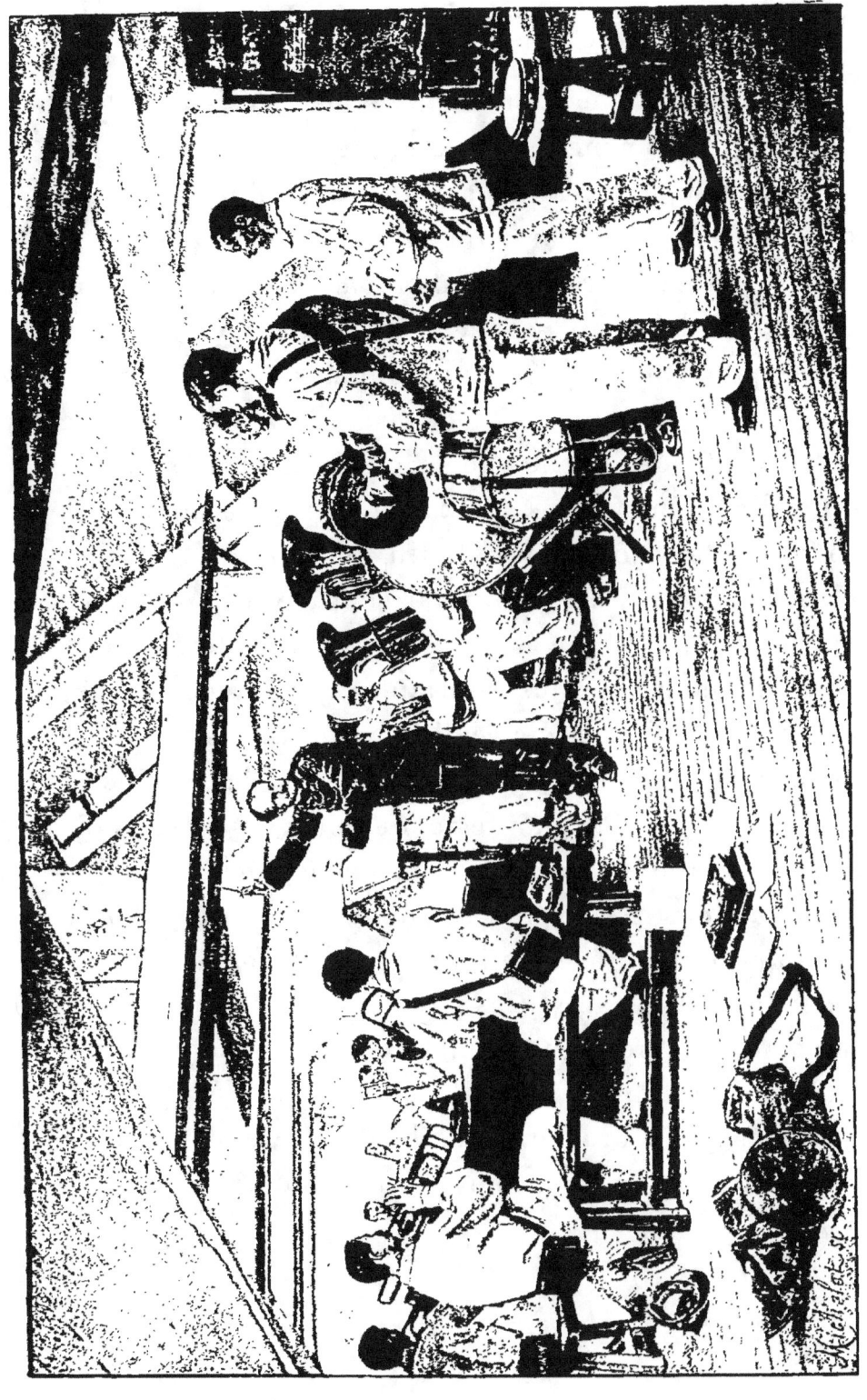

CHAPERON. — LA RÉPÉTITION

qu'elles seront certainement consultées plus tard comme des documents d'une réelle valeur.

Nous ne poursuivrons pas davantage cette liste, bien qu'on la puisse déclarer incomplète ; cela vaut mieux encore que de paraître tomber dans des citations ou des éloges de complaisance.

Ce que nous tiendrons à rappeler, en terminant, c'est l'évolution bien caractérisée de la peinture de batailles. Nous l'avons vue successivement pompeuse, officielle, romanesque, gourmée à la classique, héroïque à la façon d'un bulletin de la grande armée, puis bon enfant, un peu vantarde et triviale, puis soudain, sombre, pleine de sanglots et de colères. Et la voici de nouveau plus souriante, plus anecdotique, tendant à refléter la vie réelle, et s'unissant plus intimement à la peinture de mœurs. Ainsi le veut cette loi, de plus en plus manifeste, que l'art doit être avant tout l'expression élevée du mouvement social.

Il ne nous reste plus à souhaiter qu'une chose, c'est que la peinture militaire ne soit pas alimentée de si tôt par ces affreuses effusions de sang dont certains philosophes voudraient prédire la lointaine disparition. Faisons des vœux pour que, si l'art y perd quelques sujets dramatiques, dans l'intérêt de l'humanité cette prédiction ne soit pas une utopie.

TABLE DES MATIÈRES

                                                      Pages

I. Considérations générales sur la peinture de batailles. .   1

II. La Peinture militaire au dix-septième siècle. — Jacques Callot.   6

III. Louis XIV et ses historiographes. — Lebrun. . . .   25

IV. L'école topographique. — Van der Meulen. Martin des Batailles.   36

V. L'école réaliste. — Jacques Courtois dit le Bourguignon. Joseph Parrocel.   52

VI. La Peinture militaire au dix-huitième siècle. — Ch. Parrocel. Casanova. Loutherbourg. Pierre Lenfant. . . .   65

VII. Les gouaches de Blaremberghe et la peinture microscopique.   80

VIII. La Révolution française. — Swebach. Duplessi-Bertaux.   94

IX. L'Empire et David.   102

X. L'école de David. — Taunay. Girodet. Gérard. Carle Vernet.   109

XI. L'épopée. — Le baron Gros.   131

XII. Géricault.   159

XIII. La légende impériale et la lithographie. — Nicolas-Toussaint Charlet.   164

XIV. Raffet.   184

XV. Bellangé.   207

XVI. Un tour au musée de Versailles. — La Peinture militaire rétrospective. — Eugène Delacroix.   214

XVII. Horace Vernet.   226

XVIII. Eug. Lami. Meissonier. Ad. Yvon. Philippoteaux. Langlois et les panoramas. Armand Dumaresq. Alex. Protais. Pils.   261

XIX. La guerre de 1870. — Alphonse de Neuville. . . .   282

XX. Édouard Detaille.   297

XXI. Quelques contemporains. — Tendances actuelles de la Peinture militaire.   310

FIN

Imp. D. Dumoulin et Cie, rue des Grands-Augustins, 5, à Paris.

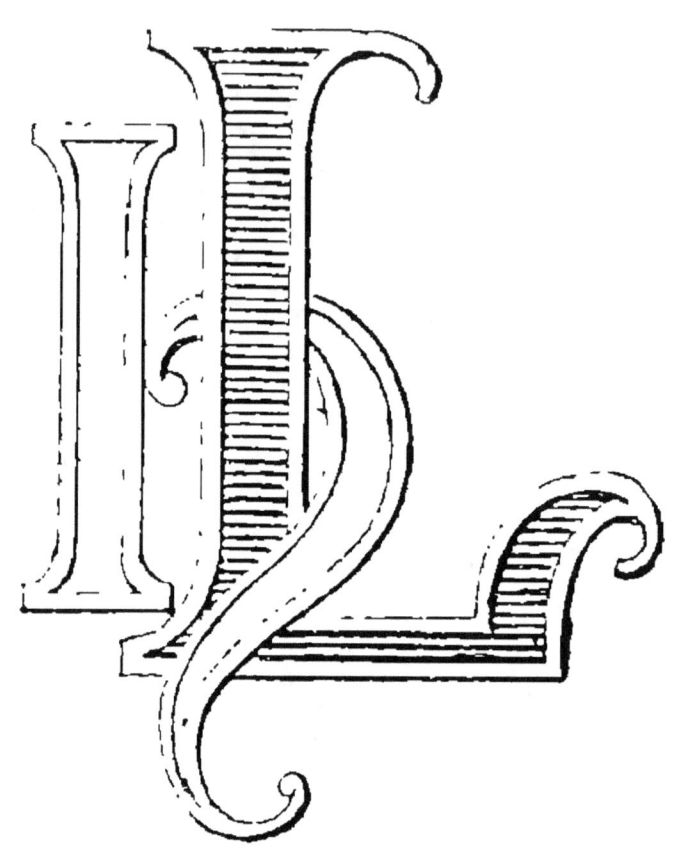